希特勒死后

欧洲战场的最后十天

After Hitler

The Last Ten Days of World War II in Europe

Michael Jones ［英］迈克尔·琼斯 著 秦恺 译

CNS | 湖南人民出版社

献给

所有那些

不论来自东方还是西方的

曾经把法西斯赶出欧洲的人

时间线

1945 年

04.29

希特勒在帝国总理府地堡中拟好了遗嘱。当天晚些时候，他与自己曾经的情妇爱娃·布劳恩结婚。苏联红军现在已经占据了柏林除中央政府区（即德意志帝国总理府、国会大厦和勃兰登堡门周围区域）以外的大部分地方。

苏军继续向奥地利和捷克斯洛伐克推进。在维也纳，苏联成立了临时政府。

英国第 2 军在劳恩堡越过易北河，那里距离汉堡东部仅 20 英里，并接着向什未林和梅克伦堡的维斯马挺进。

法国部队解放了法国在阿尔卑斯山边界仍被德国人占领的最后区域。

30000 名达豪集中营的幸存者被美国第 3 军解放。美军继续向慕尼黑前进。

北极护航船队 RA-66 离开了摩尔曼斯克，加入战争最后一次护航战。

在仍被德国人占领的荷兰西部，停战协定达成，盟军能够向饥饿的人群投放食物。接下来的十天里，在“灵粮行动”中，英国轰炸机空投了 6000 多吨食物；美国空军也加入该行动（“贪吃计划”）中，并提供了 4000 吨食物补给。

英国第 8 军解放了威尼斯。美国第 1 装甲师进入米兰。

驻守意大利的德国卫戍部队准备无条件投降。协定在卡塞尔塔签署——将于 5 月 2 日生效。一旦这些协定获准，奥地利和意大利的 22 个德军师将放下武器。

04.30 苏军部队攻入国会大厦（尽管在这座建筑内的战斗又持续了两天）。苏军部队如今距离帝国总理府和元首地堡不到 400 米。希特勒和爱娃·布劳恩于下午 3:45 左右自杀。依据希特勒遗嘱，新的德国领导人将由海军司令卡尔·邓尼茨上将担任。

德国北部，罗科索夫斯基元帅率领的白俄罗斯第 2 方面军向斯特拉松德前进。在捷克斯洛伐克，苏联红军占领了奥斯特拉法。德军继续占有摩拉维亚的部分地区以及波西米亚的大部分地区。

法国第1军进入奥地利，来到博登湖附近。英国第2军向波罗的海沿岸前进。美国第7军进入慕尼黑。

德国北部，英国部队解放了21500名桑德伯斯特集中营的囚犯。苏军解放了拉文斯布吕克集中营。

05.01 克雷布斯将军在柏林与苏军的崔可夫将军进行投降谈判。戈培尔拒绝接受无条件投降，谈判中止。当天傍晚，戈培尔和他的妻子决定杀死他们的6个孩子，然后自杀。晚上，在地堡突围战中，马丁·鲍曼身亡。邓尼茨宣布了希特勒死亡的消息。

在北部，英军继续向吕贝克和汉堡挺进。美国第1和第9军牢牢守卫在易北河和穆尔德河畔，但被禁止越过指定的苏军占领区。美国第7军继续向奥地利前进。

美军抓捕了3名德国陆军元帅：冯·伦德施泰特、冯·李布和利斯特。

05.02 意大利北部和奥地利的部分德国军队向陆军

元帅亚历山大投降。蒙哥马利的第 21 集团军群夺取了吕贝克和维斯马，后者仅仅在苏军到达前几个小时才被攻取。亚历山大派军队进入里雅斯特——尽管该城已经被铁托的南斯拉夫游击队占据。

德国火箭专家维尔纳·冯·布劳恩（Wernher von Braun）和他的科学家团队从位于佩内明德的火箭研发基地逃走，被美军在巴伐利亚南部的第 12 师部队抓获。

05.03 海军上将邓尼茨将其政府迁至弗伦斯堡。德国代表团开始在吕纳堡荒原与蒙哥马利进行投降谈判。汉堡向英军投降。“开普艾柯纳”号在吕贝克港口沉没。

05.04 蒙哥马利接受了在石勒苏益格－荷尔斯泰因、荷兰西部和丹麦德军的无条件投降（将从 5 月 5 日早上 8 点开始生效）。据估计，这次投降的包括超过 50 万名德军，他们将加入在此前的 48 小时内投降的另外约 50 万德军。

在德国北部、捷克斯洛伐克和奥地利的德军试图逃往英美军队防区的过程中，与苏军展开了后卫战。战斗在被包围的布雷斯劳、摩拉维亚、维斯瓦河三角洲和拉脱维亚的库尔兰地区继续进行。

美军进入贝希特斯加登，那里是希特勒在巴伐利亚的大本营。

在旧金山进行的有关成立联合国的磋商期间，苏联外交部长莫洛托夫告知美国国务卿斯特纽蒂斯，苏军抓捕了 16 名波兰的和平谈判代表（这实际上是在 3 月发生的事情）。

05.05 德国 G 集团军群向巴伐利亚哈尔的美军无条件投降。美国第 11 装甲师解放茅特豪森集中营。

在波罗的海沿岸，苏军占领了位于斯维内明德和佩内明德的德国火箭研发基地。

在荷兰的瓦赫宁恩，布拉斯科维茨将军的德国第 25 军向加拿大将军查尔斯·福克斯（Charles Foulkes）投降。

英国空降兵部队在哥本哈根着陆。

布拉格开始了人民起义。巴顿将军的美国第 3 集团军进入捷克斯洛伐克西部。

05.06 邓尼茨解除了希姆莱在第三帝国的一切官

职。

美军第97师占领了捷克斯洛伐克的皮尔森。美军第12团向布拉格挺进，但随后在艾森豪威尔的命令下停止前进——以遵照此前协定，让苏军占领该国的余下地区。

苏联发布了一份详细的有关奥斯维辛死亡集中营的报告。

当天晚上，俄罗斯解放军第1师（弗拉索夫军）进入布拉格以支持起义军，布雷斯劳在被包围82天后投降。

05.07 凌晨2点41分，在兰斯的一个教室里，约德尔将军签署了德国与盟国之间的无条件投降协议。苏联对此拒绝接受，要求在第二天的柏林签署一版修改过的协议。

在捷克斯洛伐克西部，美军第803反坦克装甲营的一个排遭遇德军伏击，一人被杀。查尔斯·哈夫拉特（Charles Havlat）成为在欧洲最后一名牺牲的美国士兵。

美国军队逮捕了戈林。

在经历了一天保卫布拉格起义的激烈战斗后，俄罗斯解放军第1师的指挥官邦亚臣科将军被告知，这座城市很快就要被苏军占领，他的部队必须在第二天早上离开。

05.08 西方盟国的欧洲胜利日。德国的投降在卡尔绍斯特举行的第二次签署仪式上获得批准，卡尔绍斯特位于柏林市郊。

苏军占领了德累斯顿。在拉脱维亚库尔兰半岛上的德国军队——与苏军激战 6 个多月仍未战败——同意在第二天早上投降。

布拉格所谓的“死亡日”，因为纳粹党卫军和国防军常规部队几乎要把起义剿灭了。不过，苏军部队的靠近使图森特将军被迫同意谈判。德国卫戍部队于当晚离开了该市，尽管一些党卫军部队依然还在坚持战斗。俄罗斯解放军第 1 师经由捷克斯洛伐克向西撤向美军阵地。

05.09 苏联欧洲胜利日。库尔兰地区和维斯瓦河流域最后的德军前哨站投降。敦刻尔克、圣纳泽尔、拉罗谢尔和海峡群岛的德国剩余卫戍部队投降。苏军占领了丹麦的博恩霍尔姆岛。在“末日行动”中，英国部队准备飞往挪威，接受那里的德军投降。

05.11—12 捷克斯洛伐克西部斯里维斯战役。

05.13—14 南斯拉夫北部波尔亚纳战役。

05.15 东方战线最终停止敌对行动。

05.20 荷兰特塞尔岛强制停火。

05.23 在弗伦斯堡逮捕邓尼茨政府成员。海因里希·希姆莱自杀。

目 录

01. 火葬

1945 年 4 月 30 日

1945 年 4 月 30 日早上 6 点，陆军少将威廉·蒙克（Wilhelm Mohnke）接到传召，前往位于柏林市中心的帝国总理府地堡面见阿道夫·希特勒（Adolf Hitler）。当时，蒙克的部队负责保卫柏林市政府所在的区域。“我被带到元首的私人卧室里去见他。”蒙克回忆道。

他坐在床边的椅子上，睡衣外面套着黑色的军大衣……尽管左手在不停地颤抖，他身上却散发着一种诡异的平静，仿佛整个人酣睡了一宿，神清气爽，思绪清晰——当然，这是不可能的。

希特勒很精明。他开门见山地问我：“蒙克，我们还能坚持多久？”我回答：“元首，我们最多还能坚持 24 小时。”接着，我向他汇报了当前的战况：苏军已经到达威尔海姆大街，并且通过弗里德里希的地铁通道继续挺进。蒂尔加滕动物园的大部分区域已落入他们手中，他们正在波茨坦广场上战斗，距离地堡只有 300 米。希特勒一言不发，静静地消化着我所说的一切。

军情探讨完毕，他开始和我谈起政治。我突然意识到，这可能是他最后一次就此话题发表讲话。讲话的主题是欧洲未来的命运。西方民主已衰败，无法与被共产主义引导下的东方民族势力抗衡。西方将在他们的统治下消亡。他说着说着，声音越来越弱，神情也愈发恍惚。刚过 7 点，我便离开地堡，回到了战地指挥所。

希特勒阴暗而又极其引人注目的人格魅力，吸引了数百万人接受他的领导，可现在他的人格中却只剩下阴暗的一面。沃尔夫·海森多夫（Wolf Heisendorf）是宣传部长约瑟夫·戈培尔（Joseph Goebbels）的私人助理，他当时和戈培尔一道在元首地堡当中。据他回忆：

到了 4 月 30 号，每个人都心知肚明，柏林的防御已经岌岌可危。德国在英美联军的进攻下已是四分五裂——我们曾盼望他们二者之间出现决裂，可这一天却从未到来。我们军队的最高指挥部再也没有任何存在的意义——随着我们对手的迅速抵近，我方部队已四下溃散。政府机构也名存实亡。我们的最后一搏是把沃尔特·温克（Walther Wenck）将军率领的第 12 军团从易北河防卫战中抽回（当时他们正在反击对岸的美军），并让其向柏林方向前进。但是到了 4 月 30 号，很明显，这些人根本不可能到达首都。在这种情况下，企图再与朱可夫（Zhukov）将军率领的全副武装的苏联军对抗，几乎是痴心妄想。

海森多夫回忆起政府部门从危险重重的城市中撤离时的混乱场景：

当苏军逼近柏林时，到处都是惊慌失措的人。那些可以逃跑的部门首领都已经四下逃窜，丢下大多数部下各自抵抗。希特勒本人的命令早已无人理会。一名宣传部领导在自己的汽车后备厢里塞满了秘密文件，导致车厢几乎合不上。他一踩油门，文件便从车后散落出来，漫天飞舞。随着部门组织的瓦解，这一切都不过是闹剧一场。

在法国北部的兰斯，也就是西方盟军总部的所在地，正盼望着希特勒领导下的德国首都走向终结。“柏林快要完了。”盟国远征军最高统帅部联络官理查德·威伯福斯（Richard Wilbeforce）上校在4月30日的日记中写道。

柏林——希特勒第三帝国的首都——也的确摇摇欲坠。苏军已经攻入城市中心，而元首统领的区域也一再缩小，仅仅覆盖政府大楼四周几英里的范围。但是对于第三帝国的一部分人而言，即便战争已经走到了如此绝望的境地，他们对纳粹的信仰依然坚定不疑。希尔德加德·霍兹瓦克（Hildegard Holzwark）是来自苏台德地区的德国人，1938年希特勒占领捷克斯洛伐克边境时，她曾将其视为解放者。4月30日那天，她在日记里写道：

明天就是5月的第一天了——劳动节，对于德国人来说是国定假日。今年还会有人为此而庆祝吗？——我怀疑没有。我们的战争有这样悲惨的结局，真令人心碎。我们已经坚持了6年。我们的战斗是有价值的，只是结果失败了而已。很难用三言两语来总结这些战争经验。

前线的战火越来越近，而此刻，我却感觉离战争越来越远。过去，我也曾对战争充满恐惧。如今我只是希望在苏台德地区，美军能比苏军先行到来。我只能把希望寄托于西方国家，让欧洲不会被布尔什维克统治。我们德国人长期以来都在抵抗这种威胁。但是我们坚持不下去了——所有的一切都已分崩离析。

似乎我们余下的部队也没有战斗下去的决心。部队纪律荡然无存，上下乱成一片——这也是我们屡战屡败的结果。人们期盼抵抗的愿望破碎了，我们已对自己失去信心。柏林的街道上也正在进行艰苦的战斗。元首还在那里，但他几乎是孤身一人。我很为他担心。

实际上，让柏林坚守到最后一刻的决定本身并没有什么惊天动地之处。它既不是冷血算计的结果，也不是狂热信仰的产物，而是大约8天前，德国领导人在一份军事简报中彻底崩溃的表现。

4 月 22 日下午 3 点 30 分，每日例行的军情会议召开。此次会议开头便是坏消息：苏联部队已经到达了柏林北部郊区。希特勒看上去憔悴而焦虑，他两次离开会议室去到自己的私人营房中。接着，元首被告知，他整个早上都在等待的本应由党卫军上将菲利克斯·施坦因纳（Felix Steiner）发起的反击战压根就没有发生。突然，似乎有什么东西破裂了。希特勒命令所有人离开会议室，只留下了陆军元帅威廉·凯特尔（Wilhelm Keitel）（德国武装部队首领）、阿尔弗雷德·约德尔（Alfred Jodl）上将（参谋长）、汉斯·克莱勃斯（Hans Krebs）上将（德国陆军参谋长）、威廉·布格道夫（Wilhelm Burgdorf）中将（希特勒的副官）、马丁·鲍曼（Martin Bormann）（纳粹党秘书长）以及速记员杰哈德·海尔格斯韦尔（Gerhard Herrgeswell）。接着，希特勒激动地发表了长长的指责性演说，即便是会议室外面的人也听得一清二楚。他嘶吼着，说自己被最相信的人背叛了。然后，他弯下腰，坐回了椅子上。

希特勒总是坚定不移地声称战争没有失败，战斗会持续到最后一刻。现在他却认为，自己会在柏林死去。速记员杰哈德·海尔格斯韦尔对此目瞪口呆——元首此前从不承认失败的可能性，他的讲话总是有一个坚定的结尾：“我们会战斗到第三帝国的最后一刻。”他试图给这种突然的转变找个合理的解释，他认为希特勒很有可能是精神出现了问题：“他说他已经失去了信仰——并且想了结一切，他会在德国首都死去。”海尔格斯韦尔回忆道：“他不断重复着这些宿命论的哀叹，重复了一二十遍，每次说的都大同小异：‘我会死在这里’，‘我会死在总理府’，或者‘我会死在柏林’。”

其他人也表示赞同。布格道夫将军离开房间的时候，也告诉自己的参谋贝恩德·弗赖塔格·冯·洛林齐霍芬（Bernd Freytag von Loringhoven），说希特勒精神崩溃了。据一份报告记载：“希特勒面色发紫，左脚已无法正常站立。整个晚上他都精神涣散，满嘴胡言，说他会在柏林了此一生。”在得知占据城市东北部的党卫军（位于菲诺运河畔的埃伯斯瓦尔德，距离柏林市中心约 15 英里），也就是所谓的“施坦因纳军团”，并没有听从他对抗苏军的指令后，他彻底绝望了。他意识到，反抗再也没有任何希望。

他身边的那些人也都异常震惊。在这场歇斯底里的爆发之前，他们并没有接到任何留守柏林抵抗的消息。的确，他的亲信们都相信希特勒的计划是要离开德国首都，飞往巴伐利亚的避难处——贝希特斯加登。陆军元帅凯特尔和纳粹党秘书长马丁·鲍曼先后试图劝说元首改变主意，但都失败了。

他们的领导人正经受着某种程度的精神崩溃。他现在能说的仅仅是绝望的几句话——“你们必须到德国南部去，在那里建立政府。戈林会成为我的继任者。他会同意的。”不过，这究竟是命令还是预测，他周围的人都不得而知。

这次的军情会议，对于其见证者而言可谓是彻头彻尾的惊吓，但实际上，几个月前希特勒身体上和精神上的衰退便已经开始显现了。宣传部长戈培尔的私人秘书沃尔夫·海森多夫回忆道：

我们都很清楚，元首时日不多了。他似乎已经崩溃了，无论是身体上还是精神上——有些人还怀疑他中风了。但是不管发生了什么，他现在看上去就是一个病怏怏的、意志消沉的老人。这种状态下，他已无法进行广播直播，有些他不得不做的演讲也都是事先录制并重新编辑过的。他的声音彻底变了——曾经的抑扬顿挫已荡然无存，如今不过只是枯燥单调地念稿罢了。他演讲的内容以往是不允许任何人改动的（即便是戈培尔也仅仅是能对个别措辞进行微调），可是现在他所要讲的内容令宣传部上下一片错愕。他们所用的类比——坎尼的迦太基人，或者腓特烈大帝与七年战争——随着苏联军队敲开柏林大门而显得愈发滑稽。

然而，不管希特勒状态如何恶化，他依然是西方同盟形成的核心原因。英国首相温斯顿·丘吉尔（Winston Churchill）憎恨纳粹主义，他与德国元首之间的瓜葛更多的是在私人层面。第三帝国的领导人是丘吉尔所厌恶的一整套政治体系的象征，这种厌恶甚至始于其暴行被广为人知之前。1941 年 6 月 22 日，也就是德国入侵苏联的那天，丘吉尔发表了全国广播演说，他声称："希特勒是个十恶不赦、杀人如麻、欲壑难填的恶魔。"在 1942 年 7 月 6 日军事内阁会议上，他还同样情绪激动，谴责希特勒是"邪恶的主要来源"，并表示一旦他落入英国手中，"我们会当场把他处死"。在同盟国三巨头中，丘吉尔的斗争最为持久，1939 年

9 月对德国宣战时，丘吉尔是首相内维尔·张伯伦（Neville Chamberlain）的内阁大臣，他自 1940 年开始任英国首相，此时的英国是整个欧洲唯一与纳粹霸权对抗的国家。

1940 年，当英国还在与强大的德国对抗时，苏联与希特勒签署了互不侵犯条约，并向纳粹党提供武器和重要的工业设备。这项由两国外交部长——莫洛托夫（Molotov）和里宾特洛甫（Ribbentrop）——正式签订的条约，使得双方都进一步扩大了其影响力范围。德国对西欧发动了闪电战，苏联占领波罗的海三国，战胜芬兰并占据其部分领土，此外还夺取了部分罗马尼亚领地。苏德两国还联手进攻了波兰——德国从西边进入，苏联从东边进入——并在波兰领土上划分了苏德边界。

1941 年 6 月 22 日，希特勒违背了互不侵犯条约，意外下达了入侵前盟友苏联的命令。尽管发动攻击要经历数月准备，但此次行动还是令苏联领导人约瑟夫·斯大林（Joseph Stalin）毫无防备。他无法相信德国会在与英国及西方对抗之时向他发起进攻。东方殖民是元首个人愿景的一部分——据其个人自传《我的奋斗》描述——这也显示出了他对于斯拉夫人的厌恶，他视其为劣等民族。希特勒希望通过征服苏联在欧洲的大部分地区，来为德国“优等民族”创造“生存空间”（Lebensraum）。同时，他也痛恨布尔什维克主义。尽管他进攻苏联是打着讨伐共产主义的旗号，但实际上是一场野蛮的种族战争。苏德双方均未签署 1929 年的《日内瓦公约》，德国的此番进攻带来了人类历史上一次最具毁灭性的灾难。

苏联领导人在政治上不仅精明敏锐，同时也警惕多疑。他笃定会有更多的时间来重新征招和装备苏联红军，并将苏联的工厂迁移到东部。当英国情报局警告他德国的入侵不可避免时，他还在怀疑这只不过是西方用以蛊惑他的诡计罢了。斯大林没能预见到德国的背叛。1941 年，在那些黑暗的日子里，希特勒的纳粹德国国防军朝着几百英里外的苏联大步迈进，苏军节节溃败，他的国家已被逼到了覆灭的边缘。

斯大林和苏军进行了殊死抵抗——尽管承受着西方民主国家无法想象的失败，他们还是扭转了战争的局面。德国元首的不败之军在斯大林格勒被击退，被迫撤离莫斯科，随后又在库尔斯克遭到重创——这也是他们在东方发动的最后一场进攻。1944 年夏天，苏联红军发起了巴格拉季昂行动——这是他们对德军的最大一场胜利。秋天，他们已经从纳粹手中解放了所有苏联的领土。之后，苏联 800 万红军向东欧挺进，打败了希特勒之前的盟友罗马尼亚和匈牙利，解放了南斯拉夫的大部分，并占领了波兰和德国东部。苏联成了同盟国最强大的军事力量，其军队已控制了欧洲中部和东部。

随后，希特勒发起了一系列行动，但这些行动都伴随着巨大的风险。在元首的权力和影响力都达到顶峰的时候，他带走了党内的大部分人以及许多将领（尽管还有相当大一部分人对此持保留意见），在纳粹德国再也没有其他人会走上这条凶险的道路。希特勒下令在两条战线同时开战，他原本是想速战速决。一旦失败，那么他将使德国陷入持久战，而对手在兵力和资源上都占据绝对优势。

希特勒在东部发起了战争——这使得苏联被动地要与西方两大帝国主义和资本主义强国——英国和美国——联盟，尽管英美两国是苏联意识形态上的对手。正是出于对希特勒以及残暴的纳粹帝国的仇恨，他们才克服了彼此之间巨大的分歧而团结在一起。

1941 年的夏天，英国孤悬海外，独自对抗德国。希特勒入侵苏联是一个绝佳的机会，尽管丘吉尔厌恶布尔什维克主义，但他还是牢牢抓住了时机。同这个国家结盟，展现出了其杰出政治家的风范。英国与法国一起加入战争，但当时法国已战败并被占领，欧洲大部都已陷入纳粹统治。美国尚未表露出加入欧洲战争的意向，在此情况下，丘吉尔清楚地认识到，只有苏英联手，打败第三帝国才有一线希望。短期看来，英国能够提供给苏联最大的帮助就是物资，物资可通过到摩尔曼斯克与阿尔汉格尔斯克的北冰洋航线运送。然而北冰洋航线却受到德国潜水艇和空军的威胁，英国蒙受了巨大损失。尽管遭到海军部反对，丘吉尔还是选择坚守这条航线，因为他们是在为英苏同盟运送救援物品等物资。丘吉尔在敦刻尔克大撤退之后，以及在不列颠之战期间发表的果敢有力的演说鼓舞了整个国家，这也是他最为卓越的政绩之一，但是，他在 1941 年与苏联联手的举措绝不亚于先前的政绩。他的决定给当时的绝境带来了一线生机。

但丘吉尔也为此付出了代价。英苏联盟仅为权宜之计。英国为保卫波兰，于 1939 年 9 月加入战争，在 1939 年至 1941 年期间，斯大林掌控着波兰东部。长期来看，当德国战机被击退时，波兰也就可能成了英国和苏联之间摩擦的来源。1945 年 4 月，英国在外交上的策略极其有限——整个波兰都已被复苏的苏军占据。

接着，美国登场了。美国加入同盟也源于希特勒的外交政策。1941 年 12 月 7 日，日本在珍珠港对美国舰队发动了突然袭击——这把美国拖入了漫长的太平洋战争。即便如此，美国总统富兰克林·罗斯福仍旧不愿意介入对抗纳粹德国的欧洲战争之中。不过，希特勒接下来的举动却起到了推波助澜的作用。德国军队因严寒从莫斯科撤退，在珍珠港事件 5 天后，希特勒向美国宣战。

这项出人意料的决定注定了德国在战争中终将走向失败。除了希特勒日益膨胀的野心、妄自尊大的性格以外，似乎也没有什么其他原因能为其决定作出合理解释。4 天后，他任命自己为德国陆军首领，尽管他在第一次世界大战中仅仅是个下士而已。

希特勒促成了大同盟的形成。战争持续进行，他要求德国人对其狂热迷信和绝对顺从，并且断然拒绝与对手谈判或妥协，他促成了大同盟的团结一心。现在，他仅是在苟延残喘，之前的狂妄自大在柏林被埋葬，周围全是苏军，那么，一个简单却至关重要的问题不由得被提出——希特勒死后，大同盟将何去何从？

希特勒最突出的才能便是其雄辩的口才和煽动民众的能力。在他统治的黄昏时期，这种才能的逐渐衰退以及在地堡中的痛苦的爆发，令那些已经习惯于过去的人感到十分困惑。

但即便是到了最后，希特勒还是保留了部分政治直觉和非凡的领导力。党卫军上将菲利克斯·施坦因纳在4月22日拒绝了元首要求进攻在数量上占绝对优势的苏军的命令，这也加速了纳粹领导人戏剧性的崩溃。施坦因纳率领的集团军群被苏军重创，力量被极大地削弱，已无法执行希特勒要求的军事行动。

施坦因纳也必须接受这样的事实——执行这项命令所需要的人力、物力和决心都已不复存在。但也许正如元首所声称的那样，这实际上也透露出了一丝背叛的痕迹。当月早些时候，施坦因纳在柏林同党卫军同僚理查德·希尔德布兰特（Richard Hildebrandt）以及奥托·奥兰朵夫（Otto Ohlendorf）进行了秘密会谈。

他们打算建立一个新的德国政府，并单方面与西方同盟国达成和解。施坦因纳希望希姆莱（Himmler）能够掌权，让希特勒退居一边。施坦因纳企图说服英美联军向易北河挺进，并以不抵抗来暗示妥协，希望他们能够就此打住，让德国能够继续在东线对抗苏联。尽管这种希望极其渺茫，但是纳粹德国彼时已是寸步难行，他们宁可冒险一搏。因此，党卫军首领海因里希·希姆莱（Heinrich Himmler）于4月20日离开希特勒，来到德国东部，几天后，他主动提出要与英国和美国进行公开会谈。当时希特勒仍在柏林，也许对于施坦因纳而言，把他留在那里可能更为适合。因此，施坦因纳的不作为不仅仅是源于兵力不足，也是故意违抗命令的表现。而德国元首即便是在战争最后阶段也保持着极为敏锐的政治嗅觉，大概也不难发现这一点。

随着德国军备物资逐渐减少，党卫军的统治阶层——纳粹意识形态的堡垒——已然开始思忖着与上层步调不一的策略了。这种警告信号已持续数月。其中一例就是希姆莱未经希特勒授权而组建了一支由安德烈·弗拉索夫（Andrei Vlasov）率领的反布尔什维克苏联军。希特勒厌恶斯拉夫人，是个顽固的种族主义者，他不可能赞成其组建一支苏联军队，不管他们拥有多少兵力、是否与斯大林政权脱离关系。但是希姆莱——他曾经狂热的信徒——如今也走上了自己的道路。1945 年 2 月，两个全副武装的陆军师已形成规模，其中一支随后在东部奥得河前线与苏军进行对战——苏联人对抗苏联人。

类似征募新军的报告是不是故意向希特勒隐瞒，抑或是希特勒选择对此视而不见，这些都无从知晓。弗拉索夫军团的士兵都为现役，在战争的最后阶段也许可以起到重要作用。这股势力的存在也显示出了希姆莱与希特勒在战争决策上日渐疏远，在第三帝国最后的日子里，这也削弱了希特勒作为政党首领的权威。

1945 年 4 月 22 日，希特勒与随从亲信撤退到了帝国总理府的地堡中，在那里，他们开始了一段令人匪夷所思的地下生活。地堡有两层：上层的老地堡——中间以螺旋楼梯连接——和下层的新元首地堡。元首地堡内设约 20 个小房间，家具陈设十分简单。希特勒私人卧室外的走廊上特意放了一张有软垫的长凳，以及几张破旧的扶手椅。卧室旁边便是会议室——部分军情会议就是在这里召开，3.5×3 米见方的狭小空间内放置着一张地图桌，至多容纳 20 人。希特勒是其中唯一有座位的人。

希特勒的两个私人房间：书房和卧室，也都颇为简陋。书房的沙发上方挂着一幅荷兰静物画，书桌上方则是一个椭圆形画框，里面是腓特烈大帝的画像。腓特烈大帝在七年战争之末已是殚精竭虑，濒临溃败的边缘，却因为 1762 年沙皇皇后伊丽莎白逝世而意外扭转局面。当听闻美国总统富兰克林・罗斯福于 1945 年 4 月 12 日去世的时候，希特勒也曾幻想过同样的奇迹发生，从而摆脱现有的窘境。裸露的灯泡从天花板上悬挂下来，每个房间都是如此。刺眼的灯光、通风系统中嗡嗡作响的马达、狭小的居所以及封闭的钢筋水泥的房间，都营造出一种压抑迷茫的气氛，对于本就在迅速恶化的境况而言更是雪上加霜。

希特勒统治下的德国经受了来自同盟国军队的攻击，但现在苏军已经准备好要包围并攻下柏林了。1945 年 2 月的雅尔塔三巨头会议上，同盟国已经为战后的欧洲画好了政治地图。德国计划被一分为四：西方同盟国占其中的三份，包括刚解放的法国在内，当时法国的军队正在与美军共同作战，第四份则分给苏联。苏联所划分的东德地区就包括了柏林。这座城市本身被分为四个行政区域——由英、美、法、苏分别管辖——但是它所在的整个地区都被苏联控制。当这些安排被制定时，苏军已经抵达奥得河，距离柏林仅 50 英里。会议上，似乎德国首都已经被苏联占据了。

同盟国的政策是先赢得战争胜利，之后再进行必要的政治调整。希特勒的宣传部长约瑟夫·戈培尔坚信，尽管战争已经进行到现阶段，大同盟还是有可能破裂，因为这几个西方大国终将意识到斯大林在东欧传播布尔什维克主义的危险。“众所周知，苏联总是把‘非共产主义’全部视同为‘法西斯主义’。”戈培尔希望这种无情的现实政治能够击退西方民主国家。他对波兰尤为在意。

戈培尔对这个国家并没有丝毫怜悯之心，他冷酷地声称波兰人所经受的苦难都是自食其果，都是因为他们没有接受德国在 1939 年提出的“极其合理的条款”——但他相信这也可能是造成同盟国出现裂痕的原因。他回想起 1943 年 4 月德军在苏联斯摩棱斯克附近的卡廷森林所发现的一座万人冢，里面埋葬了大约 1.4 万具波兰军官的尸体。苏联宣称这起暴行是德国人所为，但所有证据都指向不同的事实。戈培尔为此在宣传上大显身手——他邀请了众多中立的观察员前往事发地考察。斯大林对此事极为敏感，当波兰在伦敦的流亡政府对他的说辞表示怀疑时，他便与之断绝了外交关系。西方同盟国劝阻媒体不要对大屠杀事件大肆炒作，并表示会与苏联保持统一战线，但私底下却对盟友的说法心存怀疑。

戈培尔的纳粹政权本身也是双手沾满鲜血。1944 年 8 月，在波兰首都华沙的起义被纳粹党卫军野蛮镇压。斯大林——明知这次起义是由自己的傀儡政权卢布林集团发起——却命令他的先驱部队在城外停止前进。苏军一直等到起义被彻底击溃才重新前进。斯大林不允许美国和英国的飞机进入其空域，为起义者空投补给。苏联领导人对城内的波兰军队展现出的自私和冷漠，也预示了雅尔塔协议的签订并不会一帆风顺。

1945 年 2 月，大同盟举行联合会议探讨波兰的未来。尽管表面上一片乐观，但实际上却是一场不易的妥协。罗斯福总统病痛缠身，疲惫不堪，在条款尚未拟定时就提前离席。而魔鬼总是存在于细节之中，宽松的措辞让各国对条款的解读也不尽相同。罗斯福和丘吉尔认为他们已经为波兰政府谋求到了最为合理的存在方式，而戈培尔却对此表示怀疑。在他看来——苏联领导人会在波兰建立一个公正的代议政府——这样的期望无异于异想天开。“斯大林绝对不会……在波兰问题上作出任何让步，”戈培尔坦率地表示，而他的想法也不无道理，“波兰人唯一的选择在于，究竟是想被彻底毁灭，还是臣服于克里姆林宫。”

一旦西方盟国认识到这点，他们与苏联的关系将不可避免地紧张起来，戈培尔在退往元首地堡的时候还紧紧怀抱着这样的期望。他的助理沃尔夫·海森多夫坦诚地回忆道：

在苏联攻入柏林之后，戈培尔就陷入了深度抑郁中。他意识到了死亡将至，然而——即便他的梦想已经支离破碎——他还是短暂地、紧紧地追随着先前的政策。每天，戈培尔都会从国外的媒体和无线电报中搜集情报。这些情报的主题都是同一个，那就是——苏联与英美的矛盾可能会突然爆发。

海森多夫洞察到了他上司期望维持该局面的愿望，他继续回忆道：

这些简报我也阅读了许多次。对于戈培尔而言，第一块试金石就是波兰，第二块，便是苏军与美军的易北河会师。与他敌对的大同盟将要瓦解的可能性，也确实有些事实依据。虽然戈培尔有着能够敏锐地探测到任何冲突的政治直觉，可他如今能做的也只是寄希望于这一天能够早点到来，只有如此，德国才能有一线生机。

1945 年 3 月，大同盟的确在压力之下解散。3 月 7 日，美军发动突然袭击，在雷马根地区夺取了莱茵河上的大桥。4 天后，他们在瑞士同纳粹党卫军领导人卡尔·沃尔夫（Karl Wolf）进行了预谈判，商讨德国在意大利投降的可能。沃尔夫是否得到了希特勒的支持尚不明确——但希姆莱已谨慎地表示支持——而且所有的谈话都是在绝密的状态下进行。西方同盟告知了苏联他们正在进行谈判，这一做法是正确的，但却十分不明智、不老道地拒绝了苏联派代表前往的请求。

这便加重了斯大林的猜疑，他认为西方国家正在与德国秘密言和，好让纳粹军能够继续在东线与之对抗。在接下来的一个月里，罗斯福、丘吉尔和斯大林之间的电报中，充斥着对战争的最不愉快、最无信任感的意见交换。4 月 3 日，苏联领导人宣称，要么是美国总统在撒谎，要么就是自己被顾问们刻意欺骗。斯大林也是加速关系恶化的重要原因之一。

由于斯大林在与沃尔夫的瑞士谈判中受到怠慢，作为回应，他单方面与一个波兰民族主义集团谈判——向他们提供加入扩大的亲共政府中的机会——接着，却突然以从事破坏活动之名将其逮捕，而这一系列事件的结果在5月初才为苏联承认。西方国家在3月得到的消息仅仅是这个16人的波兰民族主义集团突然神秘消失了。

随着相互猜忌的加深，英美联军与苏军同时进攻柏林的可能性加大。从当时的军情来看，斯大林占据着主动权。两个苏军阵营（与美军或是英军兵力相当）——白俄罗斯第1方面军和乌克兰第1方面军——都在奥得河，距离德国首都只有50英里。战斗进行得十分激烈，苏军部队同时也向捷克斯洛伐克以及奥地利东部推进，显然，苏军很快便会占领维也纳。在西方，英美联军已经跨过莱茵河，迅速向德国挺进。尽管英美联军比苏军距离柏林更远，但德国对他们的抵抗可能不会那么顽强。丘吉尔与他在欧洲西北部的指挥官——陆军元帅蒙哥马利——都在催促着军队向柏林进攻。

德怀特·艾森豪威尔（Dwight Eisenhower）将军——盟军远征军的最高指挥官——做出了重要决定。他决定让英美联军在易北河停止继续前进。唯一例外的是蒙哥马利率领的第21集团军群被要求北上，跨过易北河，并进攻位于卢贝克和维斯马的波罗的海港口。这样一来，西方盟军就能先苏联一步占领丹麦。在中部，美军在河道边界停下；在南部，他们则继续向巴伐利亚和奥地利西部逼近。

艾森豪威尔让军队在易北河停下的决定，最大限度地减少了美苏两军之间冲突的可能。但这背后却是源于错误的军事情报——情报关系到所谓的“民族碉堡”，一座号称被纳粹党卫军精英守卫的位于阿尔卑斯山上的堡垒，那里也被认为是希特勒及其追随者最终会负隅顽抗的地方。然而，实际上关于这座堡垒的情报大多数都是虚无缥缈的，当戈培尔知道美国对此事的执迷后兴奋不已，并继续让大量虚假的文件落入他们手里——其中绝大多数都是他的宣传部捏造的。第 12 集团军群的司令奥马·布雷德利（Omar Bradley）将军与艾森豪威尔私交甚好，之后也悲伤地承认：“我们当时像那样上当，现在回想起来确实令人汗颜。”

美军继续向南方挺进，目的是拿下只存在于传说中的“堡垒”，而让部队在易北河停下的决定也将柏林拱手让给了苏联。艾森豪威尔与布雷德利将军探讨了美军抵达德国首都将要损失的兵力。据布雷德利估算，大约要损失 10 万美军——“若是仅为名誉而战，代价太大了”——陆军参谋长乔治·马歇尔（George Marshall）将军对此也表示赞同。艾森豪威尔允许苏联拿走攻取德国首都的功劳，同时也知道苏军将会为夺取柏林损兵折将，付出惨痛的代价。他直接与斯大林沟通，说柏林对自己而言已不是目标——他会让自己的部队在易北河停下，并往东南方向推进。

斯大林对此十分震惊。他也装腔作势，说柏林对于自己而言也并不是那么重要，但却召唤了陆军元帅朱可夫和科涅夫，命令他们以最快速度拿下柏林。袭击计划于 1945 年 4 月 16 日进行。朱可夫率领苏联主力部队直接打击德军的最后防线，也就是奥得河西岸的泽洛高地，随后直奔柏林。

科涅夫带领的乌克兰第 1 方面军在同一天越过奥得河继续向南，并在德国首都周围开战。4 月 23 日，柏林已被完全包围，再也没有物资补给和增援部队能够到达城内。斯大林——在知道丘吉尔还在游说盟军进攻的情况下——希望阻挡一切来自西方同盟的力量，阻止他们对柏林发起最后的进攻。但艾森豪威尔信守自己对苏联领导人的承诺，且罗斯福的继任者哈利・杜鲁门总统也同意他这么做。即便是当温克将军的第 12 军团从易北河战线撤离，并在当天向东前进，企图支援柏林的时候，美军还是远远坚守在河对岸。所有同盟军都固守阵地。

德国首都城内展开了松散不堪的防御。此时大家才意识到，希特勒是打算在柏林城内进行抵抗。但留在城内的部队寥寥无几。4 月 23 日，第 56 装甲军指挥官黑尔姆特・魏德林（Helmuth Weidling）将军被任命为柏林城防司令。而就在前一天，元首还下令绞死魏德林，原因是其在敌军面前临阵逃脱。但随后便撤销了此项命令，可魏德林对于自己新职位的任命并没有欢欣鼓舞。他声称："比起接受这项任命，我更愿意被绞死。"

魏德林把柏林的防御力量分为 8 个防区。他麾下有曾经柏林警方支持的大约 4.5 万正规军、希特勒青年团以及大约 4 万名地方志愿军（"人民冲锋队"）。苏联的兵力大约是他们的 8 倍。苏联军对第 56 装甲军已有认识。1944 年的春天，第 56 装甲军在苏联帕里奇地域建立了斑疹伤寒集中营，在那里约有 5 万平民被感染病毒，并接着被放逐到苏联红军前进的沿途，意图在苏军中制造伤寒疫情。第 65 集团军将领帕维尔·巴托夫（Pavel Batov）将军曾说："我们永远也不会原谅，也不会忘记这种暴行。"争夺柏林的战斗无疑是艰苦的，但是当苏军得知第 56 装甲军的出现后，就注定了这场战斗必将格外的野蛮残暴。

接下来的几天里，德国军队展开了绝望的防卫战，最终苏联军队还是在柏林市中心结束了战争。4 月 27 日，魏德林将军在他的日记中写道：

早上 5 点，在一轮激烈的轰炸和空袭后，苏军向霍亨索伦桥两侧都发动了进攻。防御区总部也遭受到猛烈的炮火攻击。过去这些年我们所犯下的罪行的报应终于还是来了。

波茨坦广场也饱受战火侵袭。砖石倒塌扬起的灰尘悬浮在空中，好似一场严重的雾霾。我们的车子也只能在雾霾中缓缓前行——炮弹在四面八方穿梭，我们被淹没在飞舞的碎片之中。

道路上到处都是弹坑和残垣断壁，街道和广场已经成为一片废墟。为了躲避苏军猛烈的炮火，我们来到一个地铁站寻求庇护。在这座两层的建筑中，有许多平民在此避难——一大群惊慌失措的人比肩站立。这场景令人震惊。

下午，在我的军情汇报中，我将受伤民众和他们的痛苦遭遇，以及白天我亲眼所见的一切都如实汇报。但是希特勒似乎精神恍惚，无法正确地理解我说的话。

时间已所剩无几。4月28日，海军元帅卡尔·邓尼茨（Karl Dönitz）调动了一个海军学员营队飞往经受重创的柏林，以表示与元首步调一致的决心。学员营队指挥官、海军上将弗兰兹·库尔曼（Franz Kuhlmann）回忆起他们噩梦似的着陆："在我们快要抵达的时候，我们发现首都正在最近的轰炸中燃烧。到处都是世界末日般的恐怖景象。尽管与地面的塔台失去无线电联系，我们的飞行员还是试图快速着陆，飞机在跑道上疾驰，横冲直撞。"

实际上，在当时的情况下，飞机在颠簸中硬着陆并不令人意外。4月27日，滕伯尔霍夫机场和加图机场都被苏联攻陷。柏林动物园内准备了一条紧急着陆带，这也是库尔曼他们着陆的地方。4月28日晚，这条着陆带也因巨大的弹坑而无法继续使用。

库尔曼继续道：

当我们的飞机颤颤巍巍地停下时，一声刺耳的指令响起："到庇护所去——立刻，马上！"我们便迅速奔向一个巨大的混凝土贮仓，那里存放着军火和武器。

没过多久，一名党卫军军官出现了，他要求我们进入动物园地堡（这也是柏林市中心一个关键的防御点）。我提出反对，并说明我们接到的指令是直接进入帝国总理府，保护希特勒的住所，可他看起来十分困惑。最终，我们还是动身东行——沿着一条被炸毁的路——朝着这个看似荣耀的目标行进。一次又一次，我们在苏联轰炸机的突袭和扫射下，被迫伏地来寻求掩护。

这名党卫军军官将我带到蒙克将军的营房——在帝国总理府的一处地下庇护所内——并向他引荐了我，接着便离开了。党卫军上将蒙克，也是总理府卫戍司令，负责保卫柏林政府防御区，希特勒的地堡就在这一区域的中心位置。看到我们出现，他喜出望外，相比我们薄弱的战斗力，他的热情让我们有点受宠若惊。

蒙克将军麾下约有2000人——其中包括来自党卫队警卫旗队的800名精兵悍将。而这也是对抗苏联的最后一道壁垒。

库尔曼继续道:

蒙克仔细地询问了我带来的士兵数量，以及他们使用武器和实战经验的情况——他很快领会到，这些士兵大多都还是学员，对于这样的战争而言，他们可谓是毫无准备。他待我彬彬有礼，和蔼亲切，直到我告诉他，我接到的命令是要向希特勒本人当面报到。也许这并不是一个明智的做法，因为接下来他的语气完全改变了。他直白地告诉我，对于初级军官而言，想要与元首见面简直是异想天开。

库尔曼把手下的士兵们安置在附近的外交部地下室内，并等待进一步指令。攻击帝国总理府的炮火愈加猛烈，苏军已经开始向总理府防线逼近。

尽管被要求原地待命，库尔曼还是被召见，前往迷宫一般的元首地堡。邓尼茨为极力讨好元首，通过自己在地堡的代表——海军上将埃里希·沃斯（Hans-Erich Voss）——转达，说他派来的海军学员营指挥官想要正式前来报到。元首批准了——库尔曼这才得以进入这个神秘的地下世界。等待他的景象却是他始料未及的。他来到地堡底层，当时希特勒正在召开军情会议。沃斯正在主持，在场的还有汉斯·克雷布斯上将、约瑟夫·戈培尔以及阿图尔·阿克斯曼（Artur Axmann）（希特勒青年团首领）。

库尔曼回忆：

希特勒瘦骨嶙峋，身体已经完全“缩水”了。他的左胳膊和左腿不受控制地抖动着。他所说的大部分话对我来说都如同呓语——他似乎已经神智不清，并且开始胡言乱语。一些奇怪的语句不停地在我耳边回响。他经常重复着：“哦！那些柏林的百姓！那些柏林的百姓！”或是“我们不能没有汉娜·瑞奇（Hanna Reitsch）！”（这位女飞行员前不久刚刚驾驶飞机勇敢地着陆于柏林主干道——菩提树下大街）。我不知道在地下室里他都经历了些什么，所以也无从理解为何他会如此颠三倒四地发泄情绪。

“胡言乱语”的说法很引人注意。这也许是由于元首承受着巨大的迷茫和压力，但也极有可能是因为他一直没能从4月22日的崩溃中缓过来。“然后希特勒就让我回去了，”库尔曼继续道，“他举起没那么颤抖的右手示意，我和沃斯便从地堡的旋梯回去了。尽管我十分诧异，但我并没有和沃斯提及我的想法——他也避免和我说起希特勒的精神状况。但我知道，他察觉到了我的尴尬，或许也在猜测其中的缘由，于是他什么也没说，只是同我探讨了要带更多海军部队进入柏林的计划。”

魏德林将军在了解到大部分防线是由希特勒青年团（14—18 岁的青少年）组建的情况后，便命令阿克斯曼在柏林市内解散这样的防御阵型。但这项命令并没有被执行。4 月 29 日，希特勒青年团通讯员阿尔敏·莱曼（Armin Lehmann）及 3 名战友试图向威廉街对面的指挥所传递紧急信息——可是威廉街如今已经被苏军的炮火摧毁。莱曼是唯一的幸存者。后来，他惊魂未定地坐在元首地堡中。一个女人从房间走出来，为他倒了杯水。“外面太可怕了”，她说。那个女人就是爱娃·布劳恩——希特勒一直以来的情妇，几个小时前希特勒才刚刚与她结婚。

地堡中到处都是大难临头的绝望。在得知其副手赫曼·戈林（Hermann Göring）在巴伐利亚的上萨尔茨堡意图接过最高领导人指挥权时，希特勒下令逮捕了他。4 月 28 日，希特勒听闻海因里希·希姆莱企图单独和西方盟军媾和谈判。希姆莱在柏林的代表赫曼·费格莱因（Hermann Fegelein）因此被围捕并击毙。然后，元首便开始一件件处理自己的事情。4 月 29 日凌晨，他与爱娃·布劳恩举行了婚礼——与其说是相伴终生，倒不如说是共赴黄泉——随后，希特勒便拟定了其个人以及政治遗嘱。戈林和希姆莱均因叛逆罪被开除党籍。

希特勒对邓尼茨上将的忠诚印象深刻，最近又因库尔曼的到访使得这种印象更加清晰。因此，他便指定邓尼茨为继任者。他希望即将在德国东部的石勒苏益格－荷尔斯泰因建立起来的邓尼茨政府，能够有鲍曼和戈培尔的参与。

希特勒的秘书特劳德·琼格（Traudl Junge）奉命打好了其口述的遗嘱。“我尽了最大的努力快速地记录着，”琼格回忆道，“我的手指机械地舞动着，令人意外的是，在这种情况下我竟几乎没有打字错误。鲍曼、戈培尔，甚至是元首本人时不时地过来查看我是不是已经打好了。他们让我感到很紧张，这只会让我效率更低。最后，他们几乎是把最后一页纸从打字机上扯下来的，然后便回到会议室。希特勒在三份遗嘱上都签了字，并让通讯员送了出来。”一份送给在德国东部的邓尼茨。一份送给在捷克斯洛伐克的陆军元帅费迪南德·舍纳尔（Ferdinand Schörner）。舍纳尔对纳粹事业的狂热忠诚给希特勒留下了很深的印象，因此，元首任命他为新的德意志国防军陆军总司令。“至此，希特勒的生命真的要结束了，”琼格继续说道，“现在他只希望得到确认，确认至少有一份文件被送到目的地。苏军随时都有可能攻入地堡，战争的声音太近了……我们被困在这里，只能坐以待毙。”

4 月 30 日凌晨有消息传来，温克将军的第 12 集团军无法继续向前，拯救柏林的希望彻底破灭。希特勒和爱娃·布劳恩决定双双自杀。当天早上，元首的当务之急就是要找到足够多的汽油，用以焚烧自己的遗体。前一天，他听闻盟友贝尼托·墨索里尼（Benito Mussolini）被意大利游击队枪决。墨索里尼的尸体——还有他情人克拉拉·贝塔西（Clara Petrucci）的尸体——被倒吊示众。希特勒下定决心，自己的遗体绝不能被如此羞辱。

“4 月 30 日那天，开始与往常没有任何区别，”琼格回忆道，“时间过得很慢……我们与希特勒共进午餐。我们的对话与昨天、前天，和过去的很多天并无二致：这顿饭看似轻松自在，实际上却是走向死亡的最后一餐。”午饭过后，琼格在佣人的房间抽了支烟。接着她被告知，元首想与大家道别。

我从房间来到走廊。我依稀记得当时还有其他人在，但我眼里只有希特勒的身影。他缓缓走出房间，弯腰曲背的程度甚至比平时还要厉害些，他站在门口，与大家一一握手。我感到他的右手在我手里。虽然他看着我，但却看不到我。他神情空洞，似乎已经飘到很远的地方去了。他和我说了些话，但我并没有听见。我没有领会到他最后的遗言。我们等待的时刻到来了——但我却完全僵住了，全然不知周围都发生了什么。

爱娃·布劳恩走向琼格，并拥抱了她。“努力逃出去，”她说，“这样你才可能活下来。”快到下午 3 点的时候，他们两人都回到了希特勒的卧室，大门沉重地在他们身后关闭。爱娃·布劳恩吞下了氰化钾。希特勒也许是吞服了氰化钾，也许是开枪自杀。15 分钟后，两具尸体被抬出，沿着地堡楼梯被抬到了帝国总理府花园的一处弹坑，并被浇上了汽油。火焰迅速地蹿了起来，这一小群围观者举起右手，向那团火焰行了最后的纳粹礼。希特勒对德国人民的统治走向终结。

这名德国元首留下的遗产是死亡、毁灭和巨大的苦难。它殃及整个欧洲，并逐步波及他自己的人民。盟军的炮火造成 40 万德国平民死亡，80 万人受伤，近 200 万平方米家园被摧毁，500 万人被迫逃离德国。大部分死伤发生在战争的最后几个月里。1945 年 1 月，苏军攻入德国东部时又造成了 50 万平民的死亡和无法言喻的悲痛，为躲避苏军，几十万人向西潜逃。

埃里希·德特莱夫森（Erich Dethleffsen）少将是德国陆军最高指挥部的作战部长，之后成为一名战犯。他在回忆录里记录了战争最后几周的景象：

在极度震惊中，我们不情愿地从最后这几年的痛苦中缓慢地清醒，逐渐认清了我们自己，认识到了我们的处境。我们开始寻求免罪的可能，努力逃脱造成战争、牺牲以及骇人后果的一切责任。我们坚信自己是被欺骗的，被利用的，是被故意误导而走向歧途的。我们申辩自己对这些恐怖的罪行并不知情……但同时也因放任自己被误导而感到羞愧……这种羞愧的最初表现是反抗或自贬，可逐渐就会变成悔恨。这就是我们这群人的生活状态。

当战争进入可怕的高潮时，盟军的士兵们也试着揣摩第三帝国的意图。皇家坦克团 9 营的英国中士特雷弗·格林伍德（Trevor Greenwood）曾效力于占领德国许托尔夫镇的军队。4 月末，他在给妻子的信中写道：

战争发展得太快了，我生怕漏掉任何一条新闻报道……纳粹党很显然也知道自己完蛋了，但这并不意味着战斗可以立刻停止。他们似乎难以接受向苏联无条件投降。不过他们也许会重新考虑，欧洲的和平指日可待。这种不确定性是最让人心烦意乱的……

格林伍德努力理解着敌人的心理："我们中士有一所大房子，里面家具设施齐全，包括一间藏书丰富的图书馆。"

他继续描述道：

这些都是歌颂纳粹党及其领导人的著作……歌颂的领导人包括希特勒、戈林、戈培尔、施特莱歇尔，还有莱伊。光是看到这些作品的数量就令人瞠目结舌。我再也没有想到，政治宣传材料会有如此之多……这些书里也有大量的建造方案，从道路建设到枪支制造，应有尽有。他们致力于建设"新德国"，似乎每一个工厂里，都配备了一名常驻摄影师，为建设的每一个阶段做记录。这些书的出版实际上都是出于同一个目的——细致地、系统地向读者展示元首的伟业及其政党的力量。然而，这些书籍大多有着恼人的重复……也许书籍的拥有者们只是沉迷于宣传材料的重量罢了。

我浏览过这些书，了解到了第三帝国的军队是如何形成的……知道了德国在一度被禁止拥有军队的情况下，是如何通过“工作小组”来组织和管理年轻人的，以及他们是如何学习详尽的阅兵纪律、如何用铁锹来进行“步兵演练”的。还有正在建造的宽广的道路……高速公路……以及飞行学校，在那里，未来的飞行员可以假借“体育运动”之名接受飞行训练……然后，我抬起头，看向我临时住处的窗外，书中这个辉煌的世界瞬间荡然无存。我看到的只是一个被战火摧残的德国小镇——镇上的居民只有寥寥数人，他们推着手推车或是自行车，里面装着的是他们所剩无几的可怜的家当。

除此之外，便是看上去没有尽头的英国军用卡车，里面挤满了德国战犯。所有的车辆都雄赳赳气昂昂地向西行驶。

在这片废墟之中，英国军队思考着如何应付战败地区的平民。“这些人现在想对我们友好一些了，”格林伍德沉思着，“他们不喜欢‘不友好往来’政策（要求与占领区居民保持最少接触的官方政策）……尽管这项政策十分冷酷，但也是迫不得已。”在法国、比利时和荷兰，英国军队被视为“解放者”而受到热烈欢迎。在德国，他们被认为是“征服者”。格林伍德继续说道：

一跨过边界，我们就不再将平民看作是正常人；我们不得不像机器人一样对待他们。这种转变需要我们严格压抑自己的天性，对我们而言并不容易——你要无视来自一个孩子的天真问候，拒绝向穷困的流浪汉施舍一支烟，也不能给吃力地推着超载的手推车的老妇提供任何帮助。但我们必须要面对这些……我们这样做的确令人发指，但这不是我们的错。我们无法分辨哪些是“好”德国人，哪些是“坏”德国人，所以只能一视同仁，把他们都看成是潜在的恶人。

这种观点在英国的军队中十分普遍。理论上，纳粹党和普通德国人之间是有明显的区别的，但实际上，格林伍德并不能完全肯定。仅凭借纳粹党的力量就能给世界带来这么多的苦难吗？“普通德国人也曾经为希特勒工作和战斗，”他继续说，“他们知道正在发生的一切——犹太人大屠杀、贝尔森集中营的惨状……”格林伍德自己并没有见过纳粹集中营，但是他的许多战友都见过。在这处被用作军官住所的房子里，还陈列着一些令他震惊的东西——这座房子的主人曾是个富裕的德国人。那是一幅画，乍一看上去无伤大雅，甚至还挺赏心悦目。“这幅画是一片沼泽地——前景是两三棵白桦树，背景是盛放的石楠花。”格林伍德继续记录道：

这其实是一幅引人入胜的风景画，但当你仔细观察，就会发现在地平线上有个邪恶的异常之处，再仔细近看，则会发现这不寻常之处实际上是一座完整的集中营。画里清晰可见架着机关枪的瞭望塔、夜间使用的探照灯塔、带铁丝网的围场内关押囚徒的棚式营房。与之产生强烈对比的，是修建得雄伟得多的砖石建筑，那是为集中营的看守们准备的。这幅画的意义令人费解。它究竟是一幅风景画，只是碰巧背景如此，还是灵光一现的艺术家从他最近的角度来刻意描绘的集中营？这幅画的原作如今已被我们的军官郑重其事地摧毁了。

4月30日，美军第40战斗工兵团占领了达豪集中营。美国第42和第45步兵师于一天前解放了该集中营。这是前往慕尼黑的美国第7师的前锋部队——他们当时只知道德军也许仍试图在城外进行抵抗，然而却对即将在达豪发现的一切毫无防备。集中营外，有39节废弃的火车货运车厢，车厢内是无数具尸体。据第45步兵师的陆军中将菲利克斯·斯帕克斯（Felix Sparks）回忆：

“久经沙场的老兵们悲痛欲绝。我用了将近半个小时才重新恢复了秩序。在这期间，3万多名活着的集中营囚犯开始意识到正在发生事件的意义。他们从拥挤的棚式营房中涌出，但很快便受到了带着倒刺的铁丝围栏的限制。他们开始齐声呼喊，那呼喊成为一声声令人不寒而栗的嘶吼。”

现在要做的便是把尸体从集中营清理出来。工程师唐纳德·杰克逊（Donald Jackson）说：“我们用运货车来堆放尸体——并强迫德国平民来进行装载。”

这起令人震惊的消息使得正在旧金山进行的会议显得尤

为重要。这场开始于 4 月 25 日的会议，目的是为了探讨建立一个新的世界组织——联合国。苏联一开始还对此持怀疑态度，但在罗斯福去世后，便改持支持态度，以示对已故美国总统的尊重。在这个忠诚可随意改变、动荡不堪、瞬息万变的世界里，有一部分人的立场并不明确，既没有明确站到同盟国阵营，也没有出现在其敌对阵营。这其中就包括波罗的海诸国的人们，他们本希望能够维持其国家的独立，却先后被苏联和纳粹德国占领。包括同样渴望独立的乌克兰人，他们在 1941 年与占领其国家的德国开战，随后又于 1944 年同解放它的苏联对抗；包括憎恨国家被他国占据的波兰人——无论占领的一方是德国人还是苏联人；还包括痛恨斯大林政权的苏联人，他们希望自己的国家能够有一个不一样的未来。

1945 年 2 月，希姆莱在未经希特勒正式批准的情况下，建立了一支反布尔什维克军队，并由苏联将军安德烈·弗拉索夫统帅，因此也被命名为“弗拉索夫军”。弗拉索夫曾是斯大林最为杰出的将领之一，但 1942 年夏天他被德军俘虏后，便宣布放弃共产主义，并组建了一支反对斯大林的苏联部队。战争进入最后阶段时，这支部队终于成形，但它命运如何，却无人知晓。这些士兵，不论出于何种动机，现在已与自己国家的主要敌人——纳粹国防军——有了共同的目标。

1945 年 4 月 30 日，新组建的弗拉索夫军的一支在奥地利，另外一支在捷克斯洛伐克西部。两支军队的未来都黯淡无光。德国联络官亚瑟·蒙格鲁威尔斯（Arther Mongrovius）在奥地利的林茨（希特勒的童年故乡）写道：“我认识一位苏联将军，名叫米哈伊尔·明德罗夫（Mikhail Meandrov），他是一个受过高等教育且教养极好的人。在翻译的帮助下，我跟他就上帝和世界进行了广泛而愉快的交谈。这使我相信，许多苏联军官加入弗拉索夫军，并不是出于投机主义和自身利益，而是真正认为斯大林的统治将给苏联人民带来沉重的灾难。”

明德罗夫将军是弗拉索夫军第2师的指挥官。蒙格鲁威尔斯对他十分欣赏，也十分好奇。他不确定明德罗夫是不是一个真正的苏联爱国者。这场可怕的战争已经接近尾声，这个时候想要去揣测一个人的动机是格外困难的。蒙格鲁威尔斯记录了这样一件事：

这名将军表现出了极大的同情心。每天都会有囚犯被运往我们的驻地，明德罗夫总是劝说党卫军放了这些可怜人。他们饥肠辘辘，还穿着囚服就四下逃散。其实以他们当时的情况来看，释放他们反而会给别人带来威胁。不过，这位将军仍幻想着这些问题都会平和地得到解决，他甚至还劝说当地居民为这些饥饿的人主动提供食物。

这则记录，表面上看令人愉快，实际态度却模棱两可。这种仁慈的表象——无论是明德罗夫自己的还是表面上被他说服的纳粹党卫军的——都很可能是受蒙格鲁威尔斯所厌恶的投机主义的驱动，其目的是为了讨好西方盟军。弗拉索夫军也仅仅是为了生存而已。

然而，有些衡量爱国主义的标尺还清晰地存在着。如果是在不同的时间和地点，一支反对布尔什维克的苏军也许会受到英美联军的欢迎。但是在 1945 年 4 月底，在大同盟依然坚实存在的时候，这些意识形态上的同路人都会被视为遗弃者。蒙格鲁威尔斯的注意力再次转向弗拉索夫军本身——他们被斯大林和苏联国家所唾弃，也给西方国家带来了一场政治上的尴尬。“它将全部的希望寄托于同美国的首次非正式的接触上，”这个德国人继续说道，“因为它坚信美国不可能将这支全身心反对斯大林政权的弗拉索夫军交给苏联。”蒙格鲁威尔斯不自在地停顿了一下，然后说：“如果美国这么做，这支部队最终难逃的命运就是被绞死后悬挂在莫斯科红场的克里姆林宫墙上。”

弗拉索夫军与德军结盟，迫切希望为苏联人民建造一个不同于共产主义政权统治的未来。然而，纳粹国防军正在一步步崩溃。柏林东部，苏联元帅康斯坦丁·罗科索夫斯基（Konstantin Rokossovsky）带领白俄罗斯第 2 方面军转向波罗的海进军，临时形成的德国防线轰然倒塌。罗科索夫斯基的进攻是在 4 月 26 日发动的，很快便蔓延到整个德国东部。纳粹国防军第 102 步兵团的陆军少校埃里希·孟德（Erich Mende）在 1945 年 1 月被授予骑士十字勋章，他曾在普鲁士东部顽强抵抗，使得超过 1 万名平民幸免于苏军铁爪的践踏。而现在，已经没有足够的兵力来拖延敌人了。

“4 月 30 号，一切都土崩瓦解。”据孟德回忆，“一辆从东南部开过来的苏联坦克赶超了我们的部队，并到达了罗斯托克市郊。主要的撤离路线在我们眼前关闭了，我们的步兵不得不爬上余下的卡车和越野车，努力寻找其他的路线。”

最终，孟德和筋疲力尽的步兵们来到了瓦尔内明德港口，却发现仅存的船只里挤满了难民。他们在码头附近停下，完全没有想到还有另外一批人的加入。“他们有500多人，个个骨瘦如柴，都穿着囚服。我们这才意识到，他们是从附近的集中营里逃出来的。”两支队伍对视着，四周是令人局促不安的寂静。

在柏林，苏军前线距离元首地堡仅400米之遥。4月30号晚，约瑟夫·戈培尔短暂地重燃了已随希特勒逝去的国家社会主义热情。据弗朗茨·库尔曼回忆：

当时我和我的一队士兵在帝国总理府北侧防守。我们负责保护避难所的主体部分，还有元首地堡以及前面的院子。一名中士过来传令，让我即刻前往总理府大厅。我跟着他，恰好看见由戈培尔为希特勒青年团组织的告别仪式。参加仪式的还有玛格塔·戈培尔（Magda Gobbeles）以及她的孩子们、元首地堡的秘书、一些文职官员和年轻的士官生。很快，我便被邀请坐在了一张长条桌边，一碗豌豆浓汤递到了我的面前。我发现对面坐着的正是戈培尔本人，他正与希特勒青年团的士兵们愉快地交谈。

我的中士在戈培尔夫人身边坐下，士官生们则坐在戈培尔的孩子们中间。吃完饭，一名海军学员弹起了钢琴，希特勒青年团和戈培尔共同唱起了国家社会主义的老军歌。接着，戈培尔说了几句话，希特勒青年团的士兵们在他周围列队。

这些年轻人从总理府出来的时候，肩膀上都扛着反坦克榴弹反射器（也就是“火箭筒”），这种武器已经摧毁了数辆苏联坦克。这些年轻的守卫者都被授予了铁十字勋章。

我得以近距离观察戈培尔，他完全沉浸在那套号召大家顽强抗敌的陈词滥调中。尽管他的这番话在当下显得愚蠢而荒谬，但却如同魔咒一般，没有一个希特勒青年团的成员能够轻易逃脱。

总理府外面，又是一轮持续的猛烈轰炸，死伤不计其数，而更多的轰炸也即将到来。可总理府里面，却充斥着嘹亮的歌声和一张张被戈培尔慷慨演说所催眠的年轻面孔，戈培尔天真无邪的孩子们还在房间里玩耍，这里到处弥漫着一种极不真实的气息。

我有种感觉，一个世界将要在这里消亡，一个数百万德国人为之奋斗和牺牲的世界——而他们付出的鲜血和生命，最终却不过是一场徒劳而已。

02. 柏林的劳动节

1945 年 5 月 1 日

柏林是苏军战役的焦点。苏军攻下柏林，目的是告知苏联人民以及世界人民，希特勒政权垮台了。德国的抵抗力量现如今也不过是在垂死挣扎。

苏联陆军中尉阿列克谢·卡里宁（Alexei Kalinin）在劳动节这天给妻子的信中写道：

我在柏林向你问候！没错，我们已经到达柏林了——我们一路从郊区打进市中心，德国佬们被打得落花流水。我们在这里，第一次面对面地见到了德国的平民。他们普遍面容枯槁、骨瘦如柴、脸色惨白——显然，许多人都在忍饥挨饿。

我们刚见到他们时，他们满怀恐惧，努力想要躲起来，但没过多久——当他们发现我们并无恶意时——又都重新出现了。他们向我们走来，乞求我们给他们一些面包。然后，他们便站在路边，向过往的士兵们乞讨食物。我们刚把炉灶搭起来，这些德国平民，不论男女老少，都围了过来，手里都拿好了杯子……

陆军元帅格奥尔吉·朱可夫（Georgi Zhukov）命手下的一名指挥官——陆军上校尼克拉·伯扎林（Nikolai Berzarin）来接管柏林，并拟订了解决饥荒问题的计划——尽管当时战争还在继续。苏联红军炊事车立刻缓解了城市里平民们的饥饿，这令他们喜出望外并心存感激。但是，有些德国平民却与苏联红军有着不一样的经历："我们在地下室中间紧紧缩成一团，恐惧地颤抖着。"多萝西娅·冯·施瓦南弗鲁格（Dorothea von Schwanenflügel）在5月1日这天写道：

最后几天挨家挨户的残酷战斗，以及外面激烈的街道战已经完完全全变成了大屠杀，没有任何一方带走任何俘虏……我们的城市彻底被毁掉了，几乎看不到完整的房子。因为我们没有广播，也没有报纸，所以他们只能开着大货车从街道开过，用扩音器命令我们停止一切反抗。那天夜里，一群苏联士兵袭击了附近的一座房子。接着我们便听到从房子里传来的可怕的狂欢的声音……我们听得心惊肉跳，都坐在原地，吓得不敢出声。

5月初，朱可夫元帅带领的白俄罗斯第1方面军的首席军事检察官——雅臣宁（Yachenin）少将在一份报告中指出：

苏联红军对待德国平民的态度却是有了积极的转变。士兵对平民的暴力行为已大幅度减少。这对我们而言的确是亟待解决的问题。

检察官还引用了大量例子。一个名叫恩奇瓦托夫（Enchivatov）的陆军中尉曾在柏林郊区挨家挨户强行闯入，强奸妇女。这起案件的调查已经完成，恩奇瓦托夫将被带上军事法庭听候处置。两名苏联士兵——伊万诺夫（Ivanov）和马纳科夫（Manankov）——因强暴数名妇女而被捕。雅臣宁少将可以理解许多苏联士兵的困惑。他们曾经目睹了敌人犯下的残暴罪行，以及自己的国家所承受的巨大伤害。他们带着仇恨向柏林进军，誓死要向德国报仇雪恨。但是对平民犯罪却是在破坏军规，会让自己的部队声名狼藉。尼可莱·伊诺泽姆采夫（Nikolai Inozemtsev）中尉记录道："每一起强奸案的发生，都是对我军，以及对我们每一个士兵名誉的极大损毁。"一部分人对此已是毫不在意，还有人则还在与自己的良知作斗争。但是军队的纪律是严明的——对伤害德国平民的行为不予容忍。至于这条规定能起多大的作用，还有待观察。

在前线部队中，令所有人都感到安慰的是，战争终于结束了。苏联红军战士彼得·塞维乔夫（Petr Seveljov）在给父母的信中写道：

我们遇到了筋疲力尽、浑身污泥的德国部队，他们瘫坐在路边，武器被扔在一边，等待着被我们的部队俘虏。我看到两名没有武器的德国军官，他们手中挥动着小白旗，一路从动物园走到勃兰登堡门。沿路又有更多的德国人加入，他们把手中的武器丢下，堆放在一处。四周的房子里也都挂出了白旗。

我们当中的很多人也会点德语，敌方部队也能说点俄语。你们如果看到这一切，一定难以置信，但是这确实正在发生。就在给你们写信的当下，我就看到窗外有个我们的人正和一名德国士兵共享一瓶杜松子酒，他们比画着，相互攀谈。这太令人意外了！至少从柏林现在的情形来看，我真的很难向你们描述我们所取得的胜利。

在动物园附近，陆军中将瓦西里·崔可夫（Vasily Chuikov）的近卫第 8 集团军正在搭建总指挥部。据阿纳托利·梅莱希科（Anatoly Mereshko）上尉回忆：

柏林战役期间，我们就像是一帮漂泊的吉普赛人，在满是烟雾和灰尘的城市里，频繁地从一个地方挪到另一个地方。

崔可夫最终把指挥部选在动物园东头的一栋五层的住房——他的办公室在一楼，向上的楼梯很宽敞。他的房间曾是个会客室——装修奢华，有着巨大的黑橡木天花板。

5 月 1 日，我本来是在隔壁的房间值班。房子的主人们似乎走得太急，东西大都没来得及收拾。我给自己倒了杯法国白兰地，算是庆祝节日了。突然，我听到有溅水声。当时只有我一个人——所以我拿起手枪，想去一探究竟。我在浴室里发现了一个德国男人，他躺在浴缸里——那里满是水和鲜血。他割破了自己的手腕。他的制服整齐地叠放在浴缸旁边——他是一名上校。目睹了这一切，我庆贺节日的心情被一扫而空。

近卫第8集团军在苏联红军内部占据着特殊地位。近卫第8集团军原为第62集团军，1943年5月才恢复建制，这支部队曾在一年前的斯大林格勒会战中英勇地击退了希特勒军队的进攻。当时，瓦西里·崔可夫和他的部队坚持突进，直至伏尔加河畔，击退了敌军一次又一次的进攻。他们的英勇奋战为苏联赢得了发动大规模反攻的时间，使苏联能够成功牵制住德军及其盟友罗马尼亚军，并最终得以在这座德军本想占领的城市中将其歼灭。

第62集团军经历过这次大反攻以后元气大伤——之后以幸存将士为核心又进行了重组。他们经过乌克兰和波兰——一路胜利高歌——如今距离德国国会大厦已不到300米。在到达柏林之时，崔可夫已经45岁了，他从未离开过军队。对他而言，以希特勒为首的第三帝国倒塌后，未来将怎样，似乎难以想象。“也许纳粹德国完蛋以后，我就要失业了！”他对妻子瓦伦蒂娜如是说。

尽管在斯大林格勒战役的胜利给崔可夫带来了极大的荣耀，但他在德国的境遇却并不那么一帆风顺。令他颇为沮丧的是，自己的军队没能接收到德国指挥官——新上任的陆军元帅鲍罗斯——的投降。鲍罗斯是被附近区域的第64集团军抓获的，崔可夫和他的士兵们在接下来的两年里都对此耿耿于怀。崔可夫和部下在柏林市中心扎营，在苏联红军内部有个默契协议，即如果德军想要进行投降谈判，那么将由近卫第 8 集团军出面接待。

5 月 1 日凌晨 3:30，有消息从元首地堡传来，他们将派一名密使，即汉斯·克雷布斯将军，前来与苏军面谈。经过一番讨论，苏军决定派出一名能说流利德语的年轻中尉安德烈·艾希派（Andrei Eshpai），陪同克雷布斯从指定的会面地点到达崔可夫的指挥部。当他们俩见面时，他们互相介绍了自己的姓名和军衔。克雷布斯很客气，但是也对于来接见自己的只是一个中尉感到有些吃惊。而艾希派更加关心的则是如何确保他们二人都能顺利穿过柏林被炸毁的街道，安全地抵达目的地。他们刚要动身，克雷布斯就停下了，看了看周围苏军庞大的军事装备。“你们这里的武器太强大了。”他这句话并没有特定对谁说，更像是在自言自语。艾希派本想赶紧出发，但出于礼貌，不得不对他的赞美回应几句。“你们的‘铁拳’反坦克火箭筒可是给我们制造了很多麻烦。”他说。而克雷布斯似乎已经神游到别处去了。突然他从沉思中清醒，直直地看着艾希派，深深地意识到此刻战争的情形。“这不是莫斯科”，他说，“这是柏林。”

克雷布斯在一名德国士兵的单独陪同下来到了崔可夫的指挥部，这名德国士兵的刺刀上挂着白色的旗子。克雷布斯将军正要大步进入房间时，这名站着的士兵引起了他的注意。“我们问克雷布斯是不是害怕我们了，想寻求保护”，梅莱希科回忆说，“他有些慌张，接着便与崔可夫打招呼，他称呼崔可夫为元帅，而实际上他是中将，所以我们还纠正了他。”然后，克雷布斯宣布了希特勒已于昨天自杀的消息。

元首地堡以外，苏联是第一个得知此消息的。整个房间一片沉默。许久，崔可夫回应道：“我们已经知道了。”“但很显然，我们并不知道，”近卫第8集团军报编辑马克·斯拉温（Mark Slavin）说，“因为崔可夫说这些的时候，一切无关人员被突然命令离开房间。”苏联军队原本还不确定希特勒是不是在首都。这则消息无疑是一枚重磅炸弹。

崔可夫离开了房间，并给朱可夫打了电话——朱可夫随后又打电话给了斯大林。这位苏联领导人被告知了希特勒的死讯，并了解到克雷布斯是戈培尔授意来进行停火谈判的。斯大林的回复一针见血：“没有谈判一说——我们只接受无条件投降。”

会谈很快陷入僵局。克雷布斯十分坚持，表示休战协定对于邓尼茨政府依照希特勒遗嘱上任十分必要。崔可夫一再强调，他们不会接受任何休战协定——唯一能够接受的就是柏林卫戍部队的全面投降。为此，他们还将电话线接到了帝国总理府，为的是能与戈培尔直接交谈，但也无疾而终。下午1点时，克雷布斯接到命令，需返回元首地堡。这位将军离开了指挥部，但不一会儿又回来了——他声称自己的手套不见了。他在房间里四下寻找。“很明显他是故意的，”梅莱希科说，“我们都忍不住笑了起来。我们问他：‘您的手套真的对您有那么重要吗？’我们都知道克雷布斯只不过是不想回到元首地堡而已。他只是想多活几分钟罢了。”

接着，崔可夫把克雷布斯带到一边。艾希派听到了他们直接简短的对话。这位苏联将军温和地问道：“那么接下来，你打算怎么做呢？”克雷布斯看着他。他在战争前曾经是莫斯科的一名使馆专员——他用俄语回应道：“去完成我的使命——直到最后一刻。”显然，克雷布斯打算自杀。崔可夫没说话，接着很简短地说了句：“只有真正的军人才会这么说。”他向他的对手伸出手。克雷布斯握住他的手——接着便头也不回地离开了。

朱可夫向斯大林提交了一份报告。他写道：“我认为克雷布斯的主要任务就是试探与我们单独言和的可能性，以此来制造大同盟内部的分歧。”苏联领导人不会容忍这样的情况出现。崔可夫与克雷布斯结束会面后，进攻国会大厦的战斗仍在继续。到了5月1日晚，这栋大楼已被苏军牢牢掌控。苏联红军士兵伊利亚·克利切夫斯基（Ilya Krichevsky）在日记中写道：

柏林战役结束了。我们的部队已经攻下了国会大厦。我们激动的心情难以言表——每个人都清楚，攻下这座法西斯堡垒就标志着纳粹德国的灭亡。

攻下国会大厦并非易事。顽固的纳粹党卫军殊死抵抗。这座大楼已变成了一座碉堡。可最终，我们还是把它拿下了。攻占帝国大厦的消息如燎原之火瞬间传遍了整个军队——每个人都想知道究竟是谁第一个闯进去的，又是谁第一个在里面插上胜利旗帜的。

帝国大厦被选为苏联胜利的象征。这座雄伟的建筑自从1933年失火后便一直空置——纳粹党将那场大火归责于当时的左翼人士，并以此为借口在德国境内抓捕了一批共产主义者。尽管帝国总理府才是第三帝国的行政中心，但帝国大厦的形象却在苏联人心中根深蒂固——可能仅仅是因为建筑的规模较大而已。光是它与市内其他政府部门不建在一起这点，就够吸引人的注意了。苏联第150步兵师中尉瓦西里·乌斯秋戈夫（Vasily Ustyugov）也在突袭帝国大厦的队列之中，他从未忘记第一次看到这座建筑时的情形："当时，天刚刚破晓，我距离帝国大厦仅400米之遥。天色愈来愈亮，一座巨大的灰色建筑在我眼前渐渐清晰，那座建筑在炮火的袭击下已密密麻麻布满了弹坑。"在党卫军意识到夺取这座建筑对苏联红军的重要性后，他们拼尽全力展开抵抗。

苏联红军内部开始研究到底是谁第一个在帝国大厦插上了胜利的旗帜。官员们很快调查出结果。一个名叫麦尔立顿·坎塔利亚（Meliton Kantaria）的格鲁吉亚士兵被选中——尽管在他插旗子的时候已经有很多人插过旗子了——他们这么做只是为了奉承斯大林罢了，因为他也出生于格鲁吉亚。

到了1945年5月1日，斯大林结束了对抗德军的艰苦奋战，同时也赢得了极高的威望。战争伊始，他曾损失惨重。当初，德国在1941年6月22日进攻苏联令他始料未及，并在之后的很长一段时间对德军的威胁束手无策。那年秋天，他又因严重的判断失误，无视军事顾问的建议，禁止从乌克兰首都基辅撤退。这个错误的决定使得他们被德军包围，将近 65 万苏联红军士兵被俘。但在 1941 年 10 月中旬，在苏军连续受挫、苏联安危未定的情况下，斯大林决意留守在首都，而不是听从其他人的建议撤离。这个决定不仅异常勇敢，在政治上也极为高明——因为在当时的情况下，一旦苏联领导人从首都撤退，这几乎就是将莫斯科拱手让给德国。斯大林召见了他最优秀的指挥官——格奥尔基·朱可夫，从西伯利亚调军，顽强抵抗希特勒的国防军。最终，德军在零下 30 多度的莫斯科被击溃。这是德国元首的第一次大败——也是斯大林取得的第一次重大胜利。

接下来的一年里，战争的趋势在斯大林格勒——这座以苏联领导人命名的位于伏尔加河畔的城市——发生了转变。1942 年的夏天，斯大林 “一步也不后退”的命令，就如同丘吉尔在 1940 年 5 月敦刻尔克大撤退之后发表的鼓舞无数英国人民的演说一样，给苏联人民打了一剂强心针。苏联领导人明确指示，不会再有任何撤退——这个国家已经有太多的土地、人民和经济资源已经落入敌人的手中了。然而，斯大林并不是像丘吉尔那样的演说家，他的命令是靠钢铁般的冷酷来执行的——“反撤退小分队”被秘密安插在部队的后方，用以阻挡士兵的逃脱。不管怎样，他都凭借机敏的直觉迎合了当时的政治氛围。

在斯大林格勒，一切都因斯大林不计代价保卫城市的决心而改变。尽管他对被困城内的百姓漠不关心，但留下来抵抗敌军的决定却是正确的。德军卷入激烈的巷战之中，兵力被大幅削弱。在这场希特勒和斯大林之间的荣誉战里，防卫军英勇无畏，这给苏联争取到了宝贵的时间。苏军逐渐强大起来，发动反击，并接着包围了敌军。1943 年 2 月 2 日，德国第 6 集团军投降。这是双方战争心理的转折点。

随着这场野蛮的战争继续推进，斯大林在思想上变得更加柔和——他愿意倾听部下将军们的意见，并在一定程度上信任他们。与之完全相反的是，希特勒变得愈发专横武断，根本听不进去任何建议。1943 年 7 月，在库尔斯克，斯大林的部下朱可夫和华西列夫斯基表示，他们应该让德国先发动攻击——待德国消耗掉宝贵的坦克和装甲储备后——他们再发起反击。尽管这位苏联领导人想立刻发动袭击，但他还是听从了军事顾问的意见，并依照他们的建议行事。结果是出乎意料的胜利，敌军被迫转攻为守。德国再也无力在东方发起新一轮进攻。

那年秋天，苏军收复了乌克兰大部分地区，并在 11 月 6 日重新夺回首都基辅，不过，这个消息被推迟一天公布——因为第二天是布尔什维克革命纪念日。1944 年 1 月 27 日，历时 900 天的列宁格勒战役终于结束。1944 年秋天迎来了苏军最大一场胜利——巴格拉季昂行动，摧毁了德军在白俄罗斯的全部力量。战后被抓获的德国将军和官员被拉到莫斯科游街示众。斯大林再次表现出了对部下的高度信任，在这次的行动中，康斯坦丁·罗科索夫斯基（Konstantin Rokossovsky）对原来的进攻计划提出了极大的修改——最终这种修改也被证实是十分关键和正确的。斯大林被罗科索夫斯基的据理力争所打动，同意修改计划。而此时，希特勒下达了在东部进行“要塞化”的命令，几乎不给自己的部下留有任何商议策略的自由和余地。在这次的行动中，苏联领导人更愿意相信部下的将军，而德国元首则更愿意相信自己，二者形成鲜明对比。

1944 年秋，斯大林率领苏联红军夺回了几乎所有被希特勒国防军在战争伊始侵占的苏联领土。苏联要求对芬兰实施附加条款——重新占领 1939—1940 年争夺的领土——并且占领波罗的海诸国，就如同其在 1940 年德国尚未入侵时一样。只有在库尔兰（拉脱维亚境内），德国和拉脱维亚的部队还在顽抗。1944 年 8 月，苏军部队进入罗马尼亚，推翻了亲德政权，另外一个德国的盟友保加利亚也很快向苏联屈服。苏军与南斯拉夫铁托领导的共产党游击队共同解放了贝尔格莱德；1944 年 11 月，匈牙利首都布达佩斯也被苏联包围。1945 年 1 月，在经历维斯瓦河一系列激战后，苏军继续向波兰进军。斯大林在东欧取得了霸权地位——这是建立在绝对的军事实力之上的。

1945 年 5 月 1 日，柏林战役——以及帝国大厦之战——到达了苏德战争的最高点，接踵而至的胜利在此被推向高潮，战争之初的屈辱在此被一扫而空，这也奠定了苏联领导人的英雄地位——不仅是在他自己的人民当中如此，在很多西方人眼里亦是如此。这场胜利无疑是伟大的，苏军起死回生，斯大林也由此得以推进经济上的大洗牌。

在他的监管下，大部分曾经受到德国进攻威胁的苏联重工业都被撤离，并重新安置到乌拉尔山脉的另一边。苏联领导人的决心以及苏联人民令人惊讶的付出——“一切为了前线！”的口号俨然成为一种爱国主义的命令——很快便带来了新的生产力。到了 1943 年夏天，苏联已经生产出了比德国多得多的飞机、坦克和枪支。这也得益于来自英国和美国的慷慨援助——美国的《租借法案》（美国为盟国提供经济援助的法案）起到了尤为重要的作用。尽管苏军在战争中首当其冲，但在诺曼底登陆之后，来自西方日益增加的经济援助和军事支持使得同盟国之间的关系更加紧密。也正因如此，1945 年 2 月在雅尔塔召开的三巨头会议，比起 1943 年的德黑兰会议要显得和谐得多——德黑兰会议是英国、美国与苏联的首次会面。

斯大林一路为了生存而战，他也意识到仅仅依靠共产主义意识形态的力量根本无法拯救苏联。因此，他扩大了战争范围，同时努力唤醒苏联人的爱国主义热情，唤醒苏联人民对自己祖国的热爱。实际上，早在 1941 年 11 月 7 日，在红场阅兵的演讲里，以及 1942 年 7 月 28 日所下达的“绝不后退一步”的命令中，他都已为此埋下了伏笔。尽管布尔什维克革命的胜利是对沙皇历史的嘲讽，如今的军令和军功章却唤起了人们对俄罗斯已故英雄——曾击退外敌入侵的亚历山大·涅夫斯基（Alexander Nevsky）和米哈伊尔·库图佐夫（Mikhail Kutuzov）——的崇拜。但是，斯大林绝不容许自己丧失任何一丝控制权。现在，苏联的军事危机已经过去，苏联红军战士也正在东欧战场，共产主义的意识形态要全面恢复，保障措施也随之升级。

从他的角度来看，这么做是可以理解的：一个完全陌生的新世界正向苏联部队展开，而他们当中的大部分人此前从未离开过苏联。鲍里斯·马臣科（Boris Martschenko）中尉在劳动节这天给妻子的信中，便写到了自己被维也纳的美丽所震撼的欣喜：

昨天一整天我都在参观这座城市。我开着车，看到了许多，但还有很多没来得及消化。这不单单是一座城市——它的建筑美轮美奂，仿佛置身梦境一般。与维也纳相比，布达佩斯简直就是一片肮脏的废墟。

我还去了歌剧院。尽管它的后面已被烧毁——但那还是一栋非凡的建筑。谁承想到我能有机会看到它呢。不过，有趣的是，现在的维也纳和节日里我们自己的一个城市倒是很像！从房间的窗子看出去，到处都挂着红旗！

这里的平民很谨慎——他们等到5~10个人结伴后才敢靠近我们。但当他们发现我会说点德语，并且能够跟他们交谈的时候，他们都争先恐后地向我提供帮助！

苏军士兵们正在分享苏联以外生活的体验，而西方国家则正在努力揣测苏联人的意图。斯大林已在德黑兰和雅尔塔的三巨头会议上给西方观察者们留下了深刻的印象。有时他风度翩翩，但同时又是个务实强硬的谈判高手——总是对自己谈判的要点了熟于心。罗斯福与斯大林建立起了一定程度的共识，而丘吉尔与这位苏联领导人之间尽管彼此尊重，却难免有些许嫌隙。不过，从根本上讲，他们还是互不信任。

据丘吉尔在德黑兰和雅尔塔的翻译休·伦吉说，英国首相一直都清楚苏联的诡计。1944 年秋天，斯大林决定在波兰首都华沙外停止进军——任由德军粉碎波兰的抵抗势力（这股势力当时反对斯大林所建的傀儡政府）——这在英国人眼里就是证明其想法的证据。“他冷漠无情地拒绝盟军的飞机使用苏联空军基地给波兰人投放补给，我们听闻这个消息时都十分震惊。”伦吉说。

但即便是像斯大林和丘吉尔这样的意识形态上的对手，他们还是能够一起合作。他们俩第一次见面是在 1942 年 8 月的莫斯科。当时的很多谈话都非常艰难。德国人已经在南部开启了新一轮进攻，突破了苏联防卫，并向斯大林格勒挺进。苏联担心土耳其，甚至是日本，都可能加入支持希特勒的战斗中，那时为了发动新的进攻，希特勒已经拉拢了匈牙利、意大利和罗马尼亚加入战争。苏联感到孤立无援一丘吉尔不得不转达了那年不会再有第二战线，以及北极护航舰队已被停航的消息。在一次宴请中，斯大林奚落了英国首相缺乏决心，并就其在 1918—1920 年的内战中支持“白俄”的行为进行了嘲讽——那场战争最终以布尔什维克的胜利而告终。丘吉尔毫不畏惧，也并没有安抚斯大林的意思，他坦率地回应道：“我痛恨布尔什维克主义，这也不是什么秘密。”斯大林对丘吉尔的坦诚格外钦佩。他看向身边的人：“一个诚实的敌人好过一个两面三刀的朋友。”

8 月，在双方首次会面中，斯大林便暗讽英国皇家海军缺乏勇气。丘吉尔——深知北极护航队的英勇事迹——对此无法容忍，以致突然起身离席。斯大林意识到自己过分了——为了以示和解，他邀请英国首相至自己在克里姆林宫的府邸共进晚餐。没有比这更不同寻常的宴请了。苏联和英国代表团均未随行，斯大林带着丘吉尔前进，用钥匙打开了一个又一个黑暗的房间，同行的还有一名英国的翻译。接着，困惑的丘吉尔见到了斯大林的管家和女儿斯维特拉娜（Svetlana），荤盘已备好，酒也斟满了。随后，莫洛托夫在一名苏联翻译的陪伴下出现了。两位领导人聊着天，开着玩笑，气氛融洽。那天晚宴结束时，丘吉尔对自己的翻译亚瑟·比尔赛（Arthur Birse）说：“我可以跟这个人合作。”

1944 年 10 月，斯大林和丘吉尔于莫斯科再次会面，并签订了所谓的《英苏百分比协定》（这是由丘吉尔起草的摘要，并获得了斯大林的认可），大概划分了彼此在欧洲的势力范围。尽管这两个人并不完全彼此相信，但是他们足够相互尊重，因而能够不拘礼节地解决这些难题。斯大林允许英国在希腊事务上有更多决定权，所以即使丘吉尔派兵进入希腊，并粉碎了希腊共产党游击队建立政府的企图，斯大林也还是信守承诺，并未插手。

但在柏林问题上，斯大林却显得有些心神不宁。艾森豪威尔曾向他保证，美国不会进攻柏林。斯大林相信罗斯福会遵守这个约定，但这位美国总统当时却生病了。苏联领导人推测，丘吉尔可能会给艾森豪威尔施压，迫使其改变主意。1945 年 4 月 1 日，斯大林召见了部下朱可夫和科涅夫元帅。他希望得到两位元帅的保证，保证柏林能够被万无一失地迅速拿下。进攻计划于 4 月 16 日发动，斯大林又恢复了以前摆布其指挥官的恶习——他说，柏林可被朱可夫或者科涅夫任意一人攻占：先到先得。不幸的是，两支部队同时抵达了柏林郊区。所以直到 4 月 28 日，科涅夫还在努力强行进军，争取在朱可夫之前到达帝国大厦。如果斯大林能够事先制订一个清晰的作战计划，就能够避免这种情况的发生。

斯大林很紧张。他不想让柏林被西方盟军从自己的手中抢走。1945 年 4 月 12 日，罗斯福总统的去世让他不寒而栗。据美国大使埃夫里尔·哈里曼（Averell Harriman）回忆，斯大林对于罗斯福的逝世真心感到十分悲痛和难过。斯大林给丘吉尔的电报中也传达了一种不同寻常的强烈情绪。“富兰克林·罗斯福在苏联人民眼中是一位杰出的政治家，始终坚定不渝地支持我们三国的紧密合作，”他在 4 月 15 日写道，“罗斯福总统友好的态度会一直被苏联纪念和尊重。这位伟人的离去，于我个人而言也是巨大的损失。他是我们共同的朋友。”

这位苏联领导人对美国现任总统哈里·杜鲁门（Harry Truman）不太熟悉——他也无法预测对方到底持何种立场。对于欧洲主宰者的角色，无论是斯大林，还是其刚刚建立的布尔什维克政府，都没有任何经验可循。尽管他看上去十分强大，但他的人民已经被战争拖得筋疲力尽，苏联的经济——

全部都是战争生产的——亟待重建。美国如今有了新的总统，而英国和美国依然是其意识形态上的敌人。但是，当战争接近尾声时，斯大林觉得，在确保苏联国防安全的情况下，与这两个国家达成一定程度的和解是有可能的。

阿纳托利·史迈加(Anatoly Smriga)是陆军中将崔可夫率领的近卫第8集团军的参谋。据他回忆：

柏林投降时，在政治会议中，我们都被警告："战争不是希特勒和德国发动的，而是帝国主义制度。"显然，这一制度的代表包括了我们同盟国——英国、美国和法国。尽管没有直接说明，但却埋下了一颗种子：昨天的盟友也许会变成明天的敌人——要时刻保持警惕。

但我们也知道，英国和美国正在向我们输送武器装备，也明白租借法案的重要性。这似乎是一种保证，至少在近期，这些国家还依然是我们的盟友——否则，他们也不会向我们输送武器。

苏联领导人很务实。他唯一不肯妥协的就是波兰问题。他坚信，在那里建立和维持一个对苏友好的政权是万分重要的。而英国和美国则希望波兰政府能够通过自由和公平的选举来产生。斯大林并不这样想。他已经在卢布林有一个共产党政府了，这个政府建立的目的就是为了管理整个国家，他不想危及该政府的地位。苏联领导人现在对卢布林政府表示强力支持，并通过发起盛大的典礼来促使波兰和苏联人民都投入到自己的事业中来。

斯大林知道，代表伦敦政府的波兰士兵在意大利奋勇抵抗。波兰军队袭击了德军在卡西诺山的大本营，并把他们的旗帜插在了荒废的修道院顶——该事件被拍成照片，并闻名于世。这名苏联领导人希望创造出一幅能与之匹敌的照片，展示波兰人与苏联人在第三帝国首都如同战友一般并肩作战。在柏林战役的最后几天里，斯大林决定让代表其在卢布林委托政权的波兰士兵与苏联红军一起共享战役胜利的荣耀。

4 月 30 日一早，在与卢布林政府商议后，斯大林与朱可夫元帅通话，要求波兰第 1 集团军——在攻占柏林首都时起到了支持作用——即刻前往柏林中心。第 1（华沙）步兵师的步兵和炮兵部队被紧急调走。第 2 步兵团被调往前线，大约早上 7 点抵达，在那里他们袭击了柏林技术学院，并经过动物园继续前进。当天，第 3 步兵团也在动物园火车站周围展开行动。集团军的战斗日志记录道，他们的部队陷入激烈的巷战，攻陷了车站，还俘虏了 450 多名士兵。接着，在劳动节这天，他们继续向西穿过动物园作战，于 5 月 2 日早上 6:55 进攻到了勃兰登堡门，并与崔可夫的近卫第 8 集团军会合。波兰红白旗在柏林胜利纪念碑上方升起，与勃兰登堡门上的苏军旗帜相互辉映。苏联的摄影师和影片摄制组都一一记录下了这些事件。

波兰炮兵安东宁·雅布隆斯基（Antonin Jablonski）谈起看到自己国家的国旗在柏林上空飘扬时的激动心情。雅布隆斯基是 1944 年入伍波兰第 1 集团军的。“为了从德国手中夺回领土，我们战斗得十分艰辛，”他说，“在我们西进的时候，我们的同胞们都欢欣鼓舞地列队相迎。”尽管波兰第 1 集团军与朱可夫的白俄罗斯第 1 方面军并肩作战——在祖国失地被收复以后，许多波兰人其实并没有苏联部队那般兴奋，但是雅布隆斯基在说到自己的团到达德国首都时所表现出来的骄傲却是毋庸置疑的：“在柏林，我所在的 5 人小队爬上了 70 米高的胜利纪念柱，那是为了纪念德国在普法战争中的胜利而建立的。我们拿着从隔壁树林砍下的木杆，把我们的国旗挂了上去。接着我们便让国旗在柏林上方迎风飞舞。那个时刻令我终身难忘。”

这些波兰部队深知德国给自己国家带来的沉重灾难。可当他们与苏军共同作战时，他们只能对斯大林在 1939—1940 年期间的所作所为睁一只眼闭一只眼。对于一些人而言——尽管因胜利而万分兴奋——德国还是成为承担他们过往一切苦难报应的替罪羊。波兰士兵对德国平民烧杀抢掠、强奸妇女、无恶不作，几乎能与苏联士兵匹敌。柏林战役前不久，波兰第 1 集团军被迫制定了纪律条例，用以约束其士兵荒淫无度的行为——这种做法在最开始还进行得轰轰烈烈：

“这场战争是德国发动的——他们屠杀了成千上万的波兰平民。他们企图一步步消灭我们整个国家。德国军队和纳粹党并不是唯一的罪人——很显然，所有的德国人都在背后支持着这一计划。”

但接着却话锋一转：“不论如何，波兰士兵都会遵守军规，听从高级指挥官的命令，不会惩罚任何德国平民。如果我们攻击手无寸铁的平民，这只会令我们难堪。违背纪律的行为令我们的军队蒙羞，也会诋毁我们一直为之战斗的崇高事业。任何违反军纪的行为都会被交予军事法庭严肃处置。”

与波兰军队一同前进的苏联红军也面临着同样的问题。斯大林在与南斯拉夫共产党人米洛凡·吉拉斯（Milovan Djilas）一次私下谈话中，就显示出了他对德国平民遭遇的漠不关心。

“您肯定读过陀思妥耶夫斯基。”他说。

您知道一个人的灵魂、心理会是多么复杂吗？那么，请想象一下。一个人从斯大林格勒一直战斗到贝尔格莱德，他路过了几千公里被毁坏的家园，从最亲密的战友的尸体上踏过。一个人该怎么正常地面对这一切？在经历过这些可怕的事情之后，他在女人那里找些乐子，又能坏到哪里去呢？你们把苏联红军想得太完美了。但它并不完美——也不可能是完美的。重要的是，它正在与德军战斗——而且他们战斗得很英勇。其他的都不重要。

但是，斯大林还是改变了主意。1945 年 4 月 20 日，他向苏联红军将士下达命令，要求他们改善对德国平民的态度。苏联中尉尼可莱·伊诺泽姆采夫看到了一系列关于禁止纵火、抢劫和伤害无辜平民的命令。但是，他也知晓战地记者伊利亚·爱伦堡（Ilya Ehrenburg）有关“复仇”文章的威力——

那些文章长期以来影响着普通的苏联战士们。如今，《真理报》对他提出谴责，认为他所提出的战争观点过于简单化。伊诺泽姆采夫中尉在日记中写道：“要想在我们的将士们中消除这种影响，还需要付出很大的努力。”

5 月 2 日，崔可夫中将终于等来了斯大林格勒中未能得到的敌军的投降。赫尔穆特·魏德林上将，也是柏林卫戍部队的指挥官，现在已经抵达了近卫第 8 集团军的指挥部，并同意首都的所有部队都无条件投降。到了中午，他的承诺兑现了。许多德国士兵已经放弃了抵抗，但最后还是有个插曲。下午 1 点，邓尼茨在广播中撤销了魏德林的命令，指挥纳粹国防军继续在柏林战斗。一些孤立的据点继续抵抗——但到了晚上，柏林已经全部落入了苏军的手中。

对于远离残酷战争前线的普通苏联平民而言，在战争接近尾声时，他们感到了一种如释重负的喜悦。1945 年 5 月 1 日这天，妮娜·科索瓦（Nina Koshova）从莫斯科寄给朋友的信里写道：

送去我最真挚的节日祝福！对于莫斯科的每一个人来说，今天是大家头一次打心眼里高兴。到处都是一片欢腾——我们知道，德国法西斯的垮台快要到来了。我们的部队已与盟军会师。最重要的是——我们的军队已经到达柏林市中心了！我们渴望已久的梦想实现了——攻下柏林！现在，我们真的可以庆祝高歌了！

昨天，所有莫斯科的灯火管制都放宽了。现在整座城市都沐浴在灯光中。这已经是我第二次不得不放下黑色网眼帘了。房间看起来都与平时不一样了——温暖而明亮。

今天还有更多的好消息。今天还有鸣枪致礼的仪式，为的是庆祝乌克兰方面军攻下了斯特拉瓦(位于捷克斯洛伐克)。还有一则好消息来自罗科索夫斯基，他攻下了德国一个又一个城市。而现在才刚刚晚上11点。也许在午夜，我们又会听到另一则好消息了——事情就是这样。

现在，我们都可以深呼一口气了。战争也许很快就要成为过去时了。

康斯坦丁·罗科索夫斯基的部队——尽管在科索瓦的信件中饱受赞扬——前行却十分艰难。罗科索夫斯基率领的白俄罗斯第2方面军较科涅夫和朱可夫要晚些发动进攻，但是到了1945年4月26日，却一举击垮了在奥德河畔什切青市内脆弱的敌军防卫力量，并接着穿过德国北部。4月29日，对抗他们的德军前线彻底崩溃。哈索·冯·曼陀菲尔（Hasso von Manteuffel）上将带领的第3装甲集团军如今朝着英美联军所在的方向逃散，不顾一切地要向他们而非苏军投降。

罗科索夫斯基的部队在1945年1月进入德国后，罗科索夫斯基要求“必须要在所有的队伍中推行惩戒性的命令和钢铁般的纪律”，并强调所有级别的军官都要“以烙铁般的强硬手段，消灭一切会给苏联红军抹黑的行为”。随后，在军队中也确实恢复了一定程度的秩序。

在格赖夫斯瓦尔德，市民和当地的指挥官决定把处置权掌握在自己的手中。鲁道夫・哈根（Rudolf Hagen）上校召集信使，与正在逼近的苏军直接进行谈判。大学校长卡尔・恩格尔（Karl Engel）便是其中的协调人之一。他在 1945 年 4 月 30 日这天的日记里记录下了向苏联红军提交的一份有条件投降的协议。“我们准备与苏军分区指挥官波尔茨切夫将军商议有关格赖夫斯瓦尔德投降的事宜。”恩格尔写道。哈根、恩格尔和一名翻译在凌晨3点见到了波尔茨切夫。会谈很成功。上午 11 点，第一支苏联坦克部队开进市里，接受了敌方有序的投降。5 月 1 日这天，恩格尔的日记中也提及了个别的抢劫、偷窃以及强奸事件的发生。于是，他们又与苏联指挥官举行了第二次会商，双方同意在市内安排治安警察，用以维护公共秩序。格赖夫斯瓦尔德因此而幸免于蒙受战争的所有恐惧。

而在德明县，却是一番截然不同的景象。4 月 30 日中午，一支从苏联第 65 集团军和近卫坦克第 1 集团军派出的先头部队抵达市区。教堂的塔顶升起了一面白旗，苏联派出 3 名谈判代表来到教堂周围的反坦克战壕，他们许诺，如果德明县放弃反抗苏军，苏军将不会抢掠无辜平民。

苏联第 38 坦克旅的指挥官米哈伊尔・帕诺夫（Mikhail Panov）将军想要迅速而有序地攻下德明县。那天早上，他向他所有的军官下达了命令：“我们在进攻的时候，发现我们仍有些士兵沉迷于抢夺战利品——类似这种抢掠行为会给德国民众造成不好的印象。那些违反纪律者是在阻止我们作战命令的全面执行。我要求我们所有的队伍都严格遵守这项指令，遵守纪律，改进自身行为。”

但是，帕诺夫的劝告被证明是不切实际的愿望。一支纳粹党卫军小分队向谈判者开火，三名谈判者都被杀害，接着，他们便撤退到了城市另一边，并炸毁了身后的桥梁。德明县——佩纳河围绕在其北方和西方，托伦西河在南边——对于困在其中的平民们（大约有 3 万人）而言，变成了一个陷阱。更多的白旗被挂了起来，但是当苏联部队进入的时候，希特勒青年团的成员便向他们开火。为了报复，苏联军队在建筑上泼满汽油，把部分城市付之一炬。

吓坏了的平民们——长期以来被纳粹党灌输布尔什维克的暴行——如今陷入了大规模恐慌，甚至在苏联红军尚未抵达前，就掀起了一阵自杀的浪潮。他们当中，不少是家庭成员共同赴死，有的用枪，有的用剃须刀或是毒药，还有的直接投河溺亡。

后来，苏联内务部人民委员会和苏联宪兵队开始介入恢复秩序。德明县所发生的一切再次成为损害苏军名誉的污点。但此事激怒了苏联人，因为纳粹国防军是故意将自己的人民推向危险境地。为了支持远在西方的英美前线，第 3 装甲集团军采用了延缓策略——无视身后孤注一掷的纳粹党卫军顽固部队，即希特勒青年团，这也为他们的同胞能够顺利逃跑争取了时间。德国居民们拿着白旗接近苏联红军，想全城投降，放弃抵抗，却不知德军的这些顽固部队正在城内设置碉堡，准备与苏军决一死战。

4 月 30 日晚些时候，伊凡 · 瓦西连科（Ivan Vasilenko）中尉率领的苏军第 121 步兵旅——苏联第 70 集团军的一部分——得知新施特雷利茨这座小城市希望和平投降的消息。于是，瓦西连科用坦克带路，当苏军前进时，他们看到平民们手举白旗，以示直接投降。接着，事情却发生了转折。

“在即将到达新施特雷利茨的时候，我们受到了来自铁路路堤的袭击。”瓦西连科回忆道，“我们也发起了反击，我下令让坦克都聚集到有抵抗力量的地方，但我们却遭到了埋伏。两辆虎式坦克在城市的郊区掉进了战壕里——反坦克枪炮从附近的一座加固的建筑里向我们开火。接着希特勒青年团开始用他们的‘铁拳’火箭筒攻击我们。很快，一辆坦克着火了，接着，另外一辆也跟着起火……”瓦西连科火速命令余下的装甲部队进入市中心——结果却只是落入了德军在市场周围布置好的另一个据点。“在那里，我自己的坦克也被点燃了，” 瓦西连科说，“我受伤了，被抬了出来。”新施特雷利茨不可能投降了。第 121 步兵旅的战斗日志中记载，此次攻城的战斗中共有 128 名苏联红军士兵牺牲。

德国北部的局势依然极不稳定。美国空军的牧师弗朗西斯·桑普森（Francis Sampson）——被巴斯托涅附近的德军抓获后——被囚禁在新勃兰登堡外的战俘集中营里。

“单单是罗科索夫斯基部队的名声就足以让德国人恐惧，”桑普森叙述道，“很快，马路上到处都是塞满了老人、小孩和家当的货车。这些德国人要向西逃，希望能够避开苏联人，希望能够将一切都掌握在自己手中。”

新勃兰登堡集中营的守卫也都逃走了，囚犯们都在小心翼翼地等待苏军的到来。第一支苏联红军队伍可谓是道德典范，他们大步跨过大门，表达了对罗斯福总统去世的遗憾，并因《租借法案》而得到的装备支援向美国战俘们表示感谢。

然而，4 月 30 日，新勃兰登堡也烧了起来。

在新勃兰登堡市内，街道上也到处堆积着残垣断壁，许多建筑依然在熊熊燃烧。城市里横尸遍野——无人问津，除非是他们阻挡了道路。

整个场面变得更加复杂和令人困惑。一支德国后卫部队在市中心展开最后的反抗，接着却引爆了自己余下的弹药库。桑普森目睹的这场毁灭实际上是由坦克和炮弹的火力引起的。

桑普森和他的战俘同伴们自行走出了集中营。但是其他人——距离前线较近的其他集中营的战俘——被纳粹党卫军强迫着前往新的地点。等待他们的是繁重的奴役。妮娜·罗曼诺娃（Nina Romanova）被迫远离祖国，来到了格赖夫斯瓦尔德外的农场工作。她回忆：

我们苏联的劳工们被分配在三个营房里，挨着波兰人和乌克兰人。每天，我们都要风雨无阻地到附近的农田里劳作。4 月 30 日这天，我们正在上交收获的土豆——当时我正扛着一个装满土豆的大篮子。烈日当头，天气炎热。我们看到白色的床单从地主的房子里挂了出来。突然，骑着马的士兵出现了，那是苏联红军的侦察队。

“德国军队在哪？”他们问。我们告诉他们德军已经撤退了。天哪！我们围着他们，亲吻他们的靴子和马镫，并抚摸着他们的马儿——我们的一颗心终于放下了。那是我这一生中最幸福的时光。此后，越来越多的苏联部队陆续到来：坦克、卡车、马车等都向西滚滚而来。我们站在马路的边缘向士兵们招手——所有人都喜极而泣。

澳大利亚战地记者奥马尔·怀特（Omar White）写道：

在德国乡下，沿途随处可见被解放的奴隶。他们三五成群，在春雨中排队前行。他们穿过长长的草地，或是站在马路的两边。有时，当他们踏过矿山，通往涵洞或是桥梁时，会看到一些残缺不全的肢体。但他们无暇顾及——他们自由了，所以他们要向前走。

最先出现的是农场工人。他们衣衫褴褛，裹着各种破烂的欧洲制服。有的人穿了靴子，有的穿着木屐，有的则是穿着满是破洞的鞋子，甚至有人光着脚，即便是在冰天雪地里也是如此，其他还有人则是用布袋和布条把脚缠了起来。当部队继续向德国内地深入时，前行者的特点开始有了变化。有些人跛着脚，很明显饱受饥饿和病痛的折磨。妇女和儿童也在其中。

怀特在看到德国人对待斯拉夫人的态度后，感到十分震惊。

他们几乎不把人当人，更像是把他们视作实用的畜生。我清楚地记得有一个老妇人向一个美国侦察部队的指挥官求助，乞求他能阻止自己农场里的苏联劳工逃走。她的儿子和丈夫被纳粹国防军抓走了，她说，如果没有这名苏联人，那么农场里的繁重劳动就没有人做了。那名苏联人背着一包衣服，似乎去意已决——这也可以理解。那个老妇人沿路跟着他，反复恳求。那名指挥官骂了她几句，便继续前进了。我最后瞥了一眼这不同寻常的两人，那名老妇坐在路边的沟渠里，把头埋进双手，而那个苏联人则大步照着目标迈进。

东部的战争的确是一场种族战争。希特勒认为斯拉夫人是劣等民族，他的追随者们亦是如此。这种观点渗透到了整个德国民族当中。他们犯下了无数针对苏联人民的暴行，当苏军士兵向乌克兰和白俄罗斯前进时，他们发现了惊人的大屠杀和种族灭绝的证据。1944 年 7 月，苏军在波兰的迈丹尼克解放了第一所还在运行的集中营，因此许多苏联红军战士也得以参观集中营。1945 年 1 月 27 日，苏军发现了奥斯维辛集中营。

西方盟军同样也犯下了强奸和抢劫的罪行。战地记者奥马尔·怀特曾于 1945 年 4 月跟随乔治·巴顿（George Patton）将军的美国第 3 集团军穿过德国南部。他坦白地说：

甚至在美国部队抵达那个专门屠杀犹太人和斯拉夫人集中营之前，世界就明白了希特勒“最终解决”的含义，奋战的士兵们涌入德国，情绪高涨，复仇心切。他们在法国和比利时已经直接地了解到了纳粹的罪行。几乎没有人会否定，被杀的德国人是罪有应得，幸存者没有获得同情的权利。起初，德国平民受到的待遇十分严酷。艾森豪威尔将军在广播里宣称——“我们是以征服者的身份到来的”——言下之意是，军队的指挥官们有权征用这些城市里剩余的任何完好的居所。因此，那些老幼病残者经常被驱逐到外面的废墟当中，任其自生自灭。

我一次又一次地听到这样的观点：“唯一能给这些德国佬教训的办法，就是以其人之道还治其人之身，用他们虐待别人的方法来虐待他们自己。”大家彼此心照不宣，征服其实就意味着能够争抢战利品。获胜军队把他们喜爱的敌军财产都据为己有：烟酒、照相机、双筒望远镜、散弹枪、运动步枪、仪仗长剑和短剑、银饰和银制器皿以及裘皮服饰等。这种小规模的抢夺被视作是“解放”或者“获取纪念品”。宪兵队却不这么看。他们认为军队执法不严——道德上的惩戒——这使得他们军队在将近 5 年的时间里都在欧洲抢掠。

但当战争部队踏上德国领土的时候，在战斗部队和其效仿者当中便发生了大批强奸案件，而案件的发生率在不同的队列中因指挥官的态度而不同。有些案件被发现后，即被送到军事法庭审问和处罚。对此，军队的法律部门尽管有所保留，但还是承认，在有些针对德国妇女发生的残忍甚至变态的性侵犯案件中，最终犯罪的士兵被处以枪决。然而，据我所知，还是有很多妇女被美国士兵强暴，而施暴者却并没有得到应有的惩罚。某个部门中还流传着一份报告，说某名指挥官曾戏谑道：“如果我们光做不说，那可就不能算是发生‘亲密关系'了。"

牧师塞西尔·考林佛（Cecil Cullingford）曾经这样讲述过驻扎在不莱梅港市附近的英国军队：

我们的士兵们在亲眼见到或者听说了贝尔森集中营，以及类似集中营的难以言表的惨状以后，又发现战俘集中营的医院里挤满了我们自己人。这些都是被迫从波兰向北海前进的幸存者，他们饥寒交迫——一旦掉队，不管什么原因，都会被立即枪杀。大多数人都因冻伤而失去了手或脚。不论是谁目睹了这一切，都不会对德国人再抱有任何同情。

考林佛毫不掩饰地说："的确有很多强奸案发生，可也许这是他们罪有应得。"

"你知道一个人的灵魂有多么复杂吗？"斯大林曾经说过。这是个动荡的时代，对于一些人而言，道德的沦丧是伴随着时代变化而发生的。观念和信仰开始混乱。有的人陷入极度愤怒，变得暴力好斗，有的人却依然保持崇高的道德标准和荣誉感。许多人失去了自我控制，他们的指挥官们在很多情况下也都不再坚持依照军纪行事。一名苏联的军事公诉人注意到，在5月初，仍然有一些军官故意无视好好对待平民的规定，于是朱可夫元帅在他的报告里添加了这样的批示："不管是谁，一旦发现有这样的行为，必须立马开除……决不能再让苏联红军蒙羞。"

安德烈·菲林（Andrei Filin）中尉曾经随罗科索夫斯基元帅的白俄罗斯第 2 方面军穿越东普鲁士，他回忆起 5 月 1 日那天阳光灿烂，满树鲜花。部队正在西进——但很快就发生了一件令他们心神不宁的事情。“我看见一个德国女人，”菲林说，“她从房子里跑出来——大约距离我们半公里——她穿过田地，跑向我们。她哭喊着：‘救命，救命！红十字会，红十字会！’据我们理解，她是为自己的祖父求助，一名苏联士兵向她祖父开了枪，伤势严重。”菲林和他的同伴们很快就能想象得出事情的来龙去脉。菲林继续写道：

我们的团指挥官一直以来都强烈反对任何强奸德国妇女的行为。他跟我们说：“这场战争持续了很久了。如果我们没有在东普鲁士这么胡作非为的话，战争可能早就结束了。现在，德国的士兵们不再只是保卫自己的国家和元首了，他们也是在保护自己的母亲和姐妹。这个理由足以使他们战斗到打完最后一颗子弹。若是放松纪律，放纵自我，我们就是在为自己创造一个会与我们殊死顽抗的敌人。”

指挥官从我自己的队伍里派出一名军官——皮亚托夫上校——前去调查，因为我懂点德语，指挥官便让我作为翻译随他一起过去。我们跑向房子。不幸的是，我们到达的时候，那位老人已经去世了。事情的起因是，这名苏联士兵闯进他们的房子找酒喝。他们便给了他一些杜松子酒，但接着他看到房子里有个年轻的女孩儿，于是便起了歹念，想要强暴她。那个老人站了出来，想要保护自己的孙女——但却被朝着腹部开了一枪。

距离房子不远处，我们发现了一名酩酊大醉的内务部士兵，他正躺在草坪上呼呼大睡。这些小队一直跟在前线后面打仗——我们都清楚他们的名声。

那个女人指认了他是凶手，两名士兵把他踢醒。我用机关枪瞄准了他。皮亚托夫上校拿起他的手枪，把子弹一一退出，最后只留下一颗，然后平静地说道：

“我给你一分钟。至少，让你能体面地结束自己的生命。如果一分钟之内你没开枪，我会帮你，并像解决懦夫一样解决你。”

几秒钟后，枪响了。我们以自杀的名义汇报了此事。

1945 年 4 月 30 日，罗科索夫斯基的第 49 集团军占领了位于柏林北部大约 50 英里的小镇弗思腾堡，第 385 步兵师上尉鲍里斯·马卡洛夫在前面带路。在那里，马卡洛夫被要求建立一个前进指挥部。小镇三面环湖，风景如画。“一切都非常安静，”马卡洛夫回忆道，“那里没有任何喧嚣——到处是一片寂静。接着，一个女人出现了，她在和苏联士兵说话，她告诉我们，在附近的拉文斯布吕克有一座集中营。那里有很多妇女——但她们都生病了。”

马卡洛夫和士兵们陪着她去了集中营。在门口，他们见到了妮娜·尼基福罗夫（Nina Nikiforov），她是苏联资深的监狱医生，现在医务室由她负责。她带着马卡洛夫和他的随员们参观了一下集中营，并向他们介绍了这里的惨状。这里没有水、没有电，大约每天都有 40 名妇女死亡。苏联士兵雅科夫·德拉布金（Yakov Drabkin）是其中的解放者之一："我们在那里发现了大约 3000 名生病的妇女，以及在乌克马克县一座附属集中营里的一些年轻少女。"他回忆道："最恐怖的是发现在这些可怜的女人身上进行的'医学实验'。"这其中包括了关于截肢和绝育的实验。许多苏联人也在集中营里，包括一些女性苏联红军战俘。

拉文斯布吕克集中营建于 1938 年——这也是纳粹德国最大的女子集中营。在苏军部队抵达前不久，纳粹党卫军就带着 2 万多名妇女开始了"死亡之旅"，把那些无法前进的老弱病残留在了集中营。第二天，一支苏联医疗队在布拉诺夫少校的带领下到达了集中营，并在那里为这些留下来的妇女建立了医院。

一切似乎处于惊人的变化中。尽管有这么多可怕的事情发生，政治事务还是在不可阻挡地向前发展。为了保障苏联与波兰未来的关系，斯大林提议，从德国抢夺的土地，东部应该分给苏联，西部应该赔偿给波兰。在雅尔塔会议上，英国和美国都同意了这一提议。斯大林已经开始设想，西里西亚地区的布雷斯劳市连同周边地区，会通过仪式正式转交给波兰军队。在雅尔塔协定中，这些地方会成为新波兰的一部分，而原先的德国居民将会被驱逐出境。不过，苏联红军必须得先占领这座城市。

布雷斯劳是希特勒的要塞城市。它曾在西里西亚地区的纳粹党首领卡尔·汉克（Karl Hanke）的指挥下，经受住了

3 个月的包围战。苏军战斗机轰炸了这座城市，苏联红军的炮火不断向它发起轰击。德国和苏联的士兵们在每一所房子、每一条街道都经过了激烈交战。5 月 1 日，布雷斯劳仍在顽强抵抗苏联第 6 集团军。那天，城市里的纳粹报《战争日报》写道："我们想用自己的方式来庆祝 5 月 1 日——作为德国的春节来庆祝。我们不想成为布尔什维克主义的奴隶，背井离乡，苟且偷生，失去我们所创造的一切——我们必须不惜一切代价坚守阵地。"

沃尔特·拉斯曼（Walter Lassman）评论道："今天对于德国人而言是个所谓的国庆节日。在这里，在被包围的布雷斯劳，人们用不同的方式'庆祝'节日。我们的医生弗朗茨喝得酩酊大醉，无法工作。许多士兵醉醺醺地晃荡在这座要塞的街道上。一直以来的紧张态势暂时地蒸发了，但残酷的事实却悄然降临。"

那天晚上，希特勒逝世的消息——现如今被重塑成带领部队在柏林帝国总理府外英勇抵抗而牺牲——通过德国的无线电广播发出。一名来自中央集团军的国防军军官当时驻扎在布拉格附近的拉文尼茨，他草草记录下了自己的想法：

元首在柏林去世了。心情沉重。沉默许久。呼吁：继续抵抗。军队将元首的死视为英勇牺牲——至少大部分人这么想。

在布雷斯劳，德国士兵汉斯·哥特瓦尔德（Hans Gottwald）看到了人们复杂的反应。"最开始，许多人都因为恐惧和震惊而目瞪口呆，”他说，“但也有些人公开地表现出了宽慰，甚至是高兴。”

在伦敦的唐宁街，希特勒逝世的消息传来时，温斯顿·丘吉尔正与报业巨头比弗布鲁克爵士（Lord Beaverbrook）一起用餐。“他选择这样赴死太明智了。”英国首相回应。“只不过，事实也许并不是那样。”比弗布鲁克更谨慎地说。一个纳粹神话已经被创造了。

但在这背后却是残酷的现实。5 月刚刚开始，希特勒死后的第一天，想要消化这么多信息并不容易。在布雷斯劳，沃尔特·拉斯曼十分震惊，不愿接受这一切。他继续说道：“我们听到街道上传来尖叫声，还有不知道哪里传来的手风琴声。穿着制服的士兵们跳着华尔兹。我看到一个人像一匹马似的欢腾着，他光着脚，戴着高顶礼帽。这一切好似一场死亡之舞。”

03. 东西相遇

1945 年 5 月 2 日

“5 月 2 日是我一生中所经历的最为震惊的一天。”加拿大第 1 空降兵部队陆军少校杰里 · 麦克法登（Jerry McFadden）说。他们作为英国第 6 空降师的一部分参与了战争。

我们把德国人都驱逐出去了，并且碰见了苏联军队。成千上万的德军纷纷投降。从早上 5:00 到下午 4:00，我们都坐着坦克和卡车前行——有时候能开到每小时 40 英里。在一处森林很茂密的地方，我们乘车穿过了一支似乎是德国的坦克部队，坦克排队面向马路，军官和士兵们都立正站着，向我们敬礼。我们也向他们敬礼，然后便赶紧离开了。我们尾部的炮兵停了下来，并与他们交谈，得知他们是想要向我们投降。他们没有汽油了。

傍晚，当我们向维斯马前进时，我们看到苏联的坦克部队正在十字路口。所有的德国人，包括平民和士兵，都非常惧怕苏军——这不能怪他们，他们是非常杰出的斗士——苏军看上去就和他们实际一样强硬。

德里克·汤马斯（Derek Thomas）上尉组建第6空降师侧翼的先遣部队观察哨，他也有类似的印象。据他回忆：

那时，我们所处的哨点孤立而脆弱，在一座几近荒芜的镇子里。我们在一座大房子里建立了指挥部。接着，我们遇到了一列苏联步行巡逻队——他们正在执行侦察任务——由一名高级军官带领。尽管十分惊讶，他们还是热情地与我们打招呼。那名苏联指挥官坚持要向我展示自己的装备，语气中带着些许骄傲。他有一支半自动手枪、一个指南针，还有一个地图盒——这些都用一条质地颇好的链子拴在身上。

西方盟军与苏联军队之间的会议，对许多参会的人而言，会是尤为难忘的经历。尽管这些经历并不都是一帆风顺的，但抛开语言障碍，大多数还是影响深远且感人至深的。双方的士兵见面的时候，伟大同盟变得真实可触。会议就在这样的政治和军事背景下召开了，这种背景有时夹杂着精心算计和筹谋，有时却又变得失控甚至危险。相互猜疑仍存在于双方阵营当中。不过，两军之间还是积累了诸多善意。这些士兵意识到，他们获得了值得庆祝的共同的胜利。

1945年5月2日，陆军元帅蒙哥马利的第21集团军群正穿过易北河，极速向波罗的海的吕贝克和维斯马港口行进。西方盟军知道罗科索夫斯基元帅指挥的苏联部队正沿着波罗的海自相对的方向迅速前进。若能与苏联红军会合，他们就能包抄正在撤退的包括第3装甲集团军在内的德国部队。如此一来，几十万纳粹国防军将无法在邓尼茨新政府所在的石勒苏益格－荷尔斯泰因东山再起。

这个大胆的计划得到了盟军最高司令德怀特·艾森豪威尔将军的支持，也使得蒙哥马利——英国在欧洲西北部的总司令——担负起战争最后阶段发动最后一次进攻的任务。此次行动的目的是确保大批德国军队的快速投降，并加快战争的终结。艾森豪威尔相信苏联人——他对于双方部队的会合持乐观态度——并且希望能够一举摧毁纳粹国防军。1945年4月底，他在一次命令中清楚地阐明了这些计划：

“通过插入波罗的海，我们就能够将敌军主力（那些在德国中央、奥地利和捷克斯洛伐克的部队）同那些在丹麦、挪威、德国西北部以及（西）荷兰的部队切断……而且，我们还应该得到德国北部的港口，使得敌军无法使用他们的海军基地以及造船设备。最后，我们应该与苏联部队联手，横扫从波美拉尼亚至柏林东部的地区。”

英国首相温斯顿·丘吉尔与其总参谋长阿兰·布鲁克子爵（Sir Alan Brooke）对此却持保留意见。他们对待苏联人远比德国人要在意。他们不想让苏军过于深入欧洲，尤其不想让苏军进入丹麦。在雅尔塔，没有人想到丹麦会成为苏联的势力范围。1945 年 4 月 19 日，丘吉尔发电报给自己的外交部长安东尼·艾登（Anthony Eden），说道：

蒙哥马利应该尽快拿下吕贝克（在汉堡和维斯马之间的波罗的海港口），这对于我们而言至关重要，而且他还有一支美国陆军兵团，一旦需要，这将确保他能达到目的。如果我们从什切青出发，并能赶在苏联朋友之前到达吕贝克，那么日后将会省去很多麻烦。苏联没有理由占领丹麦，丹麦是个即将被解放并将恢复主权的国家。如果我们拿下吕贝克，那么在这件事情中，我们就会占据决定性地位。

丘吉尔总是铭记历史的轨迹。他依然记得纳尔逊在哥本哈根击败俄罗斯舰队，赢取海上胜利，这对于阻止俄罗斯夺取波罗的海出口至关重要。他强烈地感到，这就是战争最后阶段的象征。苏联红军正在解放欧洲中部和东部的所有大城市。当英美联盟对柏林的意图并未被认真对待时，他倍感挫败——尤其是最开始艾森豪威尔直接与斯大林沟通后做出这项决定，并未征求英国参谋长们的意见。英苏关系自雅尔塔会议之后便开始恶化。早在 1945 年 3 月 8 日，丘吉尔在评价罗马尼亚战时内阁近期所发生之事时说，格拉萨政府是通过暴力执政的——这都归功于苏联人的精心策划。他补充说，尽管自己对罗马尼亚人并不抱有任何同情，但他还是憎恶这些“残暴的手段”。丘吉尔接着表示，苏联的行为恶劣——不仅存在于罗马尼亚， 在波兰亦是如此。4 月 30 日，他的语气更重了，说自从雅尔塔会议之后“气氛就变了”，并怀疑斯大林的权力正受到来自别人的挑战。而4月份发生的事情更加重了他对苏联的猜疑。

丘吉尔对苏联解放维也纳，在那里建立亲苏政府，且不允许西方观察员到访的事情十分担忧。他对波兰每况愈下的境况也深感痛心。4月24日，他在一次战时内阁会议上直接谴责苏联：

“波兰问题如今已经成为苏联诚信的关键所在——或者是其不诚信的体现。”丘吉尔说，“当时在雅尔塔会议上，没有人能预见到事情会变得如此糟糕。”

他同样也为英国在大同盟中影响力的日趋下降而感到难过。如今，在人力和工业力量方面，美国和苏联俨然已成为两大巨头——而英国则逐渐沦落为配角。

丘吉尔的军事计划在战争的最后几个月里也越来越不稳定。他坚持要攻下希腊的罗兹岛——该岛被一支孤立的德国卫戍部队占据——这成为其军事计划的最低谷：东部的地中海战场如今对于除了丘吉尔以外的任何人而言都无关紧要了，他对这一区域的执着得到的仅仅是美国的反对、苏联的蔑视，甚至是来自丘吉尔支持者内部的恼怒。不过，最终丘吉尔还是恢复了其军事直觉。夺取丹麦和一些波罗的海港口实为明智之举。意大利北部的情形也开始朝着对西方盟国有利的方向发展。

意大利对丘吉尔总是有着强烈的吸引力。他曾说服美国与之联手，驱逐在北非的德国人。接着，英美联军便进入西西里岛，然后便入侵意大利。丘吉尔将意大利视作是欧洲的“软肋”。但实际上并非如此。英美的入侵打倒了墨索里尼的法西斯政府，但是德国却通过利用其国家的山脊大规模进入意大利，并在那里建立了一系列坚固的防线。他们若被迫从一条防线上撤离，还可以有条不紊地迅速退往下一条阵线。这都得益于陆军元帅阿尔贝特·凯塞林（Albert Kesselring）的杰出贡献，他在地面部队中运用了当年在纳粹德国空军部队所使用的组织技能。

在意大利的战斗陷入困境，而当务之急则是在欧洲西北部开辟第二战场。这是罗斯福总统及其陆军参谋长乔治·马歇尔（George Marshall）和杰出的指挥官艾森豪威尔将军的共同目标，艾森豪威尔将军将以盟军最高司令的身份来发布这项指令。这是绝对正确的做法——尽管受到了一直对此不怎么感兴趣的丘吉尔的反对，但这么做也重建了英国与苏联的互信。

从广义的战略上来看，英国自1944年6月在法国诺曼底登陆以来，其影响力就在日渐衰落。美国如今已经是战争中最主要的贡献者——不论是人力还是物力——只有让其掌握战争的方向才是正确的选择。然而，战争却因欧洲北部的英国总指挥官伯纳德·蒙哥马利元帅的作为而变得更糟。

蒙哥马利被任命为盟军在诺曼底地面部队的总指挥官——他在此位任职直至艾森豪威尔亲自到来——他从未把美国人真正当作是自己的老板。1944年11月，这两个人之间的关系极度紧张，蒙哥马利一度快要丢掉他的工作——

最后还是在他的参谋长弗雷迪·德·金根（Freddie de Guingand）孜孜不倦的外交努力下，才得以避免事态的进一步恶化。1945 年 1 月，在德国发起的阿登反击战期间，蒙哥马利召开了一场记者发布会，他的表现糟糕透顶，过于屈尊附就，以至于许多美国军官决定彻底远离他。奥马尔·布雷德利将军是第 12 集团军的指挥官，他永远都无法原谅蒙哥马利此次的作为。这次事件的后果是，愈发削弱了丘吉尔及其顾问的影响力。

然而，1945 年 4 月末，意大利的军情发生了戏剧性转变。一起由盟军精心策划的袭击经过波河流域，攻破了德军阵地，并将他们的首领推向了谈判桌。4 月 29 日，在卡塞塔，一项无条件投降协议等待凯塞林的批准，他是希特勒任命的欧洲南部德军总指挥官。此事的进程苏联完全知晓，并被邀请派一名代表参加。凯塞林犹豫了，但是在元首逝世的消息被证实以后，他告知了邓尼茨有关协议的经过，并于 5 月 2 日得到了其批准。

德军在意大利的投降由那里的盟军总指挥官——英国陆军元帅哈罗德·亚历山大——接受，亚历山大在军事和外交上的成功使得丘吉尔能够重建在这一区域的影响力，使英国部队能够进驻奥地利，从而抵消苏联存在所带来的压力。从地图室观察到的情形来看，丘吉尔认为这是对不可预测的盟友的必要防范。但实际上，两方的相遇却是热情高涨。“我永远都会记得在奥地利与我们的英国盟友会面时的情形。”苏军第 40 近卫炮兵团（第 57 集团军的一部分）的中士尤里·艾尔特科夫（Yuri Eltekov）说，“我们交换了礼物——我们从自己的制服上取下星章送给他们，而英国士兵则给了我们钢笔和香烟。我们的盟友只能说一点点德语或者俄语，所以我们基本上还是靠肢体语言来交流。即便如此，我们之间还是充满了友好的气氛，以及对战争即将结束的欣慰。”

在前往奥地利与英国盟友会面的路上，艾尔特科夫的苏联红军部队里流传着这样一则笑话——说他们正在重建沙皇伊万和英国伊丽莎白女王一世失败的婚姻。两个受挫恋人的形象——尽管他们之间相隔地理和文化的巨大鸿沟，但还是试图完成圆满的结合——对于苏联部队而言显得有些滑稽幽默。丘吉尔自己声称，对于亚历山大在卡塞塔的成功欢欣鼓舞——他告诉战时内阁，说这是“伟大的成就”——但遗憾的是，苏联政府对此所持有的态度并非像其士兵那样浪漫而乐观。当休·伦吉（当时他在莫斯科负责英国军事任务）向苏联国防部转告了德国军队在意大利投降的消息时，他所得到的仅仅是“漠不关心的态度”。苏联人——总是专注于在法国开辟“第二战场”——一直以来都认为其盟友在意大利的活动不过是些附带表演罢了。

但丘吉尔却并没有“求偶”的心情。他命令亚历山大攻占的里雅斯特，以阻止铁托的南斯拉夫共产党部队的前进。尽管铁托的部队一直以来都是反德盟友，且丘吉尔也承认其政府的合法性，但如今也开始担心他们会占据这座亚得里亚海的港口。亚历山大带领自己的新西兰部队进入的里雅斯特，结果发现铁托的人早已到达。双方不安地僵持着。铁托不愿意放弃将的里雅斯特城作为南斯拉夫一部分的机会。过渡期间，双方的士兵们共同执行着警卫任务。

遏制共产主义野心的战略正在实施，进军波罗的海港口的竞赛便是其中重要的一部分。4 月 30 日，在英国的一次战时内阁会议上，阿兰·布鲁克子爵大致介绍了一下当前的军情："不莱梅港市已被拿下。我们穿过了易北河，正在向汉堡进军。第 2 集团军将直接转向吕贝克——计划向维斯马和什未林推进。我们应该赶在苏联人之前到达。"

丘吉尔意识到，进军将发生于任何政治决策之前，这能够为双方（苏联和西方同盟）争取有利的谈判筹码。他不想让这些筹码过多地落入苏联人手中。丘吉尔制定的政策是基于对苏联盟友不信任的基础上的。从他的角度来看，保持谨慎是合理的。不过，苏联对他也并不信任，他们宁愿冒着造成僵局的风险，也不愿实际介入。

陆军元帅蒙哥马利理解丘吉尔的政治目标，他也认为攻取丹麦是重中之重。但是，蒙哥马利担心他没有足够的军事手段来发动对波罗的海的进攻——他如果这样做，就会使自己的部队经受未知的风险。他的集团军在 3 月份跨过莱茵河以后，就已经失去了美国的支持——德国依然在荷兰西部抵抗，这导致其部队战线被彻底拉长。1945 年 3 月 29 日，艾森豪威尔将美国第 9 集团军调入布雷德利将军的第 12 集团军群，这令他难以释怀。蒙哥马利在日记中写道："随着胜利即将到来，盟国远征军最高统帅部的亲美派正在迫切要求实施一项计划，这计划会剪断英国部队的羽翼，迫使其退居次要地位，这样的话，美军便能独自居功。”

英国总参谋长阿兰·布鲁克子爵对蒙哥马利表示同情：“大多数的变化都是民族意志，是为了确保美国的成就不会在英国的指挥下被抹去。这很遗憾，直接的战略正受到来自盟友民族主义观念的影响。”

而实际上，最高统帅部想要美国来指挥自己的部队这一决定也并非不理智，毕竟美国在战争期间承受的压力是最大的（不论是在人力还是物力方面）。蒙哥马利的部下和布鲁克都低估了蒙哥马利的妄自尊大和傲慢冷漠的程度——许多美国的将军都不愿意再听从他的任何指挥。

但是，蒙哥马利——不论他在个人外交方面有多么缺乏手腕，但在军事上他一直是一个目光长远且思路清晰的规划者——对易北河北部的混乱以及持续伤亡的风险十分关切，这样下去，德国的这部分终将会被归还苏联。当他的部队向易北河挺进时，他们愈发不能确定即将面对的德国部队是否会进行殊死抵抗。

一名英国中尉杰弗里·皮科（Geoffrey Picot）这样记录那年发生在德国的战斗：“我们的进攻要比当初在诺曼底（去年夏天）顺利得多。但危险依然在每一个阶段如影随形。”

萨默塞特郡轻步兵团第4营中尉西尼·雅里（Sydney Jary）举例说明了他们将会遇到何种危险——这种危险来自于濒临崩溃、有勇无谋、虚张声势的敌人。当时，他正在向通讯员下达指令，突然传来警报：“我听见叫声了。长官，他们正在猛烈攻击我们！”的确，前面大概150码，一列队形整齐的德国士兵正举着刺刀冲杀。“这些小伙子很勇敢，但他们却没有任何机会。再也没有人能踏进距离我们 70 码的地盘”。

有的时候，当英国军队赶在了德国一些部队的前面或是绕过了他们，他们会向后面的部队投降。也有的时候，他们并没有这样的打算。前进的英国军队扫过七零八落的德国部队时，这些德国部队会潜伏起来，随后则会重新出现，并袭击英国的运输和供给线。寡不敌众、包围重重的党卫军抵抗部队有时拒绝投降——也许是出于战争的荣誉感，也许仅仅是顽冥不化罢了。1945 年 4 月中旬，英军第 43 师在勒特河孤立了一小群德国士兵。尽管他们只有 200 人和 2 辆坦克，但他们还是奔赴战场——尽管损失惨重——他们还是继续战斗，直至全军覆没。一名英国军官写道：“那天晚些时候，当我们重新前进后，从树林和邻村来了一些老人，他们是来带走那些长长排放在我们面前的尸体的。在那些死去的人当中，很多是年轻的小伙子，其余的则是些年纪较大的人，他们被匆忙地塞进制服里。这场景令人黯然，他们毫无意义的举动让人倍感同情——即便对于这些因战争而变得铁石心肠的人而言，也是如此。”

英国士兵们正在向一片混乱的废墟前行。第 7 装甲师的威廉姆·劳伦逊（William Lawrenson）记录道：

我们经过的德国城镇受到了重创……我们看到的大多数德国平民都是女性，她们中有许多人都推着小推车，车上装着她们仅剩的家产……

比尔·贝拉米（Bill Bellamy）中尉说起在一座名叫奥斯纳布吕克的城市里所目睹的景象：

我被眼前的一切震惊了，尽管很愤怒，但我还是为这座城市的遭遇感到恐慌。不管德国人曾经做过什么，我都无法对他们经受的痛苦感到欣喜若狂，也无法从中享受到任何复仇带来的快感。

英国士兵罗纳德·乌拉巴尔（Ronald Mallabar）说：“纳粹党卫军的暴行点燃了我们的怒火——但当你面对面地看到一个手无寸铁的人试图向你投降时，你内心的野性也会消失不见。”但还是有人被复仇的欲望驱动着，并付诸了实践。1945 年 4 月中旬，三名德国妇女在吕本贝格新城被英国士兵强奸。

不管这种行径有多么不能被接受，但对于一些人而言，当他们更多地了解到希特勒德国的所作所为，他们必然会觉得这是恶有恶报。1945 年 4 月 11 日，英国第 11 装甲师发现了位于贝尔森的死亡集中营。在集中营里，有超过 60000 名囚犯，他们忍受着疾病、营养不良、可怕的虐待——还有大约 10000 具尸体被丢弃于集中营的露天矿里。英国的士兵起初并不知道等待他们的会是怎样恐怖的景象。尽管他们已经听说了苏联红军在波兰解放部分集中营的消息——1944 年

7月解放马伊达内克集中营，1945年1月解放奥斯维辛集中营——但对此并没有太多细节流露到西方，而欧洲西北部的英军所知道的更是微乎其微。

“我对那些恐怖的情景根本毫无心理准备，甚至才刚刚进入集中营几百码，眼前的一切已经令我毛骨悚然。”陆军少校比尔·克洛斯（Bill Close）说，“那些临时营房里关押着几近全裸的囚犯，一些人已经死了，一些人尽管活着，也是奄奄一息，他们都骨瘦如柴。尸体随处可见——营房四周的地沟里堆满了尸体，到处弥漫着尸体腐烂的臭味。”劳伦斯·阿斯伦（Lawrence Aslen）中尉补充道：“那里的悲惨程度让我们不知所措——纳粹党卫军简直就是十恶不赦、卑鄙无耻的刽子手，他们应该全部被绞死。”

4月15日，英国第2集团军的医疗队抵达集中营，以评估那里的情况。起初，他们还试图努力处理问题——此前他们所目睹到的情况都不及贝尔森严重——悲惨的是，被仓促送往集中营的标准军用食品和供给对于这里的囚犯而言极难适应。在被解放后的短时间内，每天都有超过600人不幸去世。所幸的是，随着对集中营的情况的了解，并引入更好的设施，局面很快便得到控制。然而，在1945年5月初，贝尔森集中营的阴影仍然笼罩在身处德国的英国士兵心头，久久地挥之不散。

在那样恐怖的经历之后，想要控制住情绪是非常困难的。“一些贝尔森集中营的守卫拒绝掩埋尸体，他们被以叛乱的罪名枪杀。”阿斯伦中尉承认，“那些被迫听从命令的，也因此感染了斑疹伤寒。有两名守卫被我们的士兵打成重伤后丢弃在埋葬尸体的沟渠里，任其死去。”

贝尔森集中营——尽管恐怖至此——也只不过是整个动荡的巨幅拼图中最边缘的一块罢了。英国第 2 集团军穿过德国的时候，他们不得不为越来越多流离失所的难民提供住房和食物——这些难民此前都是被迫从欧洲的四面八方来到德国的苦役。4 月 16 日，在贝尔森集中营的医疗检查后不久，蒙哥马利便把这些困难坦率地告诉了艾森豪威尔：“一边要管理我们占领的德国这么大一片区域，一边还要向丹麦行进，我不可能同时兼顾这两件事情。”艾森豪威尔接受了蒙哥马利的意见——他调派了两个美国师来支援他的部队。

难民以及不断增加的希望归降的德国人，为盟军带来了巨大的后勤压力，也大大影响了部队前进的速度。战地记者温福·沃恩－托马斯（Wynford Vaughan-Thomas）这样报道：

我们第 11 装甲师，以及在侧翼第 6 伞兵部队，已从奥斯纳布吕克沿主路迅速朝着威悉河前进……侧翼的伞兵们使用的交通工具是我见过的最为多样化的……卡车、坦克、摩托车，甚至是小推车。德国人几乎没有拖慢我们的步伐——他们催促着几个方阵前进……一个丹麦的团仍在前往保卫奥斯纳布吕克的路上，全然不知自己已经落后好几天了……除了一直都存在的噩梦般的物资供给问题，以及如何为我们先头坦克部队提供燃油和食物问题以外，我们的军队还有其他头疼的事情，例如战俘问题。成千上万的战争幸存者，混乱地散落在路上，只要看到我们的队伍一出现，他们便会拥上去向我们投降。这个问题究竟该如何解决？

对于一支装甲师而言，面对这种问题可谓寸步难行。我们的坦克必须前进，我们也需要卡车来提供补给。我们能对这些战俘做的就是收缴他们的武器，并把他们送到后方部队。我们的先头部队以如此快的速度前进，导致后方部队已距离我们大概 60 英里了。这些都还只是些普通的障碍——在部队后面几百英里，跟着长长的囚犯队伍，有的时候是由他们的军官带队，静静地在我们的后方前行。没有人会刻意去注意他们。他们中也无人有一丝一毫的逃跑之意。

尽管获得了一系列的胜利，到了 1945 年 4 月，英国部队已很难再有打仗的热情了。他们知道战争马上就要结束了——没有一个军官想在这个时候看到无谓的伤亡。但是，当夺取吕贝克和维斯马两个波罗的海港口的目标被宣示，第 21 集团军群还是受到了激励。第 21 集团军群的指挥官迈尔斯·邓普西（Miles Dempsey）认为，闪电袭击吕贝克能够阻挡苏联进入丹麦，并能促使德国签订最终的投降协议，于是，他于 5 月 2 日命令第 11 装甲师全速向港口前进。如果朝着维斯马向东北方面深入进攻，将会加速这一进程。

接着，便传来了希特勒死亡的消息。这一消息在 5 月 1 日晚上 10：30 首次在汉堡的广播中公开，继而在第二天早上传到了英美部队中，令所有人为之一振。

蒙哥马利带领第 6 空降师率先向维斯马挺进。进攻吕贝克和维斯马的双重目标，使得英国和美国军队能够切断穿越德国西北的陆上通道，并能够保证丹麦免受苏联侵扰。渡过易北河，深入梅克伦堡平原，这自然是非常危险的，因为在那里英军和苏军发现的德军有 25 万之多。如果他们向英军投降当然很好——但是如果他们决定与之对抗，蒙哥马利显然没有足够的资源来应付。只有在艾森豪威尔保证派出两支美国师——第 7 装甲师和第 82 空降师——前来支援后，他于 4 月 29 日才同意向波罗的海前进，虽然还是有些不太情愿。由埃里克·波尔斯（Eric Bols）将军指挥的第 6 空降师打头阵，美军的两个师从他的右侧向前。波尔斯需要 18 个小时来准备好自己的部队。行动将在 5 月 2 日清晨的第一缕阳光出现后开始。

时机稍瞬即逝。蒙哥马利不清楚苏军所在的确切位置，但是他的侦察部——他拥有整个盟军当中最优秀的侦察系统——提醒他，他们前进得很快，而前进的路上阻挡着大量的德国士兵和平民。他们都是向西逃奔的，所以他们会成为英军而非苏军前进道路上的阻碍。时间所剩无几。蒙哥马利的军队乘着坦克和装甲车辆前进，他们已经没有时间去接受德国部队的投降。他们只能继续加速向前，因为如果他们没能赶在 5 月 2 日傍晚之前抵达维斯马，行动计划就可能会失败。

波尔斯部署队伍的最前列是弗雷泽·伊迪（Fraser Eadie）中校的加拿大第 1 伞兵营。凌晨 4 点钟，整个营便动身，坐英国皇家骑兵团的坦克前进。他们接到的命令是以最快的速度前进，不管路上有何种障碍，都要闯过或者绕过去——尽量能以 60 英里的速度前进。如果一切进展顺利，那么他们就一定能攻下波罗的海的维斯马。

安迪·安德森（Andy Anderson）中士回忆起 5 月 2 日的早晨：

我们知道可能会在某个时间遇到苏联军队，他们正在从相对方向前进。我们不清楚苏联人在哪儿，也不知道他们会来得有多快，而且我们不知道最终是否会意外地相互开火，这也着实让人担心。

出发后，我们试图记住有关苏联红军的简报，他们的坦克和车辆是如何标记的，他们的士兵制服是什么样的，武器是什么样的。我从其他的排选了两名自称能说些俄语的波兰裔美国人……到了中午，我们开始火速前进，穿过城镇和村庄——它们的名字根本没有人能记住。诡异的是，我们路过德军陆军的整个部队，他们躺在路边，有些阵营有车辆，有些甚至是骑兵团，但是我们之间并没有交火，没打一发子弹，也没有一面白旗，我们也不能停下来解除其武器。整个过程令人难以置信。我们穿过一个接一个的敌军营——我们向前猛冲，完全孤立无援。这简直就像一场非官方的投降仪式。

我们继续疯狂地前进，但道路两边却变得越来越拥挤。到处是全副武装的德国军队，其间混杂着普通平民、战俘，还有其他的人。那些德国人看起来疲惫不堪、垂头丧气、邋里邋遢。我们路过许多关闭战俘的笼子——有一些人看上去已经妥协了，但也有一些目光炯炯，满是敌意。我们无法驻足——我们能做的只是向他们丢一些巧克力和口粮。

兴奋而又恐惧——安德森感到了一种复杂的情感交织。他知道自己微弱的兵力已是不堪重负，交通设施也已经捉襟见肘，他只希望后方有人能够接管局面，解除他们的武器。是肾上腺素的涌动支撑着他继续前行。他开始意识到，这也许是战争的终结了——这种经历他将终身难忘。

领头的坦克部队到达了维斯马郊区。安德森继续道：

“我们从车上下来，小心翼翼地步行穿过城市。这座城市似乎并没有受到战争的侵袭，景色优美，一些平民手持白旗走来走去。我们走到城市的另一头，然后我接到了停止前进的命令。我将总部设立在公路主干线的最后一所房子里，然后让一名中士和一个士兵排在公路大约 100 码的位置设立路障，并派出一支机关枪小队增援。”

第 11 装甲师现在已经抵达吕贝克并已占领这座城市，他们几乎没有遇到什么来自纳粹国防军有组织的反抗。在东部，安德森已经入住了维斯马的新总部——一座用灰泥粉刷得漂亮的两层小楼。房子里装修精美——房主似乎几个小时前才刚刚逃离。安装好军用电话后，他决定去视察一下路障。结果看到了令他惊讶的情景。成千上万的德国人全副武装从公路上涌来，但是看上去却十分害怕，想要投降。他们开始在路障处聚集起来。在这群困惑的人群中，安德森可以看到德国高级军官，甚至其中还有两名将军。他通过无线电请求支援，让自己的部下收缴德军的武器，并将武器送到城里来。他希望能有人出面控制局面。然而，看到这一切，安德森说：

“我开始意识到，战争就要结束了——至少德国军队是这么认为的。他们似乎特别开心能够向我们投降。事态逐渐平息下来，渐渐朝着一个有秩序的方向发展。堆积的武器大约有10英尺高，底部大约有25英尺宽，并且还在迅速增长。”

现在，道路已经被拦截起来了，目的是为了防止苏联继续沿着波罗的海海岸行进，并最终占领丹麦。休·伦吉想起在莫斯科执行军事任务的英军，接到从伦敦发来的有关蒙哥马利带领的集团军已经到达波罗的海的消息。“曾经有很长一段时间大家都认为苏联红军会向丹麦发动进攻，”伦吉说，“据我回忆，我们并没有把占领吕贝克和维斯马的消息传给苏联国防部。”苏军完全可能偶然穿过安德森的木质路障。

在审问了部分德国人之后，局势基本清晰，他们整个部队都在全速逃脱苏军的尾追，也就是路那边几英里的地方。对苏联红军的残忍暴行有着许多传言。“我们无法证实这点，”安德森说，“但是从他们脸上的恐惧来看，似乎是真实的。”

晚上刚过11点，安德森便休息了。但很快他就又醒了。一支苏联巡逻队已经到达了路障。他们要求进城。他们非常好战——并且都喝得大醉。安德森来到路障处，他没有翻译。“我对他们的第一印象是，他们是我所见过的最为强硬凶横的一群人。”

埃里克·波尔斯将军现在已经建立起了前进部队的总部，并且与他的对手苏联将军潘菲洛夫（Panfilov）取得了联系。

起初，潘菲洛夫提醒波尔斯，他收到的命令是向吕贝克前进，如果英国指挥官不能立即下令使其士兵让路，他可以用自己的装备炸出一条道路来。波尔斯回答说，他拥有大量的空中支援——也很乐意用炸弹回应苏联的坦克部队。在他们之间进行了这次“幽默”的交谈之后，当晚就划定了分界线——接着，情况骤变，安德森被邀请去参加一场临时组织的庆祝盟军会面的招待宴：

“我们被护送到苏军分区总部，”安德森回忆道，“一位身着礼服的苏联军官迎接了我们，他身上挂着几排勋章，许多副官跟在他身后——包括几名年轻的女兵。苏军准备了丰盛的宴席，桌上摆着鱼子酱和各种美味佳肴，还有数瓶伏特加。刚一入座，他们就开始了接二连三的祝酒——为了丘吉尔、斯大林，以及所有的一切干杯。”离开的时候，安德森的翻译已经醉得不省人事了，他和同行的随从几乎什么也看不见。晚些时候——在安全抵达英国部队后——他想：“我很庆幸刚才我们是参与了一场具有历史意义的聚会。不过，让我后悔的是，我根本记不得我们都联系了谁，说了些什么。”

西方盟军和苏军已经在前方的中部——德国托尔高的易北河——会面。首次会面发生在 4 月 25 日——这是个吉利的日子，旧金山对话于同一天开始，目的是为了建立一个新的世界共同体，即联合国。接着，随着越来越多的会议召开，双方更高层次的指挥官也建立了联系。他们的会面在美国将军考特尼·霍奇斯（Courtney Hodges）的第 1 集团军防区范围内进行。双方的对话并不总是一帆风顺的。

5月2日，霍奇斯将军注意到，比尔·基恩（Bill Kean）将军——他的参谋长——前往苏军驻地参加会议，双方试图就难民运送问题和被解放的苏联战俘问题进行沟通。霍奇斯坦率地说：

“出于某种原因——对我们最有利的是，地方指挥官需要从莫斯科接到命令以后才能行动——苏联人似乎对这好几千人的回归兴趣不大，也不太情愿出手相助，同样，他们对被其先头部队解放的美军战俘的回归也不太配合。不过，我们有的是耐心，这个难题可能会不攻自破。”

归还战俘对于双方而言都是棘手的问题。苏军曾大批侵占德国集中营，其中关押着许多美国战俘，英美盟军现在也在释放越来越多的苏联战俘。苏联处理美国和英国军事人员的方式本身就带着拜占庭式的复杂性——他们被重新安置在乌克兰的敖德萨集中营内，然后经过长时间的拖延，逐个地、小批量地释放其归乡。这种做法无疑会引起西方盟国的不适，并加深对苏联的怀疑。但是苏联也有自己的抱怨——当集中营被解放的时候，英国和美国的军队并没有给予苏联战俘充分的保护。

苏联战俘自然会带来问题。来自第438防空炮兵营的一名美国军医曾参与了位于莱比锡城附近的北豪森劳动营的解放，随后他便被安置在那里。他在5月2日的家书中写道：

同时，我回到这里，发现法国战俘已经搬出去了，一大群苏联人搬了进来。他们非常粗暴地管理着我们。我有大把的时间在检查伤病员——如果我在这儿待的时间够长，我就能会点俄语了。我敢打赌，他们是不会学一丁点儿英语的。我有些缝合的工作——是在面部的。通常，故事都是大同小异——某个人的朋友用酒瓶攻击了他。但是他们似乎也不介意。他们非常坚强，我使用的是所谓的保加利亚麻醉剂，实际上它一点儿麻醉的功效也没有。而至今为止，没有任何人对此提出抱怨。

两天后，这位医生又从北豪森写信：

这里的工作继续着——我学了一点俄语。他们是个非常粗犷的民族，从管理的角度而言，真是极难对付。他们就是无法遵守规矩，并且在这个地方到处乱跑——这个劳动营马上就全是苏联人了！他们不是在这里喝酒就是在那里喝酒——而通常，喝完酒的第一件事就是打架。总是有人被打得鼻青脸肿。

不过，双方都在试图改善这种情况。苏联人开始更仔细地核对有多少盟军战俘被归还，他们开始允许当地的指挥官在方便时直接运送战俘。作为回应，越来越多的苏联战俘也被妥善地安置在安全的集中营内，直到他们能够被运送回苏联。尽管问题和猜疑依然存在，但善意犹在。

5月2日，在霍奇斯的第1集团军总部，有许多值得乐观的理由。他听说了“最大的新闻”，即所有在意大利北部和奥地利西部的敌军全部无条件投降。英国的第2集团军有“重大收获”，“他们行进了 20 英里到达吕贝克，几乎切断了整个丹麦半岛”。美军第 36 师俘获了第 1 集团军最大的对手——陆军元帅冯·伦德施泰特（von Rundstedt），他在巴特特尔茨的一座城堡里被发现，当时他与自己的妻子和儿子在一起。霍奇斯相信，整个与之对抗的前线很快便要倒塌了。在这一切当中，苏军的行为依然是个谜。

10 天前，在美军和苏军的会面即将到来之时，霍奇斯白天大部分的时间都在通电话，试图从盟国远征军最高统帅部得到确切的指示，告知其该如何与正从东部快速靠近的盟军会见。他说：

“尽管盟国远征军最高统帅部应该预见到不久之后这次会面的到来，但他们显然对此十分意外。指示最终传达下来，其中包括‘对他们友好一些’。布雷德利将军说，有关相互认可的信息会随后发出，如果我们与苏联达成一个令人满意的结果的话。”

霍奇斯饶有兴趣地关注着两军在托尔高会见的新闻，并注意到：“双方的接触非常友好，但是军事情报却很难获取，这归结于语言方面的障碍以及总体场面过于嬉闹。”4 月 30 日，他本人也曾去过托尔高与苏联人见面。他在河边遇到了一名苏军少将，他突然拉着霍奇斯上了车——那是一辆由他们俘获的德国黑色轿车——然后马不停蹄地飞奔过桥，那里还悬挂着一条横幅，上面写着：“欢迎我们的盟友凯旋。”他们以 50 英里的速度经过立正的苏军士兵们，然后在一所美丽的房子面前停下——这是专门为这个场合而征用的——他了解到，这曾经是德国最大的种马场之一。他在这里遇到了苏联近卫第 5 集团军的扎多夫（Zhadov）将军，“他 50 岁，是个精壮而英俊的男人。”国歌奏起，接着就是很多简短的致辞，歌颂杜鲁门、罗斯福和美国军队，然后每个人都退到了餐厅，庆典迫不及待地开始了。桌上摆满了伏特加、白兰地、大块的俄式烤黑面包、烤全猪、烤全鹅、鱼子酱，还有一道里面有一整条鱼的清汤，茫然的美国人被告知：“这可是上等的美味。”在一轮长长的敬酒之后，对于鱼的担心也就不再重要了。

如果说美国人是有点吃惊的话，苏联人则做足了准备。4 月 18 日，一份报告就在一系列的政治会议上流传，发这份报告的目的就是为了“宣传我们盟友在德国的功绩”。地图也被拿来向士兵们展示可能会在哪里与苏军会合，以及他们各自部队的所在地。对于英美部队的进度，以及他们已经快速穿过广阔前线的事实，大家都一致给出了积极的回应。第 169 步兵师中士尼古拉·丘尔金（Nikolai Churkin）说：“现在每个人都能看出雅尔塔会议做出的决定切切实实被执行了。纳粹德国——被两条前线牢牢地控制着——正在摇摇晃晃地走向灭亡，我们所有人现在都相信，接下来的一系列战斗将会为战争画上句号。”“曾经，这是一个梦想——现在却成为现实。”第 250 步兵师的塞奇·奥丁特索夫（Sergei Odintsov）中尉补充道，“我们的部队跨过了奥德河，我们的盟军渡过了莱茵河——现在我们都知道，纳粹已经完蛋了。”

西方盟军的前进速度也令苏军十分满意——“我们的盟

友现在终于学会怎么打德国人了”。他们总是来回重复着这句话——这同时也引起了他们的担心。苏联红军士兵和军官一致同意，一旦发现英美部队对柏林有任何企图，他们必须尽一切所能迅速攻下德国的首都。“我们的盟军有时候一天前进 60 公里，所遇到的抵抗很少，几乎可以忽略不计，”一名军官说，“如果他们想要来一场突然袭击，并在我们之前拿下柏林的话，他们就会在战争结束的时候占据大部分功劳。我们必须要加快进攻，加倍努力，争取率先抵达柏林。”另一名军官补充说：“我们决不能让我们的盟友到达柏林。对于我们而言，攻下柏林能够向整个世界展示我们所取得的一切成就。”苏军部队坚守着自己的时间表。

大家都认为柏林具有重要的象征意义，同时，许多讨论也集中在苏联部队与西方军队会师时应该如何安排庆祝仪式。苏联部队中，总是在一遍又一遍地强调，苏联红军不能丢脸。第 250 步兵师的中尉伊凡·索科洛夫（Ivan Sokolov）的话就非常典型：“世界都在关注着我们的会师。我们需要好好表现，为苏联红军赢得骄傲。纪律必须得加强。”

尽管苏联已经认真地为会师做了准备，而且想要以积极的态度来对待，但他们还是无法完全放下对西方的不信任。他们一次次地被政治军官提醒，军事机密绝对不能向英国或是美国军队泄露。现在——1945 年 4 月 25 日，在德国中部易北河的托尔高——双方的会师发生了。对此，最广为人知的描述便是美国陆军通信兵摄影师比尔·波尔森（Bill Poulson）拍摄的一幅照片，照片中是一名苏军和一名美军中尉——亚历山大·席尔瓦希克(Alexander Silvashko)与威廉姆·罗伯森(William Robertson)——他们在“东西相会”的标语前相互拥抱。

参与此次会师的是美军的第69师和苏联第58近卫军。5月初，美军第69师从易北河撤出，来到了科尔迪茨附近。正是在那里，第271步兵团的反坦克连队遇到了一个名叫罗特凡·玛克索维奇(Rotefan Marcosovitch)的年轻苏联战俘，他是几周前从萨尔费尔德的劳动营被解救出来的。他没有任何补给——像他这种战俘，如果强壮到能够走路的话，现在已经在德国到处寻找食物和庇护所了。玛克索维奇想为他们工作。反坦克连队恰好需要帮助，于是便让他在他们的连队里待上几个星期。

美国部队立刻就喜欢上了玛克索维奇，尽管与他交流起来并不容易：他的英文很有限，不过他的德语——在劳动营期间学会的——相比之下要流利得多。尽管理解他说的话需要花些时间，但这个19岁的苏联人活泼好动、朝气蓬勃，而且他的故事很值得分享。英国和美国部队在第一次见到苏联士兵的时候，总是会用“强硬”来形容他们。但是玛克索维奇让美国士兵们认识到了什么是真正的“硬汉”。

1941年秋天，尽管只有15岁，玛克索维奇还是加入了苏军。官方的征兵年龄为18岁以上，但是1941年10月，莫斯科已危在旦夕，那些不符合法定征兵条件的人便组成了志愿军参与到战争中。他不是被迫入伍的——他是一名年轻的爱国者，想要为自己的国家做些事情。玛克索维奇与自己的哥哥一起加入了第140步兵师的志愿团。几周内，他们当中的大部分人——包括他的哥哥——都在维亚济马与德军的战斗中被歼灭；玛克索维奇也在战斗中受伤，他的大腿被弹片击中，并被俘虏。接下来的三年半时间，他都在萨尔费尔德的劳动营中度过。

劳动营中的条件十分艰苦。1943年夏天，17岁的玛克索维奇组织了一场越狱——不过他被重新抓回了劳动营，并在所有囚犯的面前被公开暴打，打到他两个星期都无法动弹。随后，他又开始组织了一些破坏工厂产出的活动。他在一次活动中被抓到，然后被用牛皮鞭抽打直到失去知觉。

1944年初，在一次工伤事故中，玛克索维奇的左臂肌肉被切断。在医院康复的时候，他可以拿到一支铅笔和几张纸，他用德语写了一小段话，题目是“所有的国家都是平等的”。他与帮助自己康复的一名护士建立了友好关系，护士还是用人道的方式对待他，他在出院的时候把这段话送给了她。其中，他说德国认为自己是比斯拉夫人更优等的民族，这是错误的。玛克索维奇相信，没有任何一个国家应该凌驾于其他国家之上。他的这段话被医院的一名医生发现，并向劳动营警卫举报：结果他又被用橡胶警棍一顿毒打，导致左臂骨折。

1944年秋天，萨尔费尔德劳动营迎来一名纳粹党高级军官——劳工保障协会主席罗伯特·莱伊（Robert Ley），他命令每个人都要更加努力地劳动。玛克索维奇在劳动营内又组织了一起破坏活动，以此作为对其训词的回应。尽管他经常遭受毒打，每天要承受繁重的劳动，且只有一丁点儿面包土豆和 300 克汤充饥，可他的意志力和爱国热情却没有丝毫动摇。

1945 年 1 月，萨尔费尔德又迎来了一名重要的访问者，他是苏联将军安德烈・弗拉索夫的代表，他们正在为其反布尔什维克部队招兵买马。这支部队将在三个月后，与德国部队一起在奥得河前线对抗苏军。这名高级别官员得到了劳动营管理层的允许，可以同所有苏联囚犯对话。那些有意加入新军的人会被立即释放。

弗拉索夫军被描述为一支爱国部队——他们强调，敌人是布尔什维克主义，不是苏联。这么说其实也是事实，但玛克索维奇对此表示怀疑。在弗拉索夫派来的代表与苏联战俘们说完话以后，他站了起来，并质疑他——要他出示证明，要求知道是谁给他发的勋章，他究竟服从谁的命令。经过一轮激烈的交锋，他指责弗拉索夫不过是想保命的投机分子罢了，并说他的整个企图都十分愚蠢。最终，加入弗拉索夫军的战俘寥寥无几。

1945 年 4 月 13 日，萨尔费尔德被解放。两周后，玛克索维奇遇到了反坦克连队——并在那里作为美军的辅助人员度过了两个月时间，然后便被安排返回苏联。他过人的勇气和毅力——尽管是在劳动营而非战场上表现出来的，但也向美国士兵们表现出了苏联是如何在抗击德国侵略者的战斗中赢得胜利的。苏联红军队伍里还有许多玛克索维奇的存在。

托尔高的盟军会师依然还在庆祝当中。威廉姆・罗伯森中尉和他的巡逻队在 5 月 2 日被调回法国兰斯的盟军远征军最高指挥部总部，他们在那里见到了美国最高指挥官艾森豪威尔将军。所有人都被当场提拔。艾森豪威尔是这场会师成功的最核心的担保人。

艾森豪威尔将军这样描写苏联人："苏联人很大方。他们喜欢送礼物、办派对，几乎每个跟他们有过接触的美国人都可以证明这一点。他们慷慨的天性、豪爽的性格、对战友的挚爱，以及对日常工作健康的、直接的愿望，这些都与我们所说的'普通美国人'极为相似。"

艾森豪威尔的这番话也显示出了他自己的气量。他并不天真，完全知道一些苏联红军士兵的作为——但是他不想因此让所有的苏联士兵蒙羞。同样，他对盟军当中发生的摩擦和冲突也掌握着第一手信息。但最重要的是，他深知这其中有多么容易引起误会："因为语言差异，没有人能够通过直接的面对面交谈来缓和已发生的争论。"在这种情况下，艾森豪威尔与丘吉尔的解决方式就有着很大的不同：

"我们坚持要妥善、及时地对政府的每一项坚定承诺付诸行动。我们知道，任何不守信用的细节都会使我们建立更广泛的国际合作的愿望破灭。"本质上，艾森豪威尔对待苏联的政策就是"坚守承诺"。艾森豪威尔在处理与苏军的关系中面临的主要问题就是他们一直以来的怀疑。苏联政权不可能完全摆脱对西方资本主义列强的忌惮，也不可能完全忘记盟友可能会突然变成敌人。在整个战争当中，他们都不愿意与西方盟军过多分享苏联红军活动的信息。"我们对他们的神秘感到不可思议，"休·伦吉说，"在库尔斯克战役中——

那是 1943 年夏天最大的一场坦克战——他们告诉我们（驻莫斯科的英国军事代表团）的信息几乎为零。”

艾森豪威尔采取了主动行动。诺曼底登陆后不久，盟国远征军便着手将英美部队全部的行动纲要发给苏联政府，必要的时候，会将未来的行动计划也发给苏联。苏联对此的回应却比较谨慎。他们承诺，会在公开发表前，将苏联红军公报发送给驻莫斯科的盟军代表团。但对任何严肃的军事联合行动，艾森豪威尔都会亲自将自己的意愿通过军事代表团转达给苏军总司令。然后，整个繁复的过程会再倒过来重复一遍。在战争接近尾声的时候，这种缓慢的、低效率的联络方式，不仅令人恼怒，也存在潜在的危险，并且会严重影响最终与德国进行无条件投降的谈判。

不过，艾森豪威尔并不是唯一一个在苏联人身上看到美国人特点的人。美国医生亨利·斯旺（Henry Swan）在 5 月 2 日给家人写信的时候，提到了一次拜访的经历：

我带着我们的两个人，开着新车去看俄国佬了！这真的是一趟很值得纪念的行程，因为在我们的部队中，这种联络依然比较薄弱。我们看到了马格德堡……大教堂的两个尖顶完好无损，在高处俯瞰着这座破碎的城市。路上到处是障碍，没有一座房子是完整的——只有墙、烟囱和成堆的砖块。这些矗立在废墟中的庄严的尖顶，看上去似乎是一种象征，又好像是一场审判。

接着，在河东岸，我们看到了这些高大英俊的俄国人！

在我看来，他们更像是无忧无虑、热情欢腾的西部牛仔。他们精神饱满——粗野而硬朗——身上交织着狡黠与友好。他们与美国人尤为相像。当然了，这些都是他们前线打仗的士兵，刚刚获得了战役的胜利。

我们与一名上尉喝了些杜松子酒——这名上尉高大威猛，头发很短，胸前挂满了勋章和缎带，他笑声爽朗，握手有力。还有一名少校——他是个安静的人，目光敏锐，行为举止干净利落。我们的访问很简短。我与他们一起合照了一张彩色照片，然后，我们就得返回了。我们说的话他们完全不懂，我们也不懂他们在说什么。但这依然是一次友好的、激动人心的见面，为我们在这里的工作画上了圆满的句号。当我们回忆起在斯大林格勒的情形时，我们就会想到这一路走来的不易。是的，站在德国的心脏与苏联人握手真的令人欣慰。

这种本能的密切关系并没有得到新任美国总统的认同。杜鲁门总统与罗斯福总统有着很大的区别。他的前任没有给他介绍过外交政策，对于苏联而言，他最为著名的便是 1941 年发表的声明，认为应该放任纳粹党和布尔什维克党互相残杀。在战争的前半段，苏联对西方盟军持十分怀疑的态度。他们看到了丘吉尔和罗斯福的友谊，以及他们在魁北克、卡萨布兰卡和纽约的军事战略会议，而苏联人则被拒绝入境，开辟第二战场一拖再拖，1942 年夏天在纳粹突袭时又遭遇了补给的暂停。1943 年春天，苏联和西方的关系到达了最冰点。苏联人不信任丘吉尔——并认为美国和英国正在联手针对他们。1943 年 11 月的德黑兰会议成为转折点：罗斯福与斯大林建立了良好的个人友谊。

杜鲁门并没有罗斯福总统那样的直觉。罗斯福曾经说过，苏联人有一个习惯，会在星期一早上给他发一则友好的照会，然后星期二直接朝他脸上吐口水，接着在星期三又变得亲切起来。这种事情第一次发生的时候，他起初是觉得“痛心”，然后便要跟他们“反目成仇”，但这只会让事情变得更糟。从那以后，他就明白了，如果他无视他们，苏联人自己便会“理顺关系”。相比之下，每当苏联人表现出好战或者是不合作的时候，杜鲁门总是会狠狠地斥责他们，并且把他们称作是“来自贫民窟的人”。

为了向苏联人证明美国会信守承诺，罗斯福曾下令，所有《租借法案》的契约都会被履行，尽管这会损害到美国的国防需求。罗斯福与艾森豪威尔观点一致，认为建立信任最好的办法就是遵守诺言。杜鲁门终结了这种协议体系，并允许苏联向西欧提供补给。罗斯福曾经坚持，《租借法案》无论如何都不能用作外交上对付苏联的手段；杜鲁门却赞同丘吉尔有关谈判的观点——他试图将《租借法案》作为与苏联人讨价还价的筹码。

罗斯福为赢得斯大林的友谊花费了巨大的精力。杜鲁门也希望能会会这位苏联领导人——但却要让斯大林主动迈出第一步。为了与斯大林保持友好关系，罗斯福尽量不和苏联人在细节上过多地纠缠（而是把这种事情都留给国务院来处理），除非是在他也觉得联盟本身有危险的情况下，否则一般来说他个人不会介入这些事务。而杜鲁门已经在一系列更加琐碎的事务里和斯大林纠缠不清了。

罗斯福——从他第一次在德黑兰会议与斯大林见面开始——便试图承担起英国和苏联之间协调员的角色。而杜鲁门几乎是从一上任开始，就与英国在诸多问题上站在同一阵线，例如反对苏联承认的奥地利临时政府、要求同盟国代表进入维也纳、不承认“卢布林波兰人”的合法性等。记者们也开始察觉到这种风向的转变。《纽约时报》的专栏作家C. L·苏兹贝格在1945年5月初写道：

“在旧金山的讨论，以及我们对苏联的反映，都给了苏联人和美国人这样一种印象，觉得我们组成了一条反对莫斯科的阵线。这条‘阵线’——外交的，政治的，或是军事的——仅仅提高和证实了深植于共产党人脑海中的猜疑，让苏联相信单边行动以及依靠自己力量的必要性。”

约瑟夫·戴维斯（Joseph Davies）是驻莫斯科的前大使，他提醒过杜鲁门：“我发现，当我们对苏联人友好和慷慨的时候，他们会比我们更加友好和慷慨。而若采取‘强硬’的措施，那么将会引来更加尖锐的驳斥——这要比他们的敌对方更加激烈。”但戴维斯的观点遭到了国务院其他苏联专家的反对，他们认为他在政治上过于天真，而且是在为苏联的某些行为编造合理的借口。他们戏称其1941年的著作《出使莫斯科》为“臣服莫斯科”。

1945年4月23日，在杜鲁门与苏联外长莫洛托夫进行第一次对抗性会议之前，他们就讨论过应该采用什么方式对待苏联。海军上将莱希说，雅尔塔会议给他留下的印象是，苏联政府并没有允许波兰建立自由政府的意愿，不过他对此也并不意外。在他看来，雅尔塔协定——在波兰问题上——有两种解读。他表示，与苏联断绝关系是一件严肃的事情，美国应该告诉他们，美国支持建立一个自由和独立的波兰。但是，其他人却认为苏联违背了自己的承诺，应该受到质疑和挑战。

美国行为方式的改变实际上在 1945 年 5 月初已经引起了莫斯科的关注，但是其影响却在艾森豪威尔主和的立场下得到了消解。杜鲁门十分尊重陆军参谋长乔治·马歇尔将军，而马歇尔又完全信任艾森豪威尔。因此，这位盟军统帅可以不受干扰地做出与苏联军事关系有关的重要决定。

这是动荡不安、令人困惑迷茫的时代，在这种情况下，地面战场的进展却出奇的顺利。陆军元帅蒙哥马利对于快速向维斯马挺进的担心是正确的。蒙哥马利部队右翼的美军第 7 装甲师先头部队的经历就很好地证明了这一点。

威廉姆·诺尔顿（William Knowlton）上尉带领的第 87 骑兵侦察中队当时行进在部队的最前列。他被告知，不论遇到任何撤退的德国军队，都要继续向前，直到与苏联会师。这些都是非常杰出的命令——但是它们的简洁性中却包含着欺骗性。诺尔顿的处境也因此变得越来越离奇。

5 月 2 日早晨，诺尔顿的坦克部队加速前进到了他们的第一个目的地——诺伊斯塔特－格莱韦镇。他们路过正向西前进的德军部队，德国人朝美军大声喊叫，并扔掉了他们的枪支。诺尔顿的人马前进得更快了，他们穿过了纳粹国防军新组的部队，而新组部队也做出了同样的事情。偶尔也会有德国枪手们瞄准了领头的坦克，但接着他们便在困惑中停止行动，因为美军依然稳坐在炮塔上，没有任何要使用武器的打算。他们得出结论，一定在后方还有大批美军部队随行，否则他们不会如此自信——于是，他们也就放弃了使用火炮。

诺伊斯塔特－格莱韦到处都是德国士兵和平民。一名美军还从坦克上跳了下来，帮助诺伊斯塔特的宪兵队指挥交通。诺尔顿的队伍全速前进，穿过了帕尔希姆县。德国人已收到警告，诺尔顿的队伍正在朝这边前进。他们认为，诺尔顿的部队越快向东前进，他们的士兵们就越有希望逃离苏联的囚禁。结果，当美国人到达的时候，他们发现德国的警察正在各个角落指挥交通，使他们能够无障碍地顺利通过。

纳粹党卫军让部队从公路上撤离，德国士兵们在路边排成六排，高兴地欢呼着。他们似乎以为诺尔顿的小队是要去打击苏军的。哈索·冯·曼陀菲尔（Hasso von Manteuffel）将军的第3装甲集团军一直都在西行，努力想要逃离苏联红军。诺尔顿小队的快速前进引起了大批的投降。有太多德国士兵扔掉自己的武器，以至于跟在第87骑兵侦察中队后的美军部队都要被巨大数量的武器淹没了。他们也越来越落后。当美国部队到达吕布茨的时候，这个神话开始沦落为残酷的现实。

“我这辈子从来没有这么害怕过”，诺尔顿承认。他们试着通过无线电与总部取得联系，但一直未能成功。他们已经穿越前线40英里了——大概有65人，就在德国第3装甲集团军的正中心。“在吕布茨，我们遇到了部分纳粹国防军真正的战士，”诺尔顿回忆道，“他们坐在猛犸坦克和野战火炮上，他们满是胡渣的肮脏脸上写满了冷酷，枪口直直地对准我们。这是个强硬的阵营——而他们并不欢迎我们。”

诺尔顿被迫进入这场虚张声势的游戏。德国人没有开火，因为他们仍旧以为后面还跟着大批美军，以为接下来会与苏联划定分界线，国防军部队会待在分界线以右。但是，即便是在诺尔顿进入他们的指挥所——周围全是充满敌意的面庞——并且试图掌控局面的时候，他依然同其他美国部队完全隔绝。他们依然没能通过无线电与总部取得联系，也没有任何美军部队随行。德国人已经开始对此有所察觉了。

一名曾与苏军战斗过的装甲团上尉走近诺尔顿。“你联系不上你们的总部了。”他说。所有的目光都集中在了这个美国人身上。诺尔顿说：“当时房间里一片寂静，相比之下外面的声音却变得更加清晰。我听到了坦克履带的撞击声、卡车发动的引擎声、刺骨寒风当中纳粹党卫军的歌声、钉靴的踏地声、德国军官洪亮的指挥声。”诺尔顿当时有一种想法——是他把自己的战士们带进了一个死亡陷阱。

不过，他还是试着进行最后一次冒险。他直视着这名装甲团军官的眼睛，用所有人都能听到的声音大声地说：“别傻了！我一路走来，拿下三座城镇，解除了你们数千人的武器，如果我身后没有强大的部队支持，你们觉得我会蠢到冒如此风险吗？”这个德国人沉默了，挠了挠头——然后也赞同了诺尔顿的话。诺尔顿没有被枪杀或逮捕，反而被任命为吕布茨的防卫指挥官，指挥三个归降的德军师团。整个房间的人踏着靴子立正，向他行纳粹礼，并整齐地问候：“晚安，指挥官先生。”

诺尔顿和他的士兵们匆匆睡了会儿，但当他们醒来时，发现事态变得更加危急。德军最高指挥部——如今设立在弗伦斯堡，与邓尼茨政府设在同一个地方——发现了一小撮美国士兵正在解除他们大批部队的武装，同时苏联部队也在迅速靠近。他们已经发出命令，让所有的部队就位，随时准备与苏联红军战斗。美国第7装甲师的行动后报告简洁地记录着：

“情况危急：德军最高指挥部已经猜到，诺尔顿上尉所在位置的50公里以内不会有其他的美军部队了——弗伦海恩将军已经下令让所有的德国军队立即取回自己的武器，以直面苏联的袭击。如果我们的美国士兵反对，他们也将受到攻击。”

吕布茨即将成为战场。

诺尔顿唯一的希望就是能先行到达苏联人那里。他组建了一支侦察队，并向东出了小镇，寻找苏军的踪迹：

“上午9:25，我看到在地平线上——自东向西——出现了马车队，马儿拉着运货车，还有行进的军队，那是我见过的最长的队伍。”

诺尔顿见到的是苏联第191步兵师。他设法见到了指挥官。当这名苏联人发现诺尔顿是美国人时，他们握了握手，并拍了拍彼此的后背。东西再一次相遇了。

“每个人都冲我们笑，给我们敬礼，嘴里还快速说着我们听不懂的话——我们也冲他们笑，回礼，高声回应着。”

一条简单的命令——与苏联人取得联系——开启了一段令人兴奋的、危险的，而又极不真实的旅程。在某些奇妙的时刻，诺尔顿上尉和他的士兵们几乎完全忘记了战争。

04. 灰暗的政权

1945 年 5 月 2 日

“我们来到弗伦斯堡，那里非常宁静。”卡尔·波姆 - 泰特尔巴赫（Karl Bohm-Tettelbach）副官回忆说，“天气很好。那正是 5 月初，海军把穿着白色制服的士兵安置在我们驻扎的米尔维克海军学院外面。每当邓尼茨（希特勒任命的国家元首）进入大楼，他们就会举枪致意。我们周围一切都很安静——几乎如梦境般虚幻。”

在战争的最后阶段，希特勒选择的继任政府聚集在德国最北部的小镇上，小镇位于石勒苏益格 - 荷尔斯泰因，紧邻丹麦边境。那里大部分地区没有经历过战火的洗礼。

新政府的首领是卡尔·邓尼茨上将。希特勒在地堡最后的日子里，选择了让邓尼茨代替自己。波姆 - 泰特尔巴赫这样描述邓尼茨：“他是彻头彻尾的希特勒信徒——不论元首做什么，他总是毫不犹豫地跟随。”希特勒传达了他的指示——在他的遗嘱里——让邓尼茨成为自己的继任者。

这一决定由马丁·鲍曼在 4 月 30 日转达给位于德国北部的邓尼茨。但鲍曼却将希特勒自杀的消息延迟到 5 月 1 日傍晚才告知邓尼茨，比元首自杀的时间晚了将近 24 小时。他这么做的动机尚不可知——但很可能是他想要在新政权当中扩大自己的影响。他曾试图从元首地堡中逃出来，然后向北汇合邓尼茨，但却死在了柏林的街道上。戈培尔——选择在 5 月 1 日傍晚自杀——和他都没能像希特勒所希望的那样加入邓尼茨的新政府。邓尼茨上将一听说元首去世的消息，便立即通过广播告知了德国人民，并宣布了自己的政权上台。

邓尼茨的支持者们相信，或者说是选择相信，他这么做是出于责任。U 型潜艇上尉奥托·克里施耐（Otto Kreschner）说："他是个完全的爱国者——他把自己视作是人民和国家的仆人。" 战地记者洛塔尔 - 君特·布海姆（Lothar-G ü nther Bucheim）却对这名上将的动机不怎么感兴趣："到最后，我都只从他身上看到了死亡的预告——他不过是个党派的走狗，简直微不足道。"

卡尔·邓尼茨上将主持着这个灰暗的政权，该政权——从他 5 月 1 日接受德国领导人的任命，到 23 天后他的整个政府在弗伦斯堡被英国部队逮捕——前后仅仅维持了三周多一点的时间。邓尼茨政府从未被西方盟国正式承认。它的存在似乎仅仅是历史的注脚，它对战争最后阶段的影响微乎其微。但是，它真实地存在过，这也造成了实际问题——并且在英国、美国和苏联之间播下了不信任的种子。

5 月 3 日，外面的世界还在消化着希特勒的死讯。在希特勒统治的最后几天，戈林和希姆莱显然已被耻辱地驱逐出党，这一事实逐渐被盟军所认知。乍一看，希特勒的追随者似乎已渐渐从他周围消失——邓尼茨也不过是个填补空缺的军人而已，也许他自己也并不情愿接受这份差事。

对于许多人而言，邓尼茨既算不上是一个政治人物，也不是一个纳粹党的理论家。盟军对他的认识还停留在第三帝国海军首领的时候。美国和英国会把他与大西洋的潜艇战联系在一起，苏联则认为他与波罗的海的纳粹德国海军活动有关，尤其是在战争的最后几个月，为德国在拉脱维亚库尔兰半岛的要塞提供补给，并派出德国舰队前往守卫。没有人预料到他会接手摇摇欲坠的德意志帝国。对于大多数人而言，他被任命为希特勒继任者完完全全是在意料之外。

然而，在希特勒统治后期，邓尼茨上将在追随者中起到了越来越重要的作用。他与元首的联系颇为频繁——这都要归功于他时常在元首面前出现，并表现出奴隶般的忠诚。海军司令弗里德里希·鲁格上将（Friedrich Ruge）对邓尼茨与元首见面的频率十分震惊——他注意到，不论战争的情况有多令人绝望，他都能重新燃起希望：

希特勒似乎掌握了一种催眠术，能用不同的方式对不同的人起作用。这种影响似乎是建立在一种共鸣之上的，这是一些领导人所拥有并且能够操纵的能力。在邓尼茨身上，这种影响尤为显著，而相比之下对凯塞林的作用就稍显逊色。当战争情况前所未有的糟糕时，他的情绪也跌入低谷，可是当他走进了希特勒总部，回来的时候总是乐观向上，整个人容光焕发，丝毫不受大环境的影响。同样，邓尼茨在希特勒总部的代表——海军中将沃斯也是如此，即便是到了 1945 年 4 月末，他们依然完全沉溺于这种咒语。

邓尼茨显然也中了希特勒的咒语。他在 1943 年 8 月与希特勒的一次见面后，极为夸张地对希特勒喋喋称赞：

“元首所散发出来的巨大力量，他的坚定不移、高瞻远瞩——都无疑衬托出了我们的卑微和渺小……任何自以为是觉得能超越元首的人都愚蠢至极。”

对于一名军事将领而言，这着实为一段不同寻常的阿谀之词。他对希特勒的服从至死不渝——实际上，在德国的情况日渐危急时，邓尼茨对其主人的赞誉反而与日俱增，渐渐地似乎与一切现实都脱节了。1945 年 4 月 20 日，尽管当时第三帝国在同盟军的轰炸下损失惨重，苏军入侵东普鲁士，使得德国平民蒙受无尽的苦难，邓尼茨依旧在广播演讲中这样告诫德国年轻人：

“你们非常幸运能够被命运安排在德国人民最伟大的时代……你们必须将全部的身心力量奉献给元首。你们必须把自己视作是他的孩子，这个世界没有任何事情可以动摇你们无条件的忠诚。这是人一生当中最伟大、最高贵的事情——将自己无条件的忠诚贡献给伟大的领袖。”

为了追寻他高于一切的忠诚，邓尼茨成为希特勒政策坚定不移的拥护者——不论是军事上还是政治上——他坚定地支持元首的堡垒计划，不论代价如何，都要坚持到最后，狂热地保卫纳粹事业。他从中看到了一种光荣的殉道思想。1945 年 3 月，他敦促德军学习在硫磺岛的日本人，美军部队在那里屠杀了 14000 多守卫岛屿的将士，却最终仅仅俘虏了 180 人。邓尼茨觉得，为希特勒而死，这无疑是一种高尚的品质。这名上将开始喜欢这种黑色主题，并在 4 月 11 日的法令中提出警告，在苏联占领区发现的受奴役的德国人，以及那些考虑投降的“聪明的懦夫”，应该首先被处死。令人诧异的是，在这种灾难性的军情面前，邓尼茨还一次又一次地强调，让德国渡过难关的唯一希望就是继续战斗。

邓尼茨的公开演讲已经远远超出了他军事命令的范围——他对此也表现得尤为刻意。他曾透露：“我是纳粹意识形态坚定的拥护者……那些认为士兵和军官必须去政治化的观点简直不可理喻。”这类说辞正合希特勒的心意。

邓尼茨最后一次见到希特勒是在他生日的时候——1945 年 4 月 20 日，当天，元首给予他作为个人出席其生日宴会的荣耀。两天后，在 4 月 22 日，邓尼茨离开柏林，来到德国北部的普伦。元首已经意识到大同盟——不久后在托尔高的易北河会师——即将把第三帝国一分为二。为了应对这种威胁，希特勒决定让陆军元帅凯塞林在南方指挥德国军队，而邓尼茨则领导“北方”军区，范围包括德国西北部、丹麦和挪威。随着战争进展到最后阶段，邓尼茨也越来越受到元首的偏爱。

在新的指挥部，邓尼茨依然死板地恪守希特勒到如今已毫无意义的军事战略。4 月 25 日，在一次该地区纳粹党代表的会议上，有人提出考虑结束战争以挽救更多的生命。邓尼茨对此全盘否定。他明确表示，这是希特勒本人才能做出的决定——而且没有任何人有资格挑战他的权力。“元首的行为，”他强调道，“完全出于他对德国人民的关心。投降意味着德国人民意识形态和信仰的毁灭，因此唯一正确的做法就是继续战斗。”

邓尼茨也付诸实际行动。4 月 27 日，柏林的军情已经毫无希望。尽管如此，他还是命令几百号海军学员飞往柏林捍卫首都——他们都成为邓尼茨奉献给纳粹事业的牺牲品。他的这一举动令希特勒颇为动容——尽管那些海军学员并没有受过任何巷战的训练，虽然死伤无数，作用却依然微不足道。

苏联中尉瓦西里・乌斯秋戈夫对在战争最后阶段让这种军队介入的做法感到十分震惊。他还记得在帝国总理府附近的战斗中，与其中一些学员相遇的情形：“我们听说了一个德国的海军营——年轻的海军培训生——被调过来保卫柏林中心。”他说：“我们都觉得这种做法有些莫名其妙，因为他们毫无经验——只不过是些小孩儿罢了——很快，他们中的大多数人都牺牲了。”

乌斯秋戈夫仍记得其中的一件事。

当时我在市中心——我们正在执行一项夜间行动。在我的右侧有一条主路，通往某个地下室。有些光从里面透了出来，于是我便走到那里寻求掩护，以便好看看地图。突然，几个德国人——也许是听到了我的脚步声——沿着楼梯冲了上来，与我撞了个正着。我立刻开火了——这完全是条件反射——击中了他们两个人。他们的海军贝雷帽飞向空中，其中一个人沿楼梯退了回去——我记得他有着金色的头发——另外一个人则蜷缩在了我面前。巷战完全依靠直觉——他们显然对此一点也没有掌握。当我重新踏上主路的时候，我在光线的照射下剪影完全凸显出来，这使得我成为一个清晰的目标。如果是训练有素的士兵，此时做的第一件事就是开枪。但他们并没有。他们吓坏了，跑出来看到底发生了什么事，还试图过来冲撞我。

这些年轻人的牺牲没有任何意义。然而，元首对此却十分高兴：

“帝国元帅邓尼茨派来海军士兵保卫我的个人安全，”他说，“他们是他最勇敢的部下。他想要给我他能派出的全部士兵。这一决定来自于邓尼茨本人——他会不惜一切代价将他们带来……这一时刻将要到来了，绝对的坚定不移会超越一切……”

邓尼茨本来准备运送更多的海军部队——但是柏林战役到了这一阶段，他们已经不可能再飞过去了。

对于纳粹事业始终不渝的决心与情感交织着，希特勒在他的遗嘱中写道：“我要求陆军、海军和空军的指挥官们，进一步加强我军抵抗的意志，最大限度地向他们灌输纳粹党人的精神。”邓尼茨的做法充分体现出他是希特勒最为杰出的信徒。他在主人面前并没有表现出消极的情绪。他知道希特勒想要听什么，也学会了预测他的想法。

邓尼茨知道元首对新技术十分着迷。军事上接二连三的失败快要席卷到柏林，为了保持士气，希特勒愈来愈将希望寄托于神奇武器，相信这种震撼的技术上的胜利能够扭转战争的局面。

邓尼茨意识到了这点，并在 1945 年 2 月底向元首提交了大量对于发动 U 型潜艇战过分乐观的评估。邓尼茨放眼未来——并看到了这种可以完全沉潜于水下，不需要重新露出水面的新型潜水艇所带来的可能性。这个海军首领表示，英国和美国没有任何途径能够监测到这种力量，也无法与之抗衡，即将到来的这种“神奇武器”无疑能使得战争局面在千钧一发之际发生重大转变。邓尼茨也赞同战争最后阶段的目标就应该是不计一切代价地坚持，从而为这种武器投入使用争取时间。希特勒对这份报告十分着迷，并大受鼓舞——这无疑也延续了他自己的狂热。

通过这种方式，邓尼茨赢得了希特勒最亲密的信任。他所有的政治观点都与其主人如出一辙。他于 1944 年成为国家社会党的一员，并坚定拥护其原则。他许多的演讲都显示出了强烈的反犹主义。当瑞典人关闭了德国的水上运输通道时，邓尼茨指责他们的行为是出于“害怕和对国际犹太资本的依赖”。1944 年 3 月，在一次演讲当中，他提醒要提防“堕落的犹太奴役”，他说：“如果我们的元首没有在国家社会主义下将我们团结在一起的话，我们的国家今天将会是什么样子？我们有的不过是一个不断受到犹太人越来越多毒害的分裂政府，而且还只能任犹太人摆布，因为我们失去了坚定的意识形态的保护，在这场战争的压力下，我们早就要崩溃了。”

1944 年 8 月，邓尼茨向他的指挥官们坦率地表示，他拥护这种“坚定的意识形态”。他承认：“我宁愿含垢忍辱，也不愿看到我的孩子们在污秽恶毒的犹太环境中成长。”

邓尼茨还强烈地反对布尔什维克主义，一次又一次地强调，在战争中要牢牢把握每一寸土地不受苏联侵扰。“我坚决反对在东方做出任何让步，除非我们真的是别无选择。”他坚定地说。他支持并鼓励希特勒保留在拉脱维亚的据点——库尔兰，而此时战火早已燃烧到德国自己的边缘地区了。库尔兰的守卫队伍还在源源不断地壮大，继续由纳粹海军通过海路运送——这是极大规模的行动，由邓尼茨亲自监督。当苏联红军向柏林进军的时候，还有 20 多万名纳粹国防军士兵以及一个纳粹党卫军拉脱维亚军团一起守护着这座遥远的堡垒。除了狂热的信仰以外，占据这样一个堡垒没有任何意义。

在地堡最后的日子里，希特勒对邓尼茨越来越欣赏——并且非常赞赏他的忠诚。元首的贴身男仆海茵茨·林格（Heinz Linge）回忆起自己的主人时常大声称赞邓尼茨，说他是唯一没有欺骗过自己的人。希特勒的空军副官补充说，在战争最后的几个星期，元首表现出了对邓尼茨极大的信任，但对戈林和希姆莱却并非如此——他强调，邓尼茨现在已经拥有极高的威望，不仅仅是在部队中，在纳粹党内亦是如此。在戈培尔的日记中，也有许多篇都对邓尼茨的思想态度以及继续战斗的决心予以称赞。当希特勒在起草遗嘱的时候，也毫不掩饰这一点。他发出指令，让鲍尔曼和戈培尔逃离柏林，并且加入邓尼茨的政府——但并没有打算让他们来领导它。

希特勒任命邓尼茨作为自己的继任者或是让其在自己周边组建新的政府，并不是偶然之举。威廉·迈瑟尔（Wilhelm Meisel）上将——邓尼茨的亲信——认为战争到了最后，这名海军首领陷入了一场与戈林的权力斗争中，这都是源于邓尼茨想要成为除了希特勒本人以外的“国家第二领导人”的“强烈的野心”。

尽管希特勒倾向邓尼茨成为自己的继任者，他也只是任命他为德意志帝国总统，而并非元首。“元首”的称号清楚地表现出了他自己在德国的权力和地位——即便是在地堡最后的日子里——也是独一无二的。尽管如此，他还是视邓尼茨为自己遗产的监护人。作为帝国总统，邓尼茨并没有放弃纳粹政策，并且也没有任何禁止或是解散纳粹党的打算。在他政府所在的海军军官学校的墙上，显眼地挂着希特勒的画像——而且在他刚刚组建的政府里，也包括了顽固的纳粹党人。

新招募的人中，最臭名昭著的就是纳粹党卫军领导人奥托·奥伦道夫（Otto Ohlendorf）。在苏德战争期间，奥伦道夫指挥了一支灭绝小队——特别作战部队 D 小队——在俄罗斯南部和乌克兰屠杀了成千上万的犹太人和斯拉夫人。邓尼茨对这种狂热既没有漠不关心也没有秘密赞成，他任命奥伦道夫为他经济事务的高级顾问。这种任命本身理应立刻引来盟军的干涉，立即强制解散这个所谓的政府，并且逮捕其所有成员。但是，这一反应却被延迟了——也因此造成了不幸的后果。

5 月 3 日，邓尼茨将自己的政府设置在米尔维克的海军军官学校，位于弗伦斯堡附近。这座红砖建筑是德皇威廉二世于 1910 年建造的。它独特的哥特式建筑风格模仿了马林堡教堂，马林堡曾经是条顿骑士团总部所在地（条顿骑士团是中世纪的一个军事修士会，曾经对东方的斯拉夫人展开过一系列血腥的讨伐），而且也是对纳粹党长久以来保持忠诚的地方。作为“海上的红色城堡”，海军学院自然显得雄伟壮丽——从一座小山上俯瞰弗伦斯堡峡湾。那几周它都作为神殿守护着正在消逝的纳粹运动那摇曳不定的火焰。

在其内部，则是一场过分讲究的希特勒悼念会。5 月 4 日，邓尼茨首要行动之一就是批准一名海军士兵的死刑，该士兵曾经发表过对元首的批评言论（5 月 9 日，在战争结束后，海军最高指挥部还特地检查了该死刑是否执行）。还有三名士兵，于 5 月 5 日逃跑，之后又被抓了回来——邓尼茨再次决定判处他们死刑。这些士兵曾对希特勒宣誓忠诚，在邓尼茨的严格统治下，这些誓言即便在元首去世后，依然具有道德上的约束力。

邓尼茨在组建政府时，将工业和生产部长的职位交给了希特勒坚定的追随者阿尔伯特・斯佩尔（Albert Speer）。而在任命海因里希・希姆莱为内政部长时，却故意把玩了一阵子，让这个职位空置了多天。直到 5 月 6 日，邓尼茨才作出决定，认为这样的任命风险过大——可能会激怒同盟国，迫使其在与艾森豪威尔将军进行投降谈判时解散其政府。因此，文化部长威廉・斯塔克哈尔特（Wilhelm Stuckhart）被调任该职位，尽管希姆莱依然在幕后发挥实际影响力。但最重要的人事任命，还要数任命什未林・冯・克罗西克（Schwerin von Krosigk）伯爵为外交部长。

冯・克罗西克——希特勒统治时期的财政部长——是个聪明而狡猾的人。他出身于德国的名门望族，曾在洛桑学习法律和政治，接着又作为罗兹学者在牛津大学奥里尔学院深造。曾凭借在第一次世界大战中的英勇表现荣获铁十字勋章，并逐渐跻身于政府高层。5 月 2 日晚上，邓尼茨和冯・克罗西克共同前往弗伦斯堡，第二天早上，冯・克罗西克正式出任邓尼茨政府的外交部长一职。

两人制定了一出策略，这是基于二者对布尔什维克主义共同的厌恶而制定的。他们试图通过零碎地向西方盟国投降来结束战争，以此来尽可能拖延一次全面的无条件投降，这样便可以为德国士兵和平民们逃离苏联红军转而归降英美部队争取时间。一个最高军事指挥部已经就位，陆军元帅威廉・凯特尔（德国武装力量首领）和阿尔弗雷德・约德尔将军（其参谋长）如今已经到达了弗伦斯堡，两人都是希特勒的亲信，他们也都还在原先的岗位上继续任职。

新组建政权的精神很快通过公共声明表现出来。1945 年 5 月 1 日，邓尼茨向德国人民广播了希特勒逝世的消息，并发表了对已故元首的悼念：

“我们的元首阿道夫・希特勒去世了，”他吟诵着，“举国上下都陷入深深的悲痛。他很早就意识到可怕的布尔什维克主义的存在，并终生都坚定不移地与之对抗。他此生从未偏离正轨，在德意志帝国的首都，他如英雄一般倒下了，他一直战斗到了生命的最后一刻。他一生都在鞠躬尽瘁地为德国服务。他针对布尔什维克洪流的战争是为了欧洲，为了整个文明世界！”

邓尼茨接着告知了德国人民有关自己的任命：

“元首已经指定我为其继任者，”他继续说道，“我深知责任重大，在这一决定性的时刻，我决定接受该项任命。我上任后的第一个任务，就是要拯救德国人免受布尔什维克敌人的迫害。为此，我们必须继续战斗。”

邓尼茨的统治始于谎言——暗示希特勒是因为带领队伍奋勇杀敌而战死沙场的。而他在地堡中自杀的事实被认为是消极和阴暗的——所以便被无视了。他首次向世界的发言就表现出了狡猾和不可靠的一面。

这个新上任的领导人在公告后，向纳粹国防军下达了当日命令。他重复了希特勒“如英雄般战死”的神话，并补充道：“我们失去了一名将永载德国历史的伟大英雄。”

接着，他明确表示，作为国家新任领导人和最高指挥官，他的最终目标是：“继续与布尔什维克战斗，直到我们在东德的军队和成千上万的家庭逃离他们的杀戮和奴役。”

邓尼茨要求所有士兵对其无条件服从和忠诚。这样，希特勒的种族意识形态、对共产主义和斯拉夫人民的憎恨，就这样被沿袭了下来。

5月2日，已经决定接受邓尼茨政府外交部长任命的冯·克罗西克也通过广播发表了公开讲话。他的讲话有个永恒不变的主题，即德国在苏军手中遭受的苦难，并通过演讲的技巧将之化为咒语一般植入人心。德国的斗争，冯·克罗西克强调，是高尚的。他警告：“一群绝望的、饥饿的人正向西前进……他们是为了逃离难以言说的恐惧，逃离被屠杀、被强奸的命运。”

布尔什维克的恐怖行为以及大规模的饥荒如末日幻象，预示着苏联共产主义不可阻挡的前行。纳粹德国想尽一切办法想要击退这种威胁。“只有布尔什维克的浪潮不席卷欧洲，世界才能够和平，”冯·克罗西克说，“德国以前所未有的英勇气概战斗着，历经四年的战火奋战到最后一刻，如屏障一般保护着欧洲和世界不受红色恐吓的威胁。”

这是对历史极大的扭曲。纳粹德国最初以武力侵占了西欧的大部分地区。接着，希特勒无缘无故地发起了打击苏联的战争，他的部队直接开进了苏联的领土，并屠杀和迫害了数百万苏联人民。在其军队后方的灭绝小队，在白俄罗斯和乌克兰大规模屠杀犹太人和其他平民百姓。这是人类历史上最为残暴的战争之一。但是，这些出于希特勒对“生存空间”的需求而犯下的“滔天罪行”，如今却被描述成德国为了保卫欧洲而必须做出的高尚牺牲。

冯·克罗西克的演讲充满妄想——而且是危险的妄想，这在长久被灌输种族思想的德国人民当中引起了强烈共鸣，并被以极富欺骗性和煽动力的话语表达了出来。冯·克罗西克为达到目的，使用了一则惊人的隐喻。“在东方，”他告诫道，“有一幅铁幕正在前进，那铁幕之后，在躲避了世界的目光之后，是正在进行的对于落入布尔什维克魔掌的人民的彻底灭绝。”

“铁幕”一词（在德语中为“ein eisener Vorhang”），起初是戈培尔在1945年2月25日的《帝国报》上发表的文章中使用的一则纳粹标语。在写到最近同盟国在雅尔塔的会议时，戈培尔这样警示德国人民：

“如果德国人民放下他们的武器，根据罗斯福、丘吉尔和斯大林的协议，苏联人就将控制欧洲东部和东南部，包括帝国的大部分地区。在苏联控制的大片领土上，一幅铁幕即将降下，铁幕后面所有的国家都会被屠杀。”

这个强有力的短语立刻产生了广泛的影响，几天后，纳粹报刊《人民观察家报》便在头版头条使用了该词：“铁幕正在欧洲降临。”

如今，冯·克罗西克再次将其推广开来。这则隐喻——格外醒目，但同时带有纳粹宣传的深深烙印——本不应该在后来被一名西方国家领导人使用的。否则，事件将会有不同的结果。

邓尼茨和冯·克罗西克的演讲通过在弗伦斯堡的无线电广播发射机在德国全境转播——同时也被同盟国所有的国家监控。警告已经很清晰了。这不是一届过渡的临时政权——尽管他们是如此声称的——而是一群纳粹残留的虔诚信徒，是反苏的纳粹奉承者，并且决心要将希特勒的遗产继续传承下去。然而，同盟国内部对此的反应却是不尽相同。

1945 年 5 月初，美国人对未来的邓尼茨政府是最不感兴趣的。他们相信，当务之急是要逮捕戈林和希姆莱——他们认为这两个人才是在逃的纳粹集团中最危险的人物。起初，美国人并没有把邓尼茨政权当回事。

英国目前已在位于汉堡东南方向 30 英里的吕纳堡荒原建立起了第 21 集团军群。英国第 7 装甲师也驻扎在汉堡市郊，弗伦斯堡就在其北部不足百英里的地方。他们有足够的军事能力在几天内将该政府摧毁或是拘捕。但是丘吉尔却看到了让德国政府以某种形式存在的实际价值，在没有过多打听该政府构成的情况下，对其外交部官员说“顺其自然”，即允许它暂时存在。

邓尼茨政府意识到了这一点，便迫切想要证明自己的价值。于是，他们在 5 月 3 日提出，愿意让汉堡市向英国投降，理由是：“为了让这座城市和它的人民免于遭受彻底毁灭。”接着，他们便与第 21 集团军群发起了边界谈判，由格奥尔格·冯·弗雷德堡上将（德国海军首领，邓尼茨的替代者）带领进行。据英国陆军中校亨利·克洛泽（Henry Crozier）记录：“在与德国的高级军官进行了一天顺利的谈判以后，汉堡正式于 18:00 投降。我们明早天一亮便进驻该市。”

汉堡已经让与西方盟军，而正在苏联红军包围下的布雷斯劳则被命令继续与苏军顽抗。这座城市和其人民将被彻底毁灭。投降是针对西方的政策，对于东方而言，战斗必须继续，打得越长久越好。

苏联对新的政权充满怀疑——他们这么做是有充分理由的。苏联人监听了邓尼茨的无线电广播——并对其在公告中表示反对布尔什维主义的战斗将要继续的激烈言辞感到震惊。5 月 2 日，当他们的军队进入帝国总理府和元首地堡时，他们抓获了邓尼茨的个人代表汉斯－埃里希·沃斯上将，并查获了有关未来政府的大量文件，其中包括一份希特勒遗嘱的复印件。他们还在消化这些信息时，邓尼茨通过无线电进行了个人干预，取消已经过城防司令黑尔姆特·魏德林同意的柏林无条件投降协定，并命令其军队继续战斗。第二天，苏联有关库尔兰和布雷斯劳卫戍部队投降的条件也在邓尼茨的指示下被拒绝，邓尼茨命令这两个据点继续与苏联红军对抗。现今，所有人都清楚了，这是一届顽冥不化的反苏政权。苏联认为，它要么是非法集会，要么是重度腐败——并认为它在纳粹集团以外没有任何权威或是授权，并且不想与之有任何瓜葛。

这一政权在同盟国内部制造分歧的能力开始显现出来。但他们若要发挥真正的影响力，就需要来自依然与大同盟对抗的德国军队的支持。1945 年 5 月 3 日，整个欧洲的局势一片混乱。法国境内，德国的卫戍部队继续在拉罗谢尔和敦刻尔克驻守。海峡群岛仍被纳粹占领。欧洲中部，德国部队刚刚在意大利北部投降，在德国西南驻守的纳粹国防军 G 集团军群也开始与美国人进行谈判。这两起投降将把英美军队带入奥地利，也标志着陆军元帅凯塞林的南部军区实际瓦解。该区域唯一剩余的军队就是由亚历山大·勒尔（Alexander

Lohr）将军率领的 E 集团军了。这里有大约 3 万名德国士兵，以及他们的克罗地亚和斯罗维尼亚盟军，他们在南斯拉夫北部被阻隔，被铁托的游击队包围了起来。

负责保卫弗伦斯堡的是德国陆军元帅恩施特·布施(Ernst Busch）。布施命令在汉堡的卫戍部队以及一支混合部队严防石勒苏益格 - 荷尔斯泰因。听他指挥的还有守卫荷兰西部的约瑟夫·布拉斯科维茨（Joseph Blaskowitz）以及守卫丹麦的格奥尔格·林德曼（Georg Lindemann）将军。

还有从德国北部与苏军交战地域撤离出来的德国部队，包括残余的维斯瓦河集团军、第 3 装甲集团军、在遥远南部的第 9 和第 12 集团军，以及不幸的斯坦纳集团军。这些军队大部分都是通过梅克伦堡撤退的——都希望能够避免被苏联人俘虏，希望能向英军或者美军投降。

5 月 2 日，宣誓效忠邓尼茨政权的主要有 4 个纳粹国防军阵营。在挪威，弗里茨·柏麦（Fritz Bohme）将军向邓尼茨效忠，包括他麾下的 11 个师和 5 个旅，一共约有 38 万人。这些新组建且装备精良的部队能够与西方盟军展开相当规模的战斗。当天，库尔兰集团军也宣誓将忠于邓尼茨。20 多万德国军队依然驻守在这个拉脱维亚角落，此外还有大约 1.5 万名拉脱维亚党卫军。迪特里希·冯·绍肯（Dietrich von Sauken）将军率领的东普鲁士集团军，以及德国第 2 和第 4 军的剩余力量，正在但泽湾和赫拉半岛守卫——那里有大约 10 万国防军部队——也作了同样的宣誓。最后，也是最重要的，陆军元帅费迪南德·舍纳尔率领的中央集团军——驻扎在捷克斯洛伐克东部——也表明将效忠邓尼茨。舍纳尔的集团军总共约有 58 万人。

费迪南德·舍纳尔是一名狂热的纳粹信徒，和邓尼茨一样，他在战争的最后几个月里得到了希特勒的格外偏爱，其地位飙升极为迅速。1939 年夏天，他还仅仅是一名陆军中校，一名团级指挥官。到了战争结束时，他已经在指挥整个集团军了，起初是作为陆军上校，随后便升级为陆军元帅。元首曾在 1945 年 4 月这样称赞他：

“在整个前线，只有一个人证明了自己是名真正的军事战略家——他就是舍纳尔。舍纳尔必须承受最猛烈的进攻，但他还是能够维持一个最有序的前线。即便舍纳尔装备有限，他也能在有限的条件下重整旗鼓，让一切有条不紊。他在每一次任务当中都取得了杰出的成绩：他能够掌控住混乱的局面，并为防御者们注入新鲜的活力以及坚定的决心。”

希特勒特地在自己的遗嘱中奖赏了陆军元帅舍纳尔，他给了舍纳尔一份自己的遗嘱，并任命他为德国军队的总司令（这是舍纳尔本人此前根本无法企及的职务）。实际上，类似于舍纳尔这样的成就，完全是建立在极度的残酷暴行和狂热盲信之上的。他处死胆小的士兵比其他任何一名德国指挥官都要多。他解雇了自己认为不够强硬的师长、团长和军长，并建立宪兵队，用以围捕落后于前线的掉队的士兵。他有些不怎么好听的绰号，包括“野蛮费迪南德”“血猎犬”“处以千人绞刑的神话”等。

舍纳尔的座右铭是，士兵对其指挥官的恐惧应远大于他对敌人的恐惧。他的狂热没有任何边界可言。当他在挪威北部抗击苏军时，他接到报告，表示那里艰苦的环境使得军中士气大减。作为回应，他发出了其最为著名的战斗命令："就算是北极也没什么大不了的！"

不过，陆军元帅舍纳尔同时也是个绝顶聪明的宣传高手。1944 年冬天，他和邓尼茨共同在库尔兰地区创造了一种"堡垒意识"。这个遥远的拉脱维亚据点现在已经完全与战争隔绝了。然而舍纳尔却发出了一系列聪明的指令，强调库尔兰是一道屏障，能够转移苏军的一部分力量，否则他们便会肆无忌惮地攻击德国。这一论断几乎是子虚乌有——库尔兰地带已经被苏联红军封锁，而这些部队若是在德国以内，所发挥的作用理应更大。但这却很好地迎合了德国士兵们的想象。

库尔兰的条件十分艰苦：军队除了要应对敌军频繁的攻击外，还要应付糟糕的天气，战壕里时常灌满冰冷的雨水，前线的士兵们几乎吃不到一口热饭。即便如此，士兵们还是保持了高昂的士气，他们在地堡内挂起布告，上面写着："我们缓解了东普鲁士的压力""我们在库尔兰为帝国战斗"。

苏联领导人约瑟夫·斯大林对德军依然驻守库尔兰且至今未撤退感到十分困惑。那里的抵抗毫无意义，斯大林开始幻想其更进一步的目的。苏联内战后期，西方列强曾经干预过波罗的海诸国——他怀疑是否历史会重演。德国的情报机关让这种担忧持续发酵——并向他释放错误的信息，表示英国海军已经与拉脱维亚的纳粹党卫军接触。库尔兰侵蚀着斯大林的思绪，如丹麦的命运之于丘吉尔一样。

德国继续在这里抵抗。舍纳尔能够将错觉编织成为狂热的信仰——这种阴暗的能力使得库尔兰的防御者们在他离开了该区域后，依然信心不减。1945 年 4 月，战士们的书信里流露出了他们坚定的信念，相信守卫这座孤立的堡垒是有意义的，而且他们也许能看到战况发生转机。

德国第 126 步兵团中士瓦尔特 · 凯撒写道："目前的情况还很艰难，但是我们希望能够挺过去，并且再次看到战争能偏向我们这边……我们必须坚持——胜利是属于我们的。"

第 300 步兵团的弗里茨 · 维尔布兰特（Fritz Willbrand）中尉也发表了同样的感慨："不论这里条件如何艰苦，只要我们能牵制住苏联人，其他的都无关紧要。只要能把苏军留在这里，他们就不会威胁到我们的祖国。希望战争能很快出现转折点。"

迈耶是一名士兵，同时也是一名画家——在他的一封家书里，他要求家人寄给他新的油画颜料、画笔以及调色板。当柏林被苏军袭击时——苏联红军在托尔高与美军会师，将德国一分为二——迈耶与自己的一幅画作合了张影。在那幅画里，一名坚定的德国步兵正在站岗——他随时准备拔出手榴弹。背景是一座堡垒。那是文茨皮尔斯教堂，不远处是库尔兰的主要港口——在那里，纳粹德国海军向集团军输送了重要物资。文茨皮尔斯是一座中世纪的堡垒，由利沃尼亚骑士团——条顿骑士团的一个分支——在十字军抵御俄罗斯诺夫哥罗德王国的威胁时修建。

在迈耶的刻画当中，它突出的轮廓仿佛被施了魔咒一般，且不属于近期的历史。希特勒认为这幅完成的画作在当代艺术中应该是英雄史诗般的作品，它没有展现任何苦恼、沮丧或是痛苦，而是展示出了“真实的德国精神”。在这里，纳粹神话尽管正在消失，但依然活着。

迪特里希·冯·邵肯将军的东普鲁士集团军坚守在但泽湾的桥头堡，以及赫拉半岛和弗里希斯礁湖西端。其防御范围一直延伸到包括萨姆兰海岸、维斯瓦河三角洲的沿岸平原，以及绵延数英里的沙丘。不过，东普鲁士集团军在固守据点方面还是展现出了其杰出的才智。纳粹德国海军的工程师们，通过海路将原材料送往这支与德国其他地区隔绝的集团军，帮助他们为伪装妥善的混凝土高塔和碉堡建立起了地下隧道和地堡网络，并联结着高射炮据点。国防军士兵们戏称他们的据点为“沙箱”。防卫军们抗击的是罗科索夫斯基元帅的白俄罗斯第2方面军，德国平民们的痛苦遭遇更加坚定了他们战斗的决心。

平民们需要经过狭长的通道——弗里希斯礁湖，才能逃向西方。那里一边是波罗的海，另一边是潟湖，成千上万的老人、女人和孩子在西行逃亡的路上便死去了。苏联飞行员尤里·果戈里科夫(Yuri Khukhrikov)没有一丝同情地坦言:

“我们确实对那片区域好好地轰炸了一番。我们6架飞机开进了位于哥尼斯堡西侧的弗里希斯礁湖。我们把太多的人炸成碎片——只有上帝才知道究竟有多少人。死伤无数。那条路上有上万人——你不可能错过这么大的目标。只有在队伍的头尾有些许防空力量——也不过是些德军的高射炮罢了。其余的任由我们掌控。”

德国第4集团军装甲团的一名中尉利奥波德·罗瑟科什现在加入了冯·邵肯将军的集团军。只要东普鲁士集团军存在，逃离的平民们就能够从其领土撤离。冯·邵肯的抵抗是有目的性的——但这也不过是迎合了新德国政权的种族偏见罢了。邓尼茨和舍纳尔为了希特勒的记忆，为了难以和解的对苏联的仇恨而并肩战斗着。5月3日，他们下令，让布雷斯劳坚持与苏军抗争。他们把布雷斯劳视为有一座令人敬畏的据点，坚决抵御布尔什维克的威胁。但是，这些平民也并没有从布雷斯劳逃出去——为了抵抗，他们有成千上万人死去，在5月2日德国首都沦陷后，这样的斗争无论从何种角度来看，都毫无战略意义。

这座位于柏林东南方向185英里的城市，已经被包围三个多月了。这里被希特勒指定为“堡垒”，尽管并没有与之相配的自然防御优势，它还是被改造成为一座要塞，其改造过程给平民们带来了巨大的负担。陆军元帅舍纳尔画定了一条抵抗前进苏军的防线，希望能够通过士兵们坚强的意志严守布雷斯劳。“一场几乎历经4年的亚洲战争改变了我们的前线军队，”他高呼，“与布尔什维克的斗争使他们变得更加坚强，更加狂热。”

毫无疑问，舍纳尔自己是变得更加坚强，更加狂热了。大部分布雷斯劳的居民在1945年寒冷的1月被迫离开家园，向西迁移。许多人死在路上。整座城市被纳粹党卫军的分遣队、普通德国部队、人民冲锋队，以及希特勒青年团共同驻守。

这里一共有 4.5 万人规模的部队，以及余下的 2 万平民，他们被同样狂热的地方长官卡尔・汉克（Karl Hanke）告诫，要让布雷斯劳成为国家社会主义的坚固堡垒。

汉克的纪律措施十分可怕，也是源于舍纳尔“恐惧的力量”政策的启发。他对守卫者和平民的恐吓——在包围战期间曾因叛逃而处死 1.1 万人——令希特勒和戈培尔十分欣慰。汉克对纳粹党的忠诚令他们备受鼓舞。甚至 10 岁的孩子也要在苏联的炮火下工作，努力在城市中清扫出一条飞机跑道。一旦发现有人逃脱，则会立即对其处以死刑。

苏军的坦克和部队进入了城市，战斗愈发残酷——双方的冲突化作激烈的巷战，造成无尽的苦难。如今，在 5 月初，柏林已被攻破，希特勒和戈培尔已死，这种持续的抵抗毫无意义。然而，不论是邓尼茨还是陆军元帅舍纳尔都下令，不论如何都要坚持到底。

波兰第 2 集团军正与苏军并肩奋战在布雷斯劳。他们知道，战争结束后，布雷斯劳会由他们来接管，因为斯大林已获取了波兰东部的领土，正打算用从德国西部夺取的土地来补偿他们。沃尔德玛・科托维奇（Waldemar Kotowicz）中尉写道：

在我们的想象中，布雷斯劳有着教堂的尖塔，白色的建筑和漂亮的广场，还有奥得河从城市中流过。而现实中，我们看到的是悬浮在城市上空大片的烟尘，整个城市一片混沌，甚至连阳光都被遮住了。那里没有高耸的哥特式建筑，也没有绿色的公园，有的只是吞噬了房屋和建筑的火海。其规模和给人的影响都直逼疯狂的边缘。

据德国消防员瓦尔特·拉斯曼（Walter Lassman）回忆："很难相信这不是梦……我感到十分震惊和困惑，我颤抖着，仿佛看到了地狱一般。我身后的大教堂也燃烧着熊熊烈火，在它旁边是大主教的宫殿——我周围的一切，整座城市都被烧毁了。五层楼的建筑被大火吞噬，每扇窗户都在燃烧……"

15 岁的马克思·贝塞尔特（Max Besselt）是希特勒青年团的一员，他补充道："我们目所能及的都是冒着烟的废墟，还有被烧毁的房子。面对这样的景象，即便是久经沙场的人也无言以对。"

这座被粉碎的城市已经被苏联第 6 集团军及其波兰盟军完全包围了。这种情况几乎不可能得到缓解——其抵抗也没有任何意义。整个城市任由重型炮弹轰炸，还要承受频繁的空袭。一名叫西娅·赛弗特（Thea Seifert）的居民写道：

在这恐怖的黑暗之中，几乎无法用语言来描述它，甚至是写下来都很困难。最糟糕的地方之一就是我们要时常忍受炮火的攻击。每一次轰炸都要持续好几个小时，并造成大面积伤亡。此时想要去寻找死去的亲人根本就是徒劳。尸体被装上卡车，然后便被丢到位于市中心教堂不远的乱葬岗掩埋，连副棺材都没有。这里躺着士兵，还有平民。人们也无法拿回自己的个人物品——大多数都没有记录，即便是有，很快也会被弄丢。可能会有一些在布雷斯劳这座城市完好无损时就离开的人，还在怀念他们曾经的家园，还憧憬着战争结束后能重新回到这里。可现在，这里除了废墟一无所有。

马克思·贝塞尔特在5月3日的日记中写道：

没有人知道事情会变成什么样。我们中有14个人离开了——他们配有中型80mm迫击炮。我们曾经是布雷斯劳一所学校的同学——现在是同一个持枪小队。我们的据点位于布雷斯劳南部的一片废墟当中，在两所摇摇欲坠的房子中间。我们小队中年纪最大的也才刚刚16岁。在过去的5周时间里，我们当中没有一个人休息过。我们缓慢地撤退着，抵御着苏军的频繁袭击。我们在这些被烧毁的建筑中战斗着——期盼着这一切的终结。

雨果·哈通（Hugo Hartnung）是人民冲锋队的一员，他们的队伍中都是些因为年龄过大而未能通过征兵审查的人，有些人还有健康问题，且所有人都没有经过充分的军事训练，也没有足够的军事装备。这些人无法理解继续抵抗的意义——但军事纪律依然十分严厉。

“他们带来一名逃兵”，哈通在日记里记录，“他是个工匠，有好几个孩子。他觉得抵抗如今已经毫无意义了，于是便犯下该‘罪’，为的是想要拯救家人，想把他们带到城外。这个人品德良好，举止得体。”这个男人在审讯中实事求是，并没有任何狡辩：他知道自己命已至此。交互审问的情况则变得很糟糕，一名年轻的中尉出现了，他一直在严厉地斥责这个男人的懦弱。“他翻来覆去地侮辱他，”哈通写道，“说他为自己的祖国抹黑，甚至赏给他一颗子弹都是浪费。尽管这名工匠最终还是被枪杀了。他的尸体被丢到了沟厕里，并被撒上了漂白粉。那天晚上，那名中尉再次出现，和军事法庭的法官进一步确认这名逃兵是否被依法行刑了。”

5 月 3 日，邓尼茨对布雷斯劳继续抵抗的表现予以高度赞扬。最近的德国部队在佐布坦，在西面二十几英里，但他们根本无力突破苏军的包围。陆军元帅舍纳尔给守备部队指挥官去了电话，要求继续守卫“希特勒记忆中”的城市。他告诉赫尔曼·尼霍夫（Hermann Niehoff）将军：“要战斗到最后一轮，战斗到最后一人。”卡尔·汉克也无法忍受一丝投降的念头。希特勒命他监视这座“堡垒”，尽管元首现在已经去世了，他还是命令守卫者们无论如何都要继续抵抗：“我们必须尽一切可能从布尔什维克主义手中解救尽可能多的人。”他向队伍发出了一条冗长的命令，明确表示必须严守布雷斯劳。

霍斯特·格莱斯（Horst Gleiss）在当天的日记中写道：

在短暂的平静后，今日猛烈的空袭又向我们的要塞城市重新开启，我们英勇的柏林战役已临近尾声了。苏联空军现在能够集中全部精力对付东线还在抵抗的区域了——并且能够完成对这里的毁灭。从上午大概 9:30 开始，天空中便出现了无数双引擎轰炸机和护航机。在我所驻守的本德尔广场遭遇到敌军突袭后，已经有10人死亡，多人受伤。3名坐在路边的士兵，被爆炸的气压炸死——其中一名身首异处。躺在他们面前的是一具女性尸体。在广场16号，我们发现了一名死去的老人和一个身负重伤的人——我们用担架把他送去了医院。此外，还有多名士兵受伤。

那天下午，苏联人派了3名谈判代表来到我们的阵营，企图说服要塞的指挥官投降。然而，在历经3个小时的停火之后，尼霍夫将军还是决定继续抵抗，拒绝了苏联的条件。

这是邓尼茨和舍纳尔在希特勒记忆当中植入的魔咒。德国士兵海茵茨·利特克（Heinz Liedtke）在给他兄弟的信中写道：

我们坐在布雷斯劳，如同陷阱里的老鼠一般，仅仅是在等待一切的结束而已。我已经不抱任何希望能够逃离这个鬼地方了。我们除了打仗以外，就是绝望地喝酒（如果我们能找到些东西喝的话），和不同国籍的妓女们过着堕落的生活——那里最不缺的就是妓女了。昨天，我有了几小时的休息时间，于是我便去找了老鸨特露德。她在国王广场的房子现在只剩下一堵烧毁的墙了。没人知道特露德和那些租客遭遇了什么，但看起来我们再也见不到她了。在这个鬼地方，我可能也会落得个同样的下场。

利特克最后说：“如果可以的话，请为我这个在声名狼藉的布雷斯劳要塞英勇抗敌的守卫者祈祷。”

苏军对布雷斯劳的抵抗也感到万分疑惑。他们在城市中投放传单，呼吁其居民投降。他们无法理解为何在柏林沦陷之后，这些人还要负隅抵抗。包围该市的苏联第6集团军当中流传着这样一则黑暗的笑话。凯旋的苏联红军队伍正从柏林赶往莫斯科进行胜利游行。突然，他们听到了爆炸声和机关枪的声音。“那是欢迎我们的礼炮吗？”一名士兵问。“不，”他的战友回答，“那是第6集团军——他们还在忙着攻占布雷斯劳呢。”

在纳粹意识形态的面具下是难以置信的冷酷。5月3日下午，英国第5侦察团的情报官约翰·麦克奥斯兰（John MacAuslan）上尉当时正在朝着吕贝克海湾行进，他发现在海上大约2英里的地方有一艘残破的德国船舰，被一个英国皇家空军中队的鱼雷击中。这艘船便是“开普艾柯纳”号。麦克奥斯兰正看着眼前的骇人景象，一名逃跑的苦役犯映入眼帘，他正在向这支英军小队挥手示意。“那艘船上满载着集中营囚犯，”他告诉惊恐的军队，“他们被锁起来了——而且船上没有任何救生艇。”

“开普艾柯纳”号原先是一艘巨大的德国豪华游轮。1940年，她被德国海军接管，并被用于波罗的海。在1942年，她的军事用途被短暂地打断，因为她要在约瑟夫·戈培尔命令拍摄的一部宣传影片中扮演沉没的“泰坦尼克”号。1945年初，她被纳粹德国海军征用，以协助将德国士兵和平民从东普鲁士撤离。到了 4 月，她的涡轮机已经完全损坏，且只能进行部分修理。她已不再适于航海，于是便退役了——4 月底，希特勒的纳粹党卫军又征用了该船，并将其改造成为关押囚犯的船舶。

5 月 3 日，“开普艾柯纳”号承载了上千名诺因加默集中营的囚犯。后来，有消息称这艘船实际上是要将这些囚犯带往瑞典。但是，希姆莱指挥部（当时已经随着希姆莱转移到了弗伦斯堡）的纳粹党卫军官员却证实，此次航行的真正目的是毁坏“开普艾柯纳”号，使其带着船上的囚犯们沉入大海。没有红十字标志——这些不幸的人全部都被锁在船上。英国皇家空军的飞行员还以为他们是在袭击纳粹党卫军想要逃往斯堪的纳维亚的轮船。

英国皇家空军情报机关收到报告，说德国人正在吕贝克海湾召集船只，计划从波罗的海撤退到挪威。“船只正在吕贝克和基尔周围汇聚，”报告指出，“盟军远征军最高统帅部相信，从柏林逃到弗伦斯堡的重要纳粹党人在船上，他们正逃往挪威或者是中立国家。”西方同盟国扔担心弗伦斯堡政府会成为另一条战线，纳粹党核心人物——希姆莱和鲍尔曼（他们在柏林的死讯尚未被证实）——依然有可能入侵他们的领地。

“由于卡特加特海峡有布雷区，海军无法到达既定区域，”情报报告记录道，“所以，空军计划全体出动，以阻挡这最后的出口。”第 2 战术空军派出了 4 个中队。5 月 3 日，第 197 空军中队的德里克·洛弗尔（Derek Lovell）中尉回忆道："我们被告知要去波罗的海上空袭击轮船。在我们去的路上，我们遇到了一些我们的飞机正在往回飞。他们已经将"开普艾柯纳"号点燃了。整艘船从头到尾都是一片火红。"

这艘船已在大面积燃烧，很快便开始倾覆。麦克奥斯兰的人——在意识到了船上有数千名囚犯被困后——拼命地想要把这一信息通过无线电发往总部，但是已经太晚了。一次巨大的爆炸将"开普艾柯纳"号的船体撕裂，船向左侧倾翻，然后沉没。大约有超过 4250 名囚犯也随之消失。

苦役犯提醒第 5 侦察团，还有一些东西他们必须要去看看——车程很短，就在诺伊施塔特的海滩上。那天早上，囚犯们正是从这片海滩上被押上驳船，并最终登上"开普艾柯纳"号的。但是船上没有足够的空间容纳所有的人，这个消息也曾经转达给了负责监管此次装载的纳粹党卫军和德国海军。

麦克奥斯兰上尉率领的侦察团继续向诺伊施塔特前进，大约在吕贝克西北方向 23 英里处。他们在那里发现了已经 8 天没有吃东西的集中营囚犯。"他们全都严重脱水，"麦克奥斯兰说，"他们走路的时候，那些能走路的人就好像是穿着可怕戏服的牵线木偶一般，那是他们不得不套在身上的：蓝白相间的粗条纹睡衣裤……这些德国人根本不愿意帮忙。医院斩钉截铁地拒绝接收如此多的囚犯，我们不得不用枪抵着他们的脑袋，迫使他们同意。"接着，英国的士兵们到达了这片海滩。

麦克奥斯兰说：

诺伊施塔特的海滩是我见过的最为恐怖的地方。德国人的驳船进入关押囚犯的地方。但有些已经没有办法出行了。所以守卫们就把梯子拿走了，并开机关枪对着里面的人扫射，而船上还满载着女人和孩子。在海滩上，还有好几百个孩子——都是小孩子，他们的头都凹进去了。他们背靠背绑在一起，嘴里塞着绒布，被活活打死。他们的尸体就躺在我们面前。

那天下午迟些时候，第5侦察团离开了诺伊施塔特，并在几英里外的一个小庄园主的住宅作了短暂停留。这名德国庄园主努力想要表现得友好。“快来看看我的书。”他说。麦克奥斯兰发现很难与他建立这种友好关系。“我看不懂。”他说。那名德国人坚持道：“我可以给您翻译——我这里有歌德和狄更斯。”麦克奥斯兰努力理解着一个歌德和狄更斯共同存在的世界，同时还消化着刚刚见到的一切。“不。”他最终回答。

距离希特勒在柏林的地堡自杀已经过去3天。英国的民意调查档案馆（在那里，观察者们记录着当代人对于事件的反应）记录希特勒死后的一条评论：“某种程度来说，我感觉很遗憾——这就意味着他永远都不可能被审判了。我真想听听他的辩护词，因为他一定在自己的脑海里有过一份辩护词，一个确切的目的，一种感受，认为自己是正确的——一些能够说得通一切的哲理。但是现在，我们永远也不会知道了。”

5月3日，苏联情报人员艾琳娜·哲乌斯凯娅（Elena Rzhevskaya）搬进了柏林帝国总理府的一个临时办公室。在她面前的桌子上放着从元首地堡中拿出的文件。大部分材料都被销毁了，但是当哲乌斯凯娅仔细查看余下的片段时，翻出了被遗忘和丢弃了的一个被塞入椅背后面的属于马丁·鲍尔曼的袖珍笔记本、被匆忙塞到公文包里的戈培尔的家庭手稿——整幅画面便开始展现。

曾经有一丝短暂的希望能够飞往贝希特斯加登，但是这个希望破灭了。军事报告中阐述了帝国首都战役的情况。哲乌斯凯娅察觉到了一种日益强烈的孤立感——他们与前线其他部分联系也中断了。还有为希特勒打印好的路透社的新闻报道——这是被困地堡时最后的信息来源。其中一则新闻报道了墨索里尼的死讯，哲乌斯凯娅注意到，希特勒在“头朝下悬挂”几个字下面用铅笔画了出来。接着，这些记录显示，他们当时在地堡中展开了一场对汽油的彻底大搜查。元首希望自己死后，尸体能够被足够的汽油焚烧，最好不留下一丝一毫的痕迹。

苏联内务部鉴定出了约瑟夫·戈培尔和他的妻子玛格达，以及汉斯·克雷布斯已炭化的尸体。他们都是在5月1日傍晚自杀的。他们审问了地堡里还活着的见证者，所有人都证实了阿道夫·希特勒已经在4月30日下午自杀。他们还揭露了深埋在弹坑里的已被深度焚烧的遗体——其中还残留了部分下颌骨，他们正将其与希特勒的牙科档案进行比对，结果很可能是吻合的。死去的这些人留下的最为清晰的证据也是最让人不寒而栗的：戈培尔 6 个孩子的尸体，他们听从了母亲的指令，在地堡中被杀害。

哲乌斯凯娅翻到玛格达·恩培尔的书稿。其中有一条让她感到了一种扭曲的娱乐——她草拟了一则占星得来的预言。“1945 年 4 月，德国的命运会在东线发生巨大的转变，”据预计，“15 个月以后，会最终战胜苏联……1945 年夏天，所有的德国 U 型潜水艇会装载一种新型的致命武器，它可以摧毁英国和美国的海军。”

还有鲍曼的日记。里面只有一些简短的笔记——记录了有关苏联红军靠近时越来越猛烈的炮火，以及戈林与希姆莱对元首的背叛。这些都透着一种奇怪的虚无感——短暂略过，稍瞬即逝。4 月 30 日，希特勒和爱娃·布劳恩的名字下，被刻上了北欧古字碑文。

苏联的情报人员搜索了元首地堡以及帝国总理府的地面，美军也在向希特勒在巴伐利亚的山区的隐居地——贝希特斯加登靠近。这是元首招待国家领导人的地方，也会被用来和其亲信进行休闲放松。这里优雅宽敞，而地堡却狭窄逼仄。5 月 2 日，谢尔曼·普拉特中尉与美国第 3 步兵师的第 7 团一道占领了位于奥地利西部的萨尔斯堡。

4 日早晨，他们向贝希特斯加登发起突袭。普拉特有种异常的恐惧感。“我们两侧的山变得越来越陡峭，”他回忆道，“我们是在一条狭长的限制区前进。”军队冒着被伏击的危险前行——但他们的队伍还是安全行进。下午 4 点，贝希特斯加登映入眼帘。“房子是阿尔卑斯山式的建筑和设计风格，”

普拉特说，“其中还不乏华而不实的装饰。那里看上去就仿佛是一座童话的村庄。”

所有的一切都不可思议地平静。一些士兵开始搜查小镇。那里有些德国士兵，但他们没有反抗就投降了。普拉特中尉带领一个排，向山脉深处前进，一直来到纳粹党卫军的营房和希特勒的住宅前。“我们沿着陡峭的山路蜿蜒而上，”普拉特继续道，“空气很清新，视野开阔，几乎没有任何遮挡。我们拐了个弯——映入眼帘的是一片广阔的空地，那里还残留着元首住所的废墟。”一周前，整栋房子受到了来自英国皇家空军的轰炸。“我们队伍里的每一个人都陷入了沉默，”普拉特说，“所有人都十分清楚当下这一时刻和地点的重要意义。这么多年的斗争和破坏、杀戮、痛苦和折磨——在这里，真正地，走到了终结。”

05. 吕纳堡荒原

1945 年 5 月 4 日

5 月初，陆军元帅蒙哥马利的战术司令部总部搬到了战争的最后一站，位于德国西北部大风呼啸的吕纳堡荒原。现代战争当中，几乎没有什么和蒙哥马利的这种游牧性质的总部相似——祖鲁战争里布尔人的拉格啤酒或是 19 世纪美国西部先锋的马车圈也许还能找到与之相近的地方。诺曼底登陆时，整个指挥部有 27 名军官和 150 名士兵。到了 1945 年 5 月，已经扩大到了一个团的规模。但他仍在随前线不断推进——用吉普车、移动大篷车，甚至是轻型飞机来快速前进。蒙哥马利坚持要亲眼见到战争最激烈的情形。

在队伍的最中间是一个无线电大篷车，一个军官食堂，一个地图室，以及蒙哥马利的住处，不论战况如何，每天晚上 9:30 准时熄灯。这些场所通常都是在大树的遮蔽下，并且隐没于巨大的伪装网之中。尽管它占用过一系列暴露的位置，但在整个战争当中，它从未受过攻击。吕贝克战役中，蒙哥马利向波罗的海港口快速前进，于是便将其战术空军司令部总部带到了它最后一个基地，位于吕纳堡的一个满是沙尘和风暴的大荒原。整个荒原都是棕褐色的，地下已经都开裂了。这里的天气非常寒冷。

蒙哥马利从未忘记自己在第一次世界大战中的作战经历。在四年的战争中，他只见过自己的指挥官一次。在后来的军队训练中，蒙哥马利发展出了战术指挥部——或战术司令部——这是与指挥部主体完全分开的：一个移动通信中心，通常是用帐篷搭建起来的，指挥官在那里能够很容易对自己的下属和士兵进行视察。这是典型的蒙哥马利领导风格——并且被他应用于所有他参加的战役中：北非、意大利、欧洲西北部。

蒙哥马利这样概括道："我的指挥系统是来源于战场前线的战术指挥部。我会从战术空军司令部对战斗进行指挥和控制。这个司令部虽然很小，但是效率高，并且完全可以移动。它的主要构成包括信号、密码、联络人员、防卫部队以及非常少的能够及时跟进战况的操作人员。"

诺曼·卡比（Norman Kirby）中士在战术司令部中负责安全和情报，他说：

它似乎永远都被藤蕨和杉树围绕——这种隔离感对于一个指挥部来说是比较矛盾的，还有它嗡嗡作响的电话线，这便构成了战争最核心的中枢之一，与英国首相和其他盟国领导人保持频繁联系。但也许正是因为它的独立、小规模、古怪，以及它是蒙哥马利将军在战争期间的家这样一个事实——就使得居住在其中的人有种独特的归属感。

它确实古怪。阿尔伯特·威廉姆斯（Albert Williams）是战术司令部的一名技工，他回忆起当时诺曼底登陆后，移动司令部在极短的时间内就抵达了克勒利城堡。居住在那里的一对老夫妻本是打算要为这位盟军指挥官腾地方的，但他们被告知可以留下来。蒙哥马利将自己的大篷车停在了一个远处的牧场上。“尽管在军队里人气颇高，蒙哥马利本身是个比较安静的人，”威廉姆斯回忆道，“他喜欢独处。我们每到一个地方设立司令部，他都会将自己的大篷车开到一个与司令部保持一定距离的安全的牧场。不过，他倒是喜欢周围有农场动物的存在——我认为他觉得有这些动物的陪伴很舒服。养一匹马或是一头驴作为宠物，能够让他的思绪从恶劣的战争环境中抽离出来。”他的女婿汤姆·卡弗（Tom Carver）于 1943 年 12 月回到了战术空军司令部总部，当时他被带着进行了一番参观，其中就包括参观蒙哥马利收藏的大篷车和饲养的鹦鹉，本来还有一只孔雀，但它在咬了他的两名防空指挥官后，被送给了驻地的一个农民。

但在战术司令部总部的中心却是怪异的安静。“他的三辆大篷车通常都是停在分开的牧场，”卡比中士说，“大本营与他那片神圣的围场之间保持着令人敬畏的距离。即便是被叫去大篷车做报告，我也一直都有种‘破坏者’的负罪感。他住处周遭的一切都构成了这种疏离感：入口是坦克、装甲车和干净的吉普车，以及那三辆大篷车，都隐没在伪装网下，就如同被一张巨大的蜘蛛网缠住了一般。”

陆军元帅蒙哥马利是英国二战期间最著名的军事指挥官，并且在英国受到广泛的爱戴。1940 年法国战役期间，他还是一名分区指挥官，1942 年的夏天，他接管了英国第 8 集团军。同年的 10 月 23 日，在经历了 12 天的消耗战后，终于在阿拉曼大败隆美尔（Rommel）的德意志非洲军，粉碎了德国在北非的势力。

这场难忘的胜利不仅是基于战术上和后勤上的保障，还要依靠蒙哥马利清晰的思路和在鼓舞士气方面杰出的天赋。1942 年 8 月 19 日，温斯顿·丘吉尔和阿兰·布鲁克子爵在沙漠中拜访了他，布鲁克深受触动，他说：“我那时已经和蒙哥马利很熟了，但是我必须承认，他的艰难处境让我目瞪口呆。不过，他思维敏捷，思路清晰，能够迅速抓住问题的关键，而且最重要的是他强大的自信，这些都激励着每一个与他接触的人。”

蒙哥马利将英国第 8 集团军变成了一支胜利的部队，他们的士气成为传奇——队伍中几乎没有生病或是缺勤的情况：每个人都想打仗。德怀特·艾森豪威尔将军首次访问第 8 集团军总部是在 1943 年 4 月 1 日——他对那里的所见所闻印象深刻——并且对指挥官提出表扬：“显而易见，正是高度的纪律性、高昂的士气，以及高作战效能构成了整个队伍。祝贺你造就了这样一支优秀的战斗队伍，从去年 10 月以来的连续胜利已经证明了这支队伍的卓越。”

诺曼·卡比（Norman Kirby）中士所描述的这种在司令部核心的与世隔绝的氛围，实际上是蒙哥马利领导才能的关键特征。这位英国指挥官对待自己的士兵在精神上有着一份深深的责任感，曾经有人这样描述他：“牧师于他而言要比军火更为重要。”——他对自己手下人的生死格外重视。他深知，这些人的生命都与他所做的判断息息相关，因此，他才营造了这样一种冷静和安静的氛围，让他能够在这样的环境中做出决策。

这是种值得称赞的品质，尽管时常被他的美国盟友误解，但蒙哥马利一直都是个可靠的计划者，他认为充分的训练很重要，不打无准备之战。他会独自设计作战计划，但接着会与他的队伍进行分享。他最伟大的才能就是不仅能够清晰地描述宏观的军事意图，同时能够将要求简明扼要地传达给士兵。他作为一名指挥官，坚信自己应该与士兵们见面，这能够在他领导的队伍中激起士兵的斗志。他也是个天生的表演者，知道在战争中英雄主义角色的价值。在沙漠中，这些品质是巨大的力量，而非懦弱的表现。

蒙哥马利领导了西西里岛的进攻，然后便在意大利战斗，随后被召去策划诺曼底登陆。他在登陆战起初的 6 个星期里是盟军地面部队总指挥官，但当艾森豪威尔到达法国亲自指挥战斗的时候，便要让出这一职位。尽管事先已达成一致，但当那天真正到来时，蒙哥马利还是发了脾气，清楚地表达了自己的愤怒，表示无法听从一个几乎没有战斗经验的人指挥。尽管一定程度上的愤怒是可以理解的，但是这也显示出了他的小气和以自我为中心，而他也任凭这种不满的情绪侵蚀自己。但是，现在身为第 21 集团军群指挥官的蒙哥马利，还是能够在战争当中发挥积极的作用，尤其是在对抗德国在阿登高地进攻的时候。不过，他也会犯错，不论是在军事方面（如不幸的市场花园行动），还是在个人方面——造成这些错误的主要原因完全是源于他不能与美国盟军友好相处。

在北非战场上，蒙哥马利“强大的自信”以及他对宣传和媒体的热爱都是重要的财富，这让他能够深入并赢得士兵们身心的支持。在欧洲，这些却变成了一种缺陷，并伴随着坦克大决战期间的一次灾难性的新闻发布会而降到了最低点。在那场发布会上，他成功地冒犯了在场的几乎每一个美国指挥官。在北非，蒙哥马利主要关心的是军队，在欧洲，他却越来越在乎自己的名声，并坚信自己在战争的最后阶段未能被给予施展全部才华的机会。总之，蒙哥马利迫切需要证明——在吕纳堡荒原，他将在自己选择的舞台上演出这场戏剧。

结果将会是一次使集合的英国士兵、记者，最重要的是让他自己感到高兴的华丽表演。这名陆军元帅位于演员表的首位，并且是在剧场里最为突出的位置，这里拥有一切——戏剧、悲苦以及喧闹的喜剧。结局完全是具有欺骗性的——尤其是当蒙哥马利不仅把投降拍摄了下来，而且颇为引人注意地在最开始就准备好了同步录音。

不过，当时在法国兰斯负责处理投降事务的是艾森豪威尔的参谋长贝德尔·史密斯（Beedle Smith）将军——他有个外号叫“甲虫”——他对公共宣传深恶痛绝，如果房间里有太多的相机对着他，他就会异常焦虑，而且极不情愿接受采访，只能容许房间里出现一个话筒（而且是要在不出现话筒线的情况下）。蒙哥马利借此机会在大批的记者面前自夸，并与自己的摄影和录音团队一道再现了投降的场景，就如同是在精心策划一出伦敦西部音乐剧似的。然而从某种意义上说，确实如此。

吕纳堡荒原上德军的投降的确是值得欢庆和回味的大事，是一场有着些许乔治·福姆比味道的声光表演。但同大多数戏剧一样，不能只看到表面。在剧本中，蒙哥马利强硬地对待不怀好意的德国兵；而在现实中，他却有那么一两次中了邓尼茨政府的算计。但我们还是应该就座。灯光暗了下来，一次军事投降，而且是一次无条件投降，这种充满乐趣的场面以后可能就难得一见了。

大幕拉开，映入眼帘的便是三辆大篷车，分别被蒙哥马利用作办公室、地图室和卧室。这是整张蜘蛛网的核心。在它的周围是活动的枢纽区域。接着就要向我们介绍蒙哥马利式指挥所的独特之处。首先，是一个特别的联络队，绰号“幽灵”。这是一个收集秘密情报和电报的单位，能够不间断地为陆军元帅提供战地实况。这是通过巡逻队来实现的——有特殊的无线电通信操作员、司机、骑马的通信员组成的团队——这些在蒙哥马利麾下的每一个师团的指挥所都有配备。这些巡逻队再通过无线电联系战术空军司令部总部——将地面上精确的、未经修饰的信息一一进行汇报。

接着蒙哥马利的联络官便登上舞台。他们都是被这名英国的指挥官精挑细选出来的，并听从他的日常指挥。他们每天早上乘坐吉普车离开，去完成一系列任务：拜访一些人和指挥部，制作战术图——每天晚上他们则要亲自向陆军元帅提交一份报告。

这一次，有一起特殊的事件将要发生——蒙哥马利便提前听到了消息，他正在制订自己的计划。5月3日上午11:30，由4名德国人组成的代表团即将来到蒙哥马利的司令部。代表团由海军上将格奥尔格·冯·弗雷德堡率领，他是继邓尼茨之后的德国海军首领。代表团中还有德国陆军元帅布施的参谋长埃伯哈德·金泽尔、海军少将格哈德·瓦格纳（Gerhard Wagner）和陆军少校约亨·弗里德尔。

代表团沿路来到了蒙哥马利的总部，他们笔直地坐在车上，穿着灰色的束带长外套，脚蹬长筒靴，并戴着单片眼镜。弗雷德堡穿着皮大衣，面色惨白；金泽尔——一个身高接近1.95米的大汉——简直可谓是普鲁士人傲慢自大的代表。根据蒙哥马利的防空指挥官特兰伯尔·沃伦少校提供的信息，弗雷德堡有着“我见过的最为残酷的面容”，正如一名战地记者写道，他们周围“伴随着一种被压抑的蔑视的气氛”。一辆英国的装甲车护送他们前进。

让我们将指挥棒交到主演自己手中，让蒙哥马利自己来描述接下来发生的事情吧：

他们被带到了我的大篷车前，并在迎风飞扬的英国国旗下停住。我让他们等了几分钟，然后才从大篷车出来，走到他们面前。他们都在国旗下向我敬礼。这是个伟大的时刻。我知道这些德国人是来投降的，也知道战争结束了。

我问我的翻译："这些人是谁？"他告诉了我。我接着问："他们想干什么呢？"

冯·弗雷德堡上将接着为我读了一封来自德国陆军元帅卡塔尔的信，信中他表示想让柏林和罗斯托克之间正与苏联对抗的三支军队向我投降。我拒绝了，并告诉他这些军队得向苏联人投降。冯·弗雷德堡说，那样的话结果将不堪设想的……我说，德国人应该在发动战争之前就把这些事情考虑清楚——尤其是他们在进攻苏联之前。

冯·弗雷德堡接着说，他们很担心被苏军践踏的梅克伦堡的平民的安危。我回应说，梅克伦堡不在我的管辖范围之内。

接着我决定向他们快速地问一些问题。我问冯·弗雷德堡："你们会让在我西翼和北翼的所有德军向我投降吗，包括在荷兰、石勒苏益格－荷尔斯泰因和丹麦的所有部队？"

我补充说，如果他不同意，如果德国拒绝在这些区域进行无条件投降，那么我会下令继续战斗，那样的话，更多的德国士兵和百姓将在炮火和空袭中丧命。

我觉得此时可能大家要吃个午饭休息一下，这样他们也能考虑考虑我说的话。

我把他们送去吃中饭，他们自己一起吃，除了我的一名军官在场外，没有其他人。冯·弗雷斯堡在吃饭的时候抽泣起来，其他人也是沉默寡言。

随后，蒙哥马利在会议室再次与代表团会见，“桌上是一幅铺开的战况地图。我重复了我关于无条件投降的要求，并表示这是一切谈判的前提。他们立刻就看到了我言出必行的决心”。

“首长的戏演得不错。”特兰伯尔·沃伦上校与道内中校耳语道。“闭嘴，你这个坏东西！”道内愉快地回应，“他都彩排一辈子了。”

冯·弗雷德堡离开去向邓尼茨汇报了。第二天下午，他又回到了这里。蒙哥马利给在兰斯盟军远征军最高司令部的艾森豪威尔打电话——最高司令告诉蒙哥马利，如果德国第二天的回应对他们有利，那么他可以代表他以战场上投降的形式接受。

蒙哥马利第二天中午又给兰斯去了电话，那是5月4日星期五。投降谈判成功了。“一切都在我们的掌控之中，”他说，“记者都已到位。”其中就有艾伦·莫海德（Alan Morrehead），他已经报道过很多次蒙哥马利的战役，现在要见证他最终的胜利了：

5月4日，刚过5点，前线的战火停息了，战地记者们都聚集在蒙哥马利总部的一个帐篷里。那是在吕纳堡荒原的山顶，在冰冷的雨水和水雾弥漫的阳光的交替下，显得尤为荒蛮。野外惹人喜爱的色彩蔓延数英里，有大片深绿色的松树林，还有石楠丛生的紫色的荒原。

平静地，几乎有些欢快地，蒙哥马利开始向我们讲述了事件的经过……在他讲到一半的时候，尤尔特上校走了进来，说德国代表团已经带着他们的回复来了。“让他们等着。”蒙哥马利说，然后他继续和我们又讲了半个小时。他结束战争的时候正如他当初开始时一样——坚信他是正确的，事情是在按照他计划的方式发展。

“现在，”他最后说，“我们将要出席最后一次行动。这些德国官员回来了。我们过去看看他们将如何作答。”他带着我们来到他在山顶的大篷车。

夜里，蒙哥马利的军官们设法拿到了在意大利的陆军元帅亚历山大起草的投降协议副本。在此基础上，一份针对当下情况的相似协议也草拟了出来。弗雷德堡手中拿着一根烟，缓缓地带着他的代表团穿过荒原，来到蒙哥马利的大篷车前，然后向他敬了礼，走上台阶，进入车内。接着便是一些关于是否要将敦刻尔克和海峡群岛列入投降范围的讨论，最终这一个议题被放弃了，因为可能会造成太长时间的延期。代表团的其他四名成员紧张地、古板地、沉默地围城了一个半圆形，焦急地站在大篷车外的阶梯上。大篷车内，弗伦斯堡要求要一份条款的德文副本，但他几乎没看上一眼。

一会儿他便出来了，向其他人点点头，说了类似“一切都跟我们设想的一样”的话，然后5个人便缓缓经过我们，向会议室的帐篷走去。帐篷的四周被卷了起来，6张椅子被放在一张搁板桌下，桌上只铺了一块军用毛毯。德国人在桌前坐了下来。

我从未见过蒙哥马利如此刻这般自信。他在经过我们的时候，开心地小声嘀咕着："这是一个伟大的场合。"他平静地走向帐篷，手里拿着投降条款。他的举动仿佛是老师要进行口语测试一般。

他走进帐篷，德国人起身向他敬礼。接着，他在桌子的最顶头坐了下来，把眼镜架在鼻梁上，然后开始缓慢地、清晰地、故意地用英文宣读条款内容。那些德国人几乎不懂一句英语，只能沉默着坐在那儿，大部分时间都只是茫然地盯着眼前那块灰色的毛毯。相机的闪光灯闪烁着。整个宣读用了整整 3 分钟。

最后，蒙哥马利拿起一支未上漆的邮局钢笔，在墨水中沾了沾，说："你们现在可以在文件上签字了。首先是弗雷德堡上将……"然后他把笔传给旁边，"下一位，金泽尔将军。"每个人都向蒙哥马利的位置弯下身子，把自己的签名加了上去。"下一位，瓦格纳少将……"

就这样继续进行着。

"最后：我会代表盟军总司令艾森豪威尔将军签字。"于是这位陆军元帅便用同一支笔把自己的名字也加上去。

摄影师保罗·魏安德（Paul Wyand）和录音师马丁·格雷（Martin Gray）全程记录了整个仪式。帐篷只有 20 平方英尺，魏安德只能从帐篷的门边向内拍照。"当时，灯光是最大的问题，"魏安德说，"我四处搜寻拍照用的泛光灯……最后借到了一个军用发电机，下午 4 点 30 分，整个帐篷就如同好莱坞电影场景一般明亮。”

蒙哥马利检查了帐篷里的布置，并认可了。他问自己应该站在哪儿，魏安德给他指了个最理想的位置。一名防控指挥官紧张地说：“元帅不能这么做，他必须面向他们。”但是蒙哥马利却很高兴。“当然，”他说，“他们会来见我的。”魏安德建议在预备阶段可以稍作停顿，让他能够换个镜头，蒙哥马利说：“没有预备阶段。如果他们不签的话，我们就继续打仗。”

签署仪式前一小时，天空下起了瓢泼大雨。魏安德在德国人进入帐篷时开始拍照，他们见到了蒙哥马利，并在两张铺上了灰色军用毛毯的桌子前坐下。“被打败的代表，来自被打败的国家，”魏安德高兴地写道，“他们拿起不值钱的钢笔，然后签下了自己的名字。”

签署投降文件用的笔，是蒙哥马利说“两便士就能够在商店里买到的邮局钢笔”。文件本身也是用普通的军用大页纸打印，蒙哥马利违背了将文件寄往最高司令部的命令，而是把它收录到自己的私人档案中，艾森豪威尔也仅仅只拿到了影印本。

魏安德继续道：

帐篷内非常温暖、明亮，而且正是一个历史性的时刻，而帐篷外，我的衣服已经湿透了，全部贴在身上，大雨倾盆而下，那台军用发电机——暴露在大雨中——开始因为火花塞短路而向外喷射火花。我一直在祈祷那台发电机不要坏掉，否则整个帐篷将陷入一片黑暗。

签署仪式结束了，德国人站起来，并列队从帐篷中走了出来。除了弗雷德堡，他仍坐在那里再次阅读条款内容，画面看上去悲伤而绝望。这是极好的照片素材。我刚拍好，正准备给格雷发信号来收拾东西时，一个泛光灯的灯泡从灯罩里掉了出来，正好落在了这名上将谢顶的脑袋上，并发出了很大的爆炸声。这个可怜的男人从椅子上跳了起来，就好像是中了一枪似的。

原始的投降文件显示，蒙哥马利有一些小失误。起初他把日期搞错了，并被要求将“5 日”——投降开始有效的日期——改为实际签署的日期“4 日”。

蒙哥马利后来又回忆起另一件发生在这次历史性仪式上的小事。一个德国人想要抽烟以舒缓紧张的情绪，所以他拿出了一根烟。“我看着他，”蒙哥马利说，“然后他把香烟收起来了。”

签署仪式过后，蒙哥马利花了整个晚上撰写给他下属高级指挥官们的感谢信，还有“我对军队最后要说的话”，于是他写下了这么一段段颇具其风格的话：“能够在西欧指挥这样一支伟大的大英帝国的队伍，我倍感荣幸和自豪……不论你们身在何处，我都祝你们好运。”最后，这名陆军元帅为第二天的《周日快报》起草了一篇文章。当时，在兰斯的关键性谈判还在继续，因而这篇文章仅仅被简单地冠以“德国投降”的标题。

这是蒙哥马利的胜利——这场胜利似乎让倒霉的德国人溃不成军。“他让他们颜面扫地。”特兰伯尔·沃伦(Trumbull Warren) 上校说。德里克・尼 (Derek Knee) 上尉是蒙哥马利的翻译，他还记得第一天当他向部下做出如下指示时，元帅的脸上显露出的小学生般的神情：“德国代表团应该在英国国旗 (国旗应在蒙哥马利的大篷车外飘扬) 下一字排开，并且要让他们等着。”“当他大声向一脸震惊的弗雷德堡喊出‘你是谁？’的时候，”尼继续道，“他那个神情让我以为他正在跟吸尘器销售员说话。”

还有一个值得让人品味的时刻。蒙哥马利一口气列出了一长串的要求。如果他们不接受的话，蒙哥马利表示他会继续战斗。据上尉尼回忆，蒙哥马利又回到那句话，并且修饰了一下，改为“会很高兴继续战斗”——像是大厨加了些调料一样。

德国要吃午饭了。本来他们是打算独自离开，穿过远处的银桦树，然后就可以自己吃饭了。

上尉尼想起蒙哥马利的指示：“午餐要好好准备，并且配上一杯白兰地。”午饭后就是在地图室。在蒙哥马利希望的版本里，以及第二天报告给等待的记者们的版本中，德国人对自己所处的困境如此绝望感到相当震惊。而英国第 2 集团军的情报总结中却显示，弗雷德堡的反应要乐观得多：“我很清楚目前的战况。”他辛辣地回应。在蒙哥马利的版本中，颤抖的弗雷德堡甚至掉下了几滴眼泪。情报总结中却表示，他较为不耐烦，想快点回到弗伦斯堡。他知道这场谈判能够完成。

埃伯哈德·金泽尔（Eberhard Kinzel）将军当晚作为蒙哥马利的客人，在吕纳堡荒原留宿。根据蒙哥马利的总参谋长弗雷迪·德·金根少将记录，他们之间的谈话是诚恳而广泛的。他们探讨了在德国军队内部的权力平衡问题。金泽尔说，陆军元帅布施目前占据最主导的地位。接着他又向蒙哥马利介绍了在石勒苏益格－荷尔斯泰因地区的食物储备情况。那里几乎没有马匹交易。蒙哥马利向金泽尔保证，大部分通过梅克伦堡平原逃离苏军的德国部队都已经向他集团军群辖下的英美部队投降了。金根向蒙哥马利建议了在投降协议签署后，其部队如何快速进入丹麦的多种方式。

第二天，金泽尔将军继续作为一名联络官留在了战术司令部。在这里，他将带领一个由 12 名官员组成的队伍。英国人为他们提供口粮，德国人提供厨师和炊事人员。金泽尔能够与布施的西北集团军建立直接联系。在他们共同承担管理任务后，金泽尔问德国的军官是否能够出于“维护纪律”的原因和德国士兵出于执勤的考虑而保留武器。“原则上同意。”德·金根说。

在这种诙谐幽默和喜剧效果背后，陆军元帅蒙哥马利也的确主导了一场真正的胜利。他依然保有鼓舞士气的天赋，让他的士兵们认为他们自己是整个大局的一部分——并将这种积极的影响发挥到极致。德国军队大规模投降加速了战争结束的进程，也给予了英国的士兵和平民长久的骄傲与自豪。在这当中，蒙哥马利很清楚自己军队的心情以及国内媒体和大众的情绪。但是——出于政治考虑——他开始提前谋划，想要担任驻德英军总司令的职务。蒙哥马利听说丘吉尔正打算任命陆军元帅亚历山大。于是，蒙哥马利通过宣告自己在吕纳堡的功绩，展示自己与德国人能合作共事的能力——这些英国首相也表示认同——他希望自己能够出任该职。

蒙哥马利希望能与德国在该区域的军事指挥官陆军元帅布施达成协议，这一愿望确实能够带来许多实际的好处——但是与纳粹国防军保持紧密联系也并不意味着能够将德军的无条件投降变为现实。他未能将同盟国的政治以及苏联可能的反应算计进去。也没考虑到邓尼茨政府将如何向其仍在东部战斗的士兵们描述此次投降。他并非不诚实，而是虚荣心蒙蔽了他，使他忽略了这些可能性。而这些却很有可能将极为艰难的处境留给他的最高指挥官，德怀特·艾森豪威尔将军。

那个周五的晚上，艾森豪威尔将军的司机凯·萨默斯描述了在兰斯的最高指挥部的气氛：

整个下午，我们都在紧张地等待着蒙哥马利的电话。空军上尉特德（Tedder）(副最高指挥官)与将军一起在他的小办公室里；布奇（Butch）（艾森豪威尔在海军方面的助手，海军上尉哈利·布奇尔）和我一起待在我的办公室。我们等啊等，后来艾克将军说，他要回家了，可以通过家里联系他。为了不错过大投降，我劝他再等5分钟。电话真的在5分钟后响了起来，大概是在晚上7点，我接的电话——是蒙哥马利。布奇和我厚着脸皮在门口偷听。仪式已经完成了……尽管累得要命，将军还是坐了下来，口述了一条给首相的特别信息，赞扬了英国人民的勇气和决心……接着，他和布奇就去吃晚饭了。

晚饭过后，蒙哥马利发来另一条消息："德国人第二天将飞到兰斯，大约中午到达，他们会来谈判德国最终的全面投降。"

一名保守党议员亨利·钱浓（Henry Channon）在日记中描述那天晚上的情形：

晚饭过后，我沿着里兹酒店的走廊走着，和其他人一样，我的心情也是忐忑不安——整个伦敦这几天都精神紧绷，等待着最终的公告——然后我在自动收报机上阅读最新的新闻。我读到在9点13分，盟军远征军最高统帅部发布了一则公告，宣布德军已经在荷兰、西德和丹麦投降……我们都感到如释重负，并开香槟进行庆祝。

普通英国家庭则是通过第二天早上9点钟的BBC新闻简报知道该消息的。他们那个时候才听到前一天晚上录制好的有关投降的消息。这条消息引起了巨大的反响。

"我正在听着身在德国的陆军元帅蒙哥马利的公告，"玛吉·布伦特（Maggie Blunt）写道，她是斯劳的一个金属工厂的宣传员，"此刻我的心情难以言喻：有着身为英国人的巨大的自豪感，还有着不可思议的惊喜和激动。明天早上，在欧洲的战争将会全面结束了。这是个具有非凡意义的时刻。”

第二天，第 21 集团军就开始着手实施陆地上的投降。有的时候情况还有些混乱。据加拿大阿盖尔和萨瑟兰高地团的战斗日志记载：

几百名德国士兵，有些人并没有武器，沿着道路前进，完全没有秩序，也似乎没有任何人监管。有些人朝北走，有些人则往南。有些人步行，有些人则骑着自行车或驾着马车。我们现在能够亲眼见证曾经极度高效的德国纳粹国防军如今已经处于崩溃状态。这个队列当中的每一个士兵似乎都隶属于不同的师和团。他们的集团军已经被分割成了碎片，散落在整个德国北部。他们的交通工具不是坏了就是没油了，军官也都不知去向。这些士兵只是在等待这场噩梦能够终结。

加拿大第 8 步兵旅努力想查明埃姆登区域的德国指挥官究竟是谁。起初他们被告知是维厄上将，接着又说是埃里希·冯·施特劳贝（Erich von Straube）将军，当时他的指挥部正在威廉港附近。在一通混乱的电话以及车程之后，最终他们联系上了这名军官，并由步兵旅的指挥官吉姆·罗伯茨（Jim Roberts）准将用吉普车将他带到了加拿大步兵旅指挥部。在混乱的环境下，冯·施特劳贝情绪激动地指责军事协议并未被遵守，来见他的应当是兵团指挥官。“已经没有时间来迎合他的念想了，”罗伯茨说道，“我们必须立刻把他带到指挥部。”

他们刚一到达，冯·施特劳贝就悲伤地说自己是最近才接任指挥官的。加拿大人不客气地记录道，他表现出“对自己的部队构成一无所知，这对于他自己部下的官兵而言都是一种羞愧，并且对投降协议中详细指令的数目感到惊骇万分”。加拿大人把他的注意力引向投降协议的第三段，规定“德国指挥官要立即严格地执行命令”。他们发现这条清晰的指令似乎与这个人的想法颇为一致，他“恢复了大半”——随后所有的文件都很快被签署了。

埃里希·冯·施特劳贝将军是职业军人，曾在第一次世界大战当中被授予铁十字勋章，在第二次世界大战中是一名分区指挥官，后来成为军团指挥官，并被授予橡叶骑士铁十字勋章。冯·施特劳贝似乎对加拿大军的不正式感到十分困惑。战争开始前，加拿大军队由5000名正规军和大约50000名民兵组成。到了战争快结束的时候，这支武装力量的数量暴增，包括陆、海、空三军在内的士兵总数已超过100万——而他们其中大多数都是木匠、农民、教师和工厂工人出身，在新的岗位上接受了严酷的训练，并且在最后一年对抗德军的战斗中表现出色。

回来的途中，冯·施特劳贝从吉普车的后座拍了拍罗伯茨准将的肩膀，并问及他在战争开始前的职业。在罗伯茨回答之前，这名德国将军满怀期望地补充说，他希望他曾经也是一名军人。罗伯茨沉默了一会儿，回忆其他曾经做过的种种工作。“不，我不是一名职业军人，”他说，“加拿大人中曾经就是军人的寥寥无几。在平民生活中，我是个做冰淇淋的。”

吕纳堡荒原的投降就意味着丹麦战争也结束了。从蒙哥马利的集团军以及盟军远征军最高指挥部军事代表团抽出的一支英美部队代表盟军，于第二天，即5月5日，乘坐达科塔型军用运输机飞往哥本哈根。战地记者艾伦·莫海德（Alan Moorehead）也在其中：

几小时前才刚刚停火，飞机就出发了——12架达科塔飞机，护航机在两侧，覆盖面又高又广。飞机飞过吕贝克和基尔，又飞过了波罗的海。德国的战舰看到了我们，于是都升起了白旗，并且担心地走开了。接着，一座又一座丹麦的绿色岛屿映入眼帘。解放那天的早晨，每一所房子都用杆子撑起了红底白十字的国旗，从空中俯瞰，就如同是一望无际的罂粟花田一般。

在哥本哈根郊区，街道上起先并没有什么活动……但是当我们飞得更低些，他们便有了自信，都涌现了出来。由汽车、自行车和行人组成的队伍浩浩荡荡地冲向机场。达科塔飞机一架接一架地在静止的德国飞机间降落，并在机场建筑面前排队停住。空降部队从飞机上跳下来，在飞机库中举着枪前进。当时的场景看起来确实有些不祥，尤其是我们当中没有人知道接下来会发生什么。全副武装的德国近卫军分散在跑道两侧。两名德国军官僵硬地站在中央办公室跟前，并朝着正在着陆的飞机走来。我们此次行动的领导——杜因将军——与他们在半路会面。两分钟后，一切都清楚了：我们在丹麦不会有任何麻烦。

根据在吕纳堡同意的条款，整个荷兰也将被解放。5 月 5 日星期六下午 5 点，战地记者们被召集去见证在荷兰的德国指挥官约翰内斯・布拉斯科维茨（Johannes Blaskowitz）向加拿大军队查尔斯・福克斯（Charles Foulkes）将军的投降。记者约翰・霍德森（John Hodson）回忆道：

“那天下午，我们都聚集到了瓦赫宁根的一个酒店，这间酒店已经被部分摧毁，我们来到空旷的酒吧和餐厅，投降协议将在那里正式签订。四周的窗户已经都不在了，其中一个窗子四周的砖块也摇摇欲坠。人们在忙着维修一个 BBC 的话筒，以及几个电灯以供拍照使用。房间很是脏乱，满是灰尘——破烂的竹椅被拖得到处都是。”双方都聚集在市中心的维尔威奥德酒店。酒店餐厅中已经支起了搁板桌。霍德森继续道：

整个进程的气氛都很轻松，但也没什么令人不高兴的事情，没有人想要去羞辱任何人……的确，这种气氛有的时候就像是在进行一次商业股东大会。投降条款当中有许多有趣的点。例如，德国人以后必须遵守命令，且不能作出任何评价或者反驳。荷兰的纳粹党卫军必须解除武装，德国人负责监管他们的行为。德国人必须要守卫好水渠管道，直到盟军接管为止。福克斯将军的言语直截了当，令人钦佩：“我想说清楚一点，只有一个人能够发出命令，这个人就是我。”

福克斯把每一则条款都读了出来，布拉斯科维茨通过点头或是说“了解”来表示认同。偶尔也会有一些文本的措辞需要修改，部分条款需要改变。协议在下午 4∶04 签署，但战胜者和战败者之间的合作很快便被见证——即便是在霍德森刚刚离开的时候，他也注意到已经有“加拿大和德国的军官一起碰头商议具体的实施细节”。布拉斯科维茨的参谋长保罗·瑞切特（Paul Reichelt）中将拿出了一张地图，地图中标示出了在荷兰西部德国军队的分布和部署。他们的人数共达到 12 万人。

在蒙哥马利第 21 集团军群的指示下，德国人被要求只能够听命于加拿大人或是德国指挥官——陆军元帅布施。无条件投降意味着敌军应该立刻成为战俘，并被关押在营地中。柏林投降后，苏联就是这样做的。但是在吕纳堡荒原，投降协议却创造了一种双轨指挥方式。瓦赫宁根的投降协议延续了吕纳堡的协议，其条款表示，布拉斯科维茨将军依然“负责在荷兰西部的所有德国军队的维护和纪律”。纳粹国防军仍然保留着可观的存在，在解放最初的几天，荷兰人民对于所见的场景感到十分困惑：“全副武装的加拿大军队在道路的这边走着，而道路的另一边是全副武装的德国军队朝着相反的方向前进，他们之间互不干涉。”

这种现象的产生有诸多现实原因。安置德国士兵，保卫并护送他们，然后再解除其武装，这是个繁琐冗长又吃力不讨好的过程。投降的纳粹国防军庞大的数量已经远远超过了盟军的食物和人力资源能够承受的范围。完整保留德国军队的大部分结构能够使得纳粹国防军能够依赖其自身的食物储备，能够继续保证其自给自足的状态，这也意味着德军有能力支持盟军进行法律和秩序的维护。不过，这样做的风险也是显而易见的。

为了证明其合理性，一则让人不安的法则被实施了。依据蒙哥马利第 21 集团军群的进一步指示，加拿大第 1 集团军宣布，投降的敌军士兵“不会被归类为战俘，而是会被视作被缴械的敌军”，至于这些“被缴械的军队”是什么地位，则可以通过谈判来决定。谈判会决定这些部队的阵式是否会被遣散，以及在过渡阶段能有多少人保留武器。

蒙哥马利与“无条件投降”这一大同盟建立的基石已渐行渐远。除了技术层面的定义，这种做法也是对国际法史无前例的违背。加拿大军队没有将敌军视为战俘，而是“投降的敌方人员”，加拿大第 1 集团军对此作出了明确的解释：

“鉴于德国部队目前投降人数众多，指挥官们被授权安置这些军队，他们可以‘被缴械德军’的身份接受安置。”这些德国军队不会被归为“战俘”。被解除武器之后，这些投降的德国部队组织将被完整地保留，并进行自我管理和维护，对于盟军司令部而言，这种做法在某种程度上甚至是明智的。

这些安排实际上也确实发挥了良好的作用。在朱丽安娜多普市，德国军队全副武装地沿着道路开进飞机场并在那里停下。加拿大士兵们只是收缴了他们的武器，并堆放起来。

德国的军用物资被分类、贮存并看管起来。有时候，德国军队在无人陪同的情况下就进入了指定的集中地区；有时候他们就留在自己的营房。

但是，这种情况在国际上也造成了真正的问题。苏联不允许投降的纳粹国防军保留原先的存在，毫不犹豫地摧毁了他们的装备。他们希望西方盟军也能如此。但是加拿大第1集团军现在却声称“在没有更进一步的命令下达之前，所有的德国军官都将被允许携带一件个人武器”，且德国宪兵队可以保留武装。意识到这种指令的敏感性后，他们又强调：“这些武器不能，我再重复一遍，不能暴露在外面，只能放在口袋里。”

这的确是对无条件投降的一个宽泛的解释。1929年缔结的《日内瓦公约》第一章就清楚地阐明了战俘身份的含义：“但凡落于敌方权力之下的冲突一方之武装部队人员等均应以战俘待遇待之。”艾森豪威尔将军对此极为关切，并提醒加拿大军官“不能出现，我再强调一遍，不能出现任何有关德国武装部队或是被缴械部队身份的公开声明”。不过，苏联人还是听到了消息。所谓的“带有偏见的命令”——纳粹国防军以此保留其队伍形态，他们的武器也只是被存放起来而非摧毁，甚至在某些情况下还能继续使用武器——会在战争的最后几天严重破坏东西方之间的关系。

瓦赫宁根的投降已经完成。在整个过程中，瑞切特中将（布拉斯科维茨将军的参谋长），用一名记者的话来形容，“散发着庄严的忧郁”。一名加拿大军官提起他们的空军已经追踪他的司令部很长时间了，这名德国参谋长听到后开怀大笑，并回应说："我知道——我都被你们吵醒过两次了！"

加拿大部队最终得以调查该司令部，它位于荷兰的一个名叫希尔弗瑟姆的小城内，它的形态的确让人印象深刻。这个指挥所是一个400平方英尺的混凝土贮仓，墙体有10英尺厚。它伪装得很好，外墙几乎没有遭到破坏，尽管它周遭的房子都已经在战火中被击得粉碎。指挥所内有大约12个房间，每个房间都有独立的办公区域、一张床还有一些地图。房间都配有空调设施，用荧光灯照明——而且还用大量的鲜花和荷兰画作进行装饰。

依据德国同意的条款，5月6日，瑟福斯高地团（加拿大第1步兵师的一个团）接到前进的命令。尽管纳粹国防军的阵营还在，加拿大人正在以解放者的身份向荷兰西部进军。"我们现在进入阿姆斯特丹了，"该团的战斗日记中记载，"我们将会是第一个进入新解放区的队伍。"接下来的几天里，加拿大士兵们缓慢地向他们新指定的占领区行进，几乎在每一个十字路口，每一次路边的停顿，他们都会被激动狂热的荷兰人群淹没。

陆军中校哈里·贝尔－欧文是瑟福斯高地团的指挥官，他这样描述他们进入阿姆斯特丹的情形："大家的快乐汇集成一种我从未见到过的狂喜，这种狂喜是以前任何人潮都不曾有过的。此前，我们当中很少有人清楚地知道他们为什么要来。但是现在，在阿姆斯特丹，一天之内，所有的一切都改变了。每一条逝去的生命，每一个背井离乡的日子，都充分体现出了它的必要价值。”

陆军准将杰弗里·哈迪－罗伯茨是英国第 2 集团军指挥官迈尔斯·登普西（Miles Dempsey）将军的参谋长，5 月 6 日当天，他正同红十字会一道在荷兰。他写道：

我听到了真正的荷兰公告，它在结尾说：“荷兰自由了！”10 分钟后，街道上人山人海，橘色的国旗都悬挂在了窗外。起初，人群还很安静，但渐渐地，随着人数的增多和激动情绪的蔓延，他们开始欢呼和歌唱……

他们连续唱了好几个小时：荷兰和英国国歌、海军军歌、进行曲、民歌以及一切他们脑海中浮现的歌曲。与此同时，沿着主路向北，一列大卡车缓慢开过，车上装着食物和其他的补给，他们第二天早晨就能到达以前不可能到达的城镇，光是想到这些就足够让人兴奋。

这里绝对没有出现任何暴行或骚乱。他们只是难以掩饰地开心，这也让人乐于见到。

照明灯就如同圣诞小彩灯一样在树丛间闪烁。只有亲眼看到这样的解放场面，人才能明白这其中代表的意义。这是一场噩梦的终结。未来的荷兰必然充满问题……但这在当下不值一提。现在最要紧的是他们已经自由的现实，他们的国家终于回到了自己手中——5 年来一直笼罩着他们的恐惧最终消失不见了。

德国在意大利投降后不久，便接着在吕纳堡荒原投降，这让温斯顿・丘吉尔万分高兴，他发了一则愉快的电报给自己远在旧金山的外长安东尼・艾登（Anthony Eden）：“连续三天，已经有超过 25 万德国人向英国指挥官们投降了……这在我们整个军事史上都是令人欢欣鼓舞的大事。”

5 月 4 日，全世界的新闻都在宣告：“陆军元帅蒙哥马利赢得了他最伟大的胜利。昨晚，他向艾森豪威尔将军报告，位于德国西北部、荷兰以及丹麦的所有德军都已向第 21 集团军投降。”投降将于次日早上 8：00 生效。盟国远征军最高统帅部已澄清，这次是战场上的投降，所涉及的是在蒙哥马利集团军北翼和西翼面对的德军。而实际上投降的部队要多得多。德国占领的荷兰和丹麦也纷纷投降。大约有一百万人被羁押。

媒体描绘了蒙哥马利的成就。德国人让其对抗苏军的队伍转而向英国投降，本想以此举来离间盟军内部，却未能成功。“这一提议被陆军元帅蒙哥马利斩钉截铁地拒绝了。”因为这次投降涉及人数超过一百万，是战争开始以来投降人数最多的一次。战争在实质上已经结束了。媒体还补充道：“这次的投降意味着欧洲战争已经基本结束。德军现在占领的只有两个区域——捷克斯洛伐克西部和挪威。其余的力量散落在德国国内的德累斯顿和布雷斯劳两个城市、法国沿岸的四个港口、海峡群岛、拉脱维亚和东普鲁士。”

一系列的事件以迅雷不及掩耳之势发生着。

蒙哥马利正在寻求管理上的稳定。他的副司令查尔斯・斯韦尼（Charles Sweeney）记录下了他们所面临的混乱局面，尤其是在被解放的集中营里：

每个人都受够了这残酷的战争。整个欧洲都是一片可怕的混乱。来自各国的数百万无家可归、身患重病、伤势惨重的平民和士兵，以及独行的妇女和儿童游荡在马路上。他们中多数人都饥肠辘辘。我从未期待过胜利会是光辉的——除了在历史当中——但是欧洲的人间疾苦实在是令人毛骨悚然。我们解放的集中营的情况简直悲惨到无法描述。那里的人已经不是人了：他们是被剥夺了自尊的动物——他们忍受着恐吓、折磨和饥饿。我此前从未想过人类能被摧残到如此地步。对于任何一个有理智的正常人而言，这里的情形根本难以想象……

在这一进程中，蒙哥马利还夺取了艾森豪威尔本想亲自监督的事项。5 月 2 日晚，在德国投降即将到来之际，蒙哥马利的参谋长弗雷迪·德·金根将军，与其在盟国远征军最高统帅部的同级沃尔特·贝德尔·史密斯将军进行交谈。德·金根描述了当时的情形：“海军上将弗雷德堡据说会代表凯特尔元帅于 5 月 3 日前来集团军群战术司令部。目前还不清楚他来谈判的底牌是什么。”接下来便做了初步的布置：如果谈判中提出了德军的全面投降，或者确实是谈到了在 21 集团军群“战术区域”以外的任何投降，最高统帅部都会发出指示，德国谈判代表将与艾森豪威尔的代表见面。大面积领土的放弃——尤其提到了丹麦——也被明确地定义为蒙哥马利管辖范围以外。艾森豪威尔已经决定，如果这次投降变成了一起“重大事件”，那么他希望这次投降是由最高统帅部来处理，他也会“让苏联参与进来”——换言之，他希望丹麦的投降能够有苏联代表见证，就好像那天早些时候发生的意大利北部和奥地利部分地区的投降一样。

艾森豪威尔将军信任苏联人，希望他们能够在丹麦事务上派代表参与。但此时，英国首相的态度就变得尤为重要。温斯顿·丘吉尔对苏联人的企图还是有所怀疑——担心他们会借机控制丹麦。蒙哥马利在 5 月 2 日已前往波罗的海，加之他已经占领了吕贝克和维斯马，这些实际上都能够阻止苏联红军在陆地上的前进。然而，丘吉尔开始想象其他的可能性——他们可能会从海上进攻，甚至是空降伞兵来进行袭击。

5 月 3 日，军情五处的反间谍活动负责人盖伊·利德尔（Guy Liddell）向丘吉尔做了简要汇报。“我们谈论了很多有关苏联的事情。”他在日记中写道。丘吉尔十分警觉，满是担心。“他认为他们的出现会给我们带来极大的麻烦，”利德尔说，“他迫不及待地想要占得先机。”利德尔觉得时机合适，便借此表达了自己的担忧——他认为苏联想要建造一支强大的海军，并且控制地中海和波罗的海海峡。利德尔接着深入谈到波罗的海，提及曾经拦截的一则德国情报——尽管已经过去四年多了——那则情报是纳粹外长里宾特洛甫召见莫洛托夫时（在他最后一次前往柏林）说道，卡特加特海峡和斯卡格拉克海峡的控制权是苏联外交政策的关键目标。丘吉尔对此表示认同。他告诉盖伊·利德尔，他都忘记这件事了——现在想想极有意思，他自己也曾经发出过严重警告，说明迅速占领吕贝克并控制基尔运河的紧迫性。利德尔总结道："丘吉尔这么做是基于德国迫切渴望我们能够封锁丹麦的报告，他们认为苏联人可能会在该区域空投伞兵。"

考虑到这些，丘吉尔便给艾森豪威尔施压，要求丹麦要在吕贝克荒原战术投降的范围内。"首相来电话了，"据金·萨默斯比记录，"他对苏联要在丹麦着陆感到极为不安。为这个国家即将出现一个庞大的共产党队伍感到焦虑。"而事实上，苏联人也并没有在丹麦着陆，不过最终艾森豪威尔还是同意了。蒙哥马利接着便在任何苏联进军的迹象发生之前，为其首相拿下了丹麦。这么做的代价是，要在投降仪式上，将苏联排除在外。英国和苏联的关系突然之间急转直下。5 月 4 日，丘吉尔发现，他和美国共同视为波兰更广泛政府合法代表的 16 名波兰人实际上已经被苏联逮捕并被冠以蓄意破坏的罪名。这件事情从两方面让丘吉尔感到不安：一是蓄意破坏的质控本身，他相信这只是斯大林想让其反对人士闭嘴而寻找的借口；一是延迟公布消息（这群波兰人是在3月份消失的），这使得整件事情更加可疑。

罗伯特·布思比（Robert Boothby）是在旧金山负责报道此次会议的记者，他回忆起西方盟军听到这则新闻时的情景："（5 月 4 日）晚上，莫洛托夫在我们酒店的走廊里，温和地告诉斯特蒂纽斯和伊登有关波兰政府 16 名代表在华沙的遭遇，他们应美国和英国政府的要求前往莫斯科，如今都被关进了监狱。我当时就跟在他们身后——我看到他们整个颤抖起来。”

迈克尔·富特（Michael Foot）也是旧金山的一名记者。据他报道，最开始有关波兰人被捕的消息“几乎是在不经意间”说出的，莫洛托夫在一场气氛热烈的晚宴结束时漫不经心地讲了出来。“他再也不可能引起更大的轰动了，”富特说，“其效果等同于他推翻了整张桌子，并把汤泼在斯特蒂纽斯先生的笑脸上。”

尽管迈克尔·富特对苏联抱有同情心，他也不难想象这一新闻会给英美右翼的观点带来怎样的冲击：“这次事件令人震惊和悲愤之处在于，”他评论道，“苏联表面上非常愿意在世界组织当中起到更为重要的作用，但实际上却将他们最为强大的武器交给了美国国际合作的敌人。”即便是从左翼的角度来看，富特也找不到苏联如此对待波兰使者的正当理由。

但是苏联却强烈地反击了这种批评。第二天，丘吉尔收到了一封来自斯大林的言辞激烈的电报。苏联领导人明确表示，如果英国和美国拒绝承认卢布林政府的合法性，那么在波兰问题上不可能再有任何形式的谈判。在斯大林看来，那16名波兰人与波兰抵抗军联系紧密，他们在谋划破坏苏联军事设施的活动。因此，对他们的逮捕是事出有因的。西方同盟国和苏联之间如今已经有了很深的隔阂。

伴随如此令人担忧的国际形势，确保在吕纳堡的投降能公正地实施就显得尤为重要。但是，有些非同寻常的事情正在发生。在蒙哥马利战术司令部签署的英文版本的投降协议包含一则关键性条款。条款清楚地说明：“德国在荷兰、德国北部、石勒苏益格－荷尔斯泰因和丹麦的全部武装力量都应无条件向第 21 集团军群总司令投降。”但是在英德双方交谈之后，邓尼茨政府制作了德语版本的投降协议。

邓尼茨的版本——也就是后来在弗伦斯堡政权时期广为流传的版本——与原来英文的版本有着诸多不一致的地方，而英文的版本理应为官方文本。德语版中并没有提及无条件投降，而仅仅是“在英国和德国最高司令部之间的休战”。英文版本中关于“投降范围包括在指定区域内的所有军舰”的表述，在德语版本中这一范围仅仅暗指直接对抗英国的行动，针对苏联的行动则不在此范围内。最后，依据德语版本，投降并不适用于基尔湾和德国－丹麦边境的区域，这一区域正是邓尼茨的弗伦斯堡政府所在地。

5 月 5 日，德国陆军元帅凯特尔宣告了他们支持性的决定，他坦率地说：“我们在德国西北部、丹麦和荷兰放下武器，是因为我们发现同西方大国的斗争已经没有任何意义了。但是在东方，我们的斗争将会继续，解救出尽可能多的德国人，使其逃脱被苏维埃化和被奴役的命运。”

戈特洛布・彼得赫曼是在库尔兰的一名德国士兵，他回想起当时与蒙哥马利签署的协议被描述成是与西方的停战协定，目的是为了允许士兵和平民逃离苏联人的控制。随后，从这一区域的撤离行动加快了。

这种令人担忧的态势加剧了苏联的恐慌，他们担心英美和德国之间可能会进行部分投降的谈判，结束德国在西方的敌对局面，但允许其在东部继续战斗。5 月 5 日晚上，苏军攻占了位于布雷斯劳西南方向 30 英里的佐布坦。德国陆军元帅舍纳尔组织了一次反攻，并夺取了该地。这是德国在战争当中的最后一次进攻。这次行动并没有实质性的战略意义——德国中央集团军正在向西撤退。但它却具有一种强有力的象征意义：东方的战斗还将继续。至于战斗会持续多久，还有待观察。

纳粹党卫军中尉海尼·柯纳尔这样描述此次行动：

5 月 5 日夜里，我们凶猛的高射炮火如雨点般打向毫无防备的苏军。他们完全没有料到我们能有这样强大的火力。早上 6 点钟左右，炮火逐渐平息了，我们在佐布坦的步兵团接着发起了攻击。他们从三个方向进攻，从集结地经南面、东南和西南方向进入镇子。前进的道路阴森森的可怕。苏军伤亡惨重。到了上午 11 点钟有消息传来：佐布坦已经在我们手中了！

苏联中尉叶甫盖尼·莫纽西科（Evgenny Moniushko）当时就在镇上：“我们经过了佐布坦大部分地区，但是当我们到达其南部郊区时，便受到了德国佬们猛烈的炮火攻击，他们盘踞在最顶头的几所房子里。接着，当我们正设法驱赶他们时，其他的德国佬出现了，在我们的侧翼发动袭击，并从东西两侧进入镇子里。就在我的眼前，一名努力想要攻下德军的一处进攻点的重机关枪手，直接被炮火击中。不久后，我们接到了从镇子撤退的命令。”

吕纳堡荒原发生的一切，将蒙哥马利的名誉凌驾于大同盟的安全之上。德·金根将军的记录显示，蒙哥马利对战俘的总数目十分着迷。人数越多，他越能使其他人黯然失色：意大利的亚历山大元帅，还有他自己在兰斯的首长艾森豪威尔。为了扩大他的数字，本应向苏军投降的德国军队——包括哈索·冯·曼陀菲尔将军的第 3 装甲师和库尔特·冯·蒂普尔斯克瑞奇将军的第 21 集团军——都被列入其中。德国的高级指挥官、军官和士兵们大部分都向英国第 21 集团军群投降了——尽管这与蒙哥马利在吕纳堡作出的声明背道而驰。蒙哥马利准备好了接受与苏联对抗的德军的投降。不管双方当时究竟是如何达成一致的，在那时被描述为停战的无条件投降毫无疑问将会制造诸多问题。

5 月 4 日晚上，在战争中止后，英国部队应该固守阵地。但是 5 月 5 日早上，他们的特种部队占据了德国城市基尔，距离停战线以北 60 英里。英国占据了造船厂和至关重要的瓦尔特工厂（其拥有潜艇推进系统的技术）——与苏联的关系进一步恶化了。

5 月初，托尼·希伯特少校就被命令指挥一支目标部队，其目标就是为了抢在苏联人之前夺取造船厂和基尔的工厂。目标部队是盟军最高司令部在诺曼底登陆之后设立的，为的是“确立、保护、守卫和挖掘有价值的特别信息，包括文件、设备和可疑人物”。目标部队为轻武装部队，行动高度机动。希伯特少校已从第 5 皇家团和第 30 突袭队中招募了 200 人左右，还会有50名科学家坐着吉普车和装甲车与他们一道。在吕纳堡投降之后，尚不清楚停战指令是否被无视或被废除，但是在5月5日早上7点，这队伍还是出发了，并朝着基尔全速前进。

目标部队的战斗日志作了如下记载：

从巴德塞格贝尔格出发，整个路程充满怪异。所有战斗的痕迹都已被丢在身后——路的两边没有任何方向标识，路上没有任何车辆的踪影，没有狭长的战壕，最糟糕的是，也没有任何白色的旗帜。偶尔有一两个带着装备的德国士兵，还在路边与我们努力战斗，但除此之外，没有任何其他人出现。我们路过的每一片树林都可能有还未收到停战命令的零散的德国连队。我们指挥官的吉普车驾驶员看到了几个德国人在我们的车辆路过时冲进了树林——这也许是因为我们队伍正以忽快忽慢的奇怪速度行进而造成的。

我们路过德国武装警卫的营房，他们与我们表面看上去的一样漠不关心。马路上难民们蜂拥而至，他们刚刚从集中营中被释放出来。他们看到有英国的部队，欢呼着向我们招手，时不时地，道路还会因为他们的兴奋和狂喜而发生拥堵。

上午10点，目标部队抵达基尔。这里已经是在德军驻地60英里以内的地方了，这里没有办法进行任何无线电联络，整个部队只能依靠自己。日志继续记录道：“在这个阴雨绵绵的周六早上，站在基尔的市中心指挥我们这一小拨部队向各自的目标前进，实在是种奇怪的经历。那里的平民们瞪大眼睛看着我们——但当我们看到德国的士兵、海员、警察和消防员们都还带着武器时，我们的眼睛睁得更大了。”

其中有一个名叫玛格丽特·恩格尔的平民。她回忆起当时英国部队进入基尔的场景：

“几辆车子开过霍尔斯滕大桥，来到了中央广场，整个闹市的街道一片荒芜。他们径直在旧市政厅前停了下来。我对一件事情感到非常震惊。英国人在他们的车上停留了一会儿，放松了一下——就好像他们正在参观游览一样——抽了根烟以后，他们跳下车，走上市政厅的台阶，要求我们的城市投降！”

目标部队的日志接着简短地写道：“希伯特少校走向海军学院，并掌管了那里。”

当托尼·希伯特少校的吉普车在基尔的海军学院前停下时，他的制服凌乱不堪，腿上还绑着笨重的石膏（这是他在跨越莱茵河遭遇的一起车祸的结果）。他只有司机作为支援。

一名机敏的海军军官站在台阶上，用蔑视的眼光看着我。我发现他正拿枪指着我。我当时手上并没有武器。

因为他是名海军少校，而我只是一名陆军少校，我便向他敬礼，并用德语说“早上好”。我迎着他的枪口，并用德语告诉他，他不应该杀我。接着我用英语说道：

“长官，我是来帮助您结束这场残酷的战争的，不过我得请您帮我走上这该死的台阶，并带我进您的办公室，然后我们才能谈谈具体怎么做。”

德国人大笑起来。他帮助希伯特走向楼梯，并抱歉地说自己的办公室在楼上，他们可以就用底层的房间。接着，他便给弗伦斯堡打电话，并要求接通邓尼茨上将。邓尼茨对英国人突然出现在基尔感到十分惊讶，但尽管如此，他也要抓住机会。他确认了在吕纳堡的投降协议，并指示，基尔所有的工厂、码头、舰船和 U 型潜艇都将投降于希伯特的小部队。这是一场虚张声势的冒险，而且也为英国赢得了基尔，但却使他们与邓尼茨政府更加纠缠不清。

英国媒体和大众对这些细节并不知情。他们都在为蒙哥马利的胜利而欢欣鼓舞。这场精心设计的公关活动，似乎已经把战争拉到了终点线跟前。

但是，这样的胜利，也夹杂着个人的悲剧。5 月 5 日，蒙哥马利尤为器重的防空指挥官查理斯・斯文尼（Charles Sweeney）在押送德国投降代表团的途中遭遇车祸身亡。斯文尼从战争的一开始便陪伴在蒙哥马利左右。当温斯顿・丘吉尔和阿兰・布鲁克子爵就 1945 年 3 月跨越莱茵河行动拜访这位陆军元帅时，斯文尼回忆起最后他们一起吃饭的场景，那是 1940 年 6 月在布莱顿的一次晚宴，敦刻尔克大撤退之后仅几周内：

“外面一片黑暗，”斯文尼说，“我们几乎不敢向海上望去，生怕看到海平面上出现德军的入侵战舰。我记得首相粗声粗气、满是愤恨地说：‘我们绝对不能、绝对不能允许他们踏上英国国土一步。’但当时我们只有一个全副武装的师，根本无法与德军抗衡。现在，5 年过去了，我们正在跨越莱茵河。”

斯文尼还记得一次有蒙哥马利、丘吉尔和布鲁克共同出席的教堂礼拜。“后来温斯顿发表了一次出色的演说，”他说，“那时的英国还在漫无天日的黑暗中独自对抗纳粹德国。他相信，自从那些日子以后，除了我们在战争方面的努力以外，还有其他东西在指引着我们——那便是我们为之奋斗的事业的公正性。丘吉尔说，如果 1940 年有人问他我们是否能赢，他会承认他一点也没有把握，但是可能会有奇迹发生！结果确实有事情发生了——德国入侵了苏联。”

5 月 5 日，斯文尼留下了一封只写了一半的给妻子的信——信中充满了希望：

这是第一次我能说出我在哪里了——吕纳堡荒原。这里会在今后成为一个历史古迹，不过对我来说，这儿现在就是个冷风嗖嗖的破地方。

昨天，投降协议已经在司令部签署了。这种美妙真是难以言喻。德国军队彻底被打败了。最后这些天过得好极了——路上到处都是德国士兵，成千上万。我们联系了苏联军队——先联系上了第 6 空降师，幸运的是，我是他们的联系人，所以我便来到了联络点与他们领头的部队见面。这是令人激动的时刻。昨天我在第 6 空降师总部参加了一个聚会，其中还有一些苏联的将军。一瓶瓶威士忌很快就空了……

看到整个德国军队完蛋实在是振奋人心：枪支、运输工具、机场、飞机、船舰——一切都在我们手中了。德国人很害怕苏联人，所以他们向我们投降，以此来逃避他们。可是我却对我所见到的苏军印象不错。

他的遗孀被告知："查尔斯的坟墓在吕纳堡荒原，与签订休战协议，为欧洲带来和平的地方，仅几步之遥。"

06. 布拉格

1945 年 5 月 5 日

到了 5 月 5 日，第三帝国余下的部队走到了十字路口。邓尼茨统领下的第三帝国向在吕纳堡荒原上的英国陆军元帅蒙哥马利投降，希望能够在西方进行谈判，同时继续在东方战斗或是撤退。布拉格就在这一策略中起了关键性作用。布拉格目前被一支纳粹国防军的卫戍部队掌控，这样才使得德国陆军元帅舍纳尔拥有了从苏联红军手中解救中央集团军，转而向西投降美军的空间。

布拉格是欧洲最后一个尚未被解放的首都城市，正好位于前进的美军和苏军之间。5 月 4 日，乔治 · 巴顿将军的第 3 集团军收到命令进入捷克斯洛伐克，但被严禁越过皮尔森以东。苏联的乌克兰第 4 方面军已经进攻到捷克斯洛伐克东南部的奥洛穆克附近。他们目前处于休战状态，与抵抗者僵持着——尽管他们有能力给对方施压，并继续向西推进。伊万·科涅夫的乌克兰第 1 集团军正计划从背面入境，解放布拉格，促使德意志中央集团军撤退。乌克兰第 2 方面军将从南方执行同样的计划，用两只苏军的铁钳将纳粹国防军夹击在中间。这是苏联在战争中最后的主力部队了。

捷克斯洛伐克是德国在欧洲占领时间最长的国家，也因此而饱受苦难。纳粹党分割了这个国家，占据了说德语的苏台德地区，在斯洛伐克建立了支持法西斯的独立共和国，并将余下地区重新命名为波西米亚与摩拉维亚保护国。德国人在捷克的土地上大开杀戒——尤其是在希特勒的亲信莱茵哈德·海德里希（纳粹党卫军将军，也是该区域残暴的代理总督）在布拉格被两名捷克抵抗战士暗杀之后，德国人展开了疯狂的报复性屠杀，成千上万的捷克人因此丧命。

这起暗杀事件是由英国特别行动队策划，经捷克流亡政府同意，并得到了布拉格新成立不久的地下反抗组织的支持。1942 年 5 月 27 日早晨，被选中的小组已经做好准备，埋伏在海德里希从他家到工作的市城堡的途中。有的负责放风，两名暗杀者——约瑟夫·加比奇克（Josef Gabcik）和詹·库毕斯（Jan Kubis）——藏身于一个急转弯处，因为在这儿他的车子一定会放慢速度。这名总督极为自信，每天都开着敞篷的梅赛德斯去工作。然而，在这千钧一发的时刻，加比奇克的冲锋枪却卡住了，因此库毕斯便向车内扔了一颗手榴弹。尽管海德里希在这场袭击中只是受了伤，但他却因伤势过重于一周后的 6 月 4 日身亡。

纳粹党展开了可怕的报复。有 5000 多人被屠杀，两座捷克村庄付之一炬。两名暗杀者——加比奇克和库毕斯——

以及余下7人小组遭到地下运动内部的一名告密者出卖。6月18日，他们的藏身之处——位于布拉格的西里尔与梅多德教堂被纳粹党卫军包围。其中3人在教堂主要位置被杀，其余4人在地下室英勇奋战，与数百名党卫军士兵激战长达14小时。随着他们弹药即将耗尽，4人最终选择自杀。

这次刺杀成为一个标志性的转折点。英国和法国政府宣布退出1938年9月签署的慕尼黑协定。该协定将苏台德区割让给德国，并承诺在战争结束后将该区域归还给捷克斯洛伐克。

纳粹党卫军——将海德里希视为纳粹事业的烈士——在柏林为这位已故的将军举行了盛大的火把送葬仪式，并永不饶恕布拉格。而捷克人——除了被残暴地报复以外——也从对战败和耻辱的麻木当中苏醒。海德里希曾经说："这些人需要经常被打击和羞辱。"海德里希的死唤醒了这群被压迫的人，他们站起来反抗纳粹的统治，并向纳粹党展示，他们并不是一个应该被奴役的国家。1942年6月，那些暗杀者在西里尔与梅多德教堂战斗到生命最后一刻的勇气，已经成为1945年整个布拉格城市的勇气。

一个决心要推翻德国压迫和纳粹党卫军残暴行径的民族，一个决心要铲除最后一点反抗势力的民族，就意味着捷克斯洛伐克很可能成为纳粹负隅抵抗的最后一站。一个英国平民在希特勒死后的评论就清楚地指明了这点："我担心纳粹党会继续在捷克斯洛伐克战斗，并且在那里背水一战——目的是为了创造他们从未放弃战斗的传说。若是这样，我怀疑最后只能由苏联来确保余下的部队接受无条件投降了。”

捷克人民也有着要挣脱德国束缚的强烈欲望——不仅在首都，在其他城市亦是如此——而不是干等着被解放。捷克的地下运动其实已有所准备，但从 1945 年 5 月初在首都和其他城镇开始的人民起义却大部分是民众自发的行动。

5 月 5 日午时刚过，在布拉格市中心发生了一起争夺广播大楼的混战，12∶33，广播播出了一条戏剧性的呼救信息：“呼叫所有捷克人！请求紧急援助！呼叫所有捷克人！”

由于美国人现在也在国内，而且能够收听到布拉格电台，这条消息又用英语广播了一遍——这是二等兵威廉姆·格雷格（William Greig）发出的，他是从捷克边界的一个集中营里逃出来的苏格兰战俘，于 5 月初逃到了布拉格，如今想为起义做点贡献。

“布拉格现在很危险，”格雷格说，“我们迫切需要所有盟友的帮助。请立刻派坦克和飞机来支援，帮助我们保卫城市。”

威廉姆·格雷格只是这场起义的英雄之一。那天下午，他和他的朋友汤米·沃克斯（Tommy Vokes）中士（也是一名在逃战俘）发现他们被一个德国反击小队围困在了一所旧时的教学楼里。他们的弹药快要用完了——而外面则有超过一百名纳粹党卫军士兵。格雷格和沃克斯只能假装恐吓对方来寻求生机。他们穿着英国的军装，要求与纳粹党卫军指挥官通话，并告诉他，他们是英国伞兵部队的先锋，盟军的 3 个师将会在明天到达。这名军官被他们唬住了，同意停火。

在这次惊心动魄的表演之后，格雷格回到了广播大楼，又代表起义军发出了多条英文广播。他的这些做法，也为他在日后赢得了捷克军功十字勋章。

5月5日晚上，将近3万名布拉格市民加入了起义当中，超过1000条路障被推倒。布拉格的确在致命的危险当中。英国人截获了一条德国陆军元帅舍纳尔发出的讯息，要求在附近的德国军队“用最为残酷的手段”镇压起义。

美国如今正占据着快速夺取布拉格的最佳位置，前提是如果他们想要这么做的话。美国第3集团军第64装甲营中尉乔治·皮克特写道：“布拉格是捷克斯洛伐克的巴黎。所有的道路——政治的、文化的、历史的——都通向这座城市。占领它将成为我方的一次重大成功。”

第3集团军指挥官乔治·巴顿将军在5月5日的日记中写道:“布雷德利将军会告诉我皮尔森的停止线是否是强制的。从已经占领布拉格的爱国者们发出的无线电报告来看，我认为应该继续向前去帮助他们。显然，第3集团军将要发起战争的最后一次进攻。”

艾森豪威尔对此却十分谨慎。5月4日，他与苏军参谋长阿列克谢·安东诺夫将军沟通，在美国第3集团军占领皮尔森后，他们应该可以前进至布拉格西郊。安东诺夫提出反对，要求艾森豪威尔“不要让在捷克斯洛伐克的美军向东越过最初划定的界限”，用他的话来说，其目的是为了避免“引起部队混乱”。经过一番考虑后，艾森豪威尔接受了安东诺夫的提议。巴顿将不会越过皮尔森以东，也不会踏足布拉格半步。

夺取布拉格变成了一个政治问题。1945 年 4 月底，温斯顿 · 丘吉尔便提出，美国应当拿下这座城市。苏联也并没有不允许这种做法的一致意见，英国首相直接给杜鲁门总统发了电报：

“毫无疑问，你们的部队解放布拉格，如同解放捷克斯洛伐克西部领土一样，会给这个国家的战后情况带来巨大转变。”丘吉尔说，他完全清楚捷克的流亡政府是亲苏的。“但是，”他继续说道，“如果西方盟国不能在解放捷克的事情上起到主导作用，那么这个国家将会走上南斯拉夫的老路。”

铁托的共产党游击队将会在该国建立新政府。丘吉尔清楚南斯拉夫对的里雅斯特的主张，以及陆军元帅亚历山大和铁托之间令人不安的僵持。他最后说道：“当然，艾森豪威尔的这一举动绝对不能干扰他对德国的主要行动计划，但我认为以上的这些政治上的考虑应该引起他的注意。”

丘吉尔的这一提议是正确的，而杜鲁门缺乏政治经验在此便显露出来。杜鲁门一贯听从乔治 · 马歇尔将军的意见，而马歇尔将军又听从艾森豪威尔将军。5 月 1 日，艾森豪威尔将军申明：

苏联总参谋部现在已经完成了进入伏尔塔瓦河流域的行动。在现在的情况下，我所有的注意力都集中在剿灭余下的任何有组织的德国军队。然后，如果确实需要进入捷克斯洛伐克，若情况允许，我们合理的初步行动也将集中在皮尔森和卡尔斯巴德。我不会冒险去做任何我认为是军事上不理智的决定。

艾森豪威尔将军有些太过于谨慎了。不过，在艾森豪威尔简短的报告后，杜鲁门只是加了一句:“这与我的意见相同。”丘吉尔讥讽道：“这看上去是决定了。”

丘吉尔如此总结此事的结果：“艾森豪威尔的计划是要在易北河西岸，沿着 1937 年捷克斯洛伐克边界停止前进。若情况允许，他会继续越过这条线，到达卡尔斯巴德－皮尔森－布杰约维采一线。苏联人对此表示认同。”

起初，不论是艾森豪威尔还是马歇尔都不太热衷于进攻布拉格。他们两个都深知，还有太平洋战争需要打赢，所以都想尽可能减少美军伤亡人数。相比确保到达一个“政治”目的而言——这也是布拉格被如何看待的——盟军最高指挥官更想彻底毁灭德军余下的主要力量，防止纳粹建立最后的战场。

有关民族堡垒的幻想依然有抬头之势。美国仍然担心纳粹党会在阿尔卑斯山深处精心设立一系列战斗堡垒。而事实上，纳粹党卫军和国防军最大的集中地并不是在什么阿尔卑斯山的堡垒，而是在捷克斯洛伐克东部。

攻占布拉格会切断这些军队的一切逃脱路线。如果艾森豪威尔利用了易北河这条关键河流作为美军和苏军在德国的分界线，那么流经捷克首都的伏尔塔瓦河将为他在南方提供同样的机会——但遗憾的是，这种机会将错失。

几天后，艾森豪威尔将军变得更加乐观。所谓的“民族堡垒”如今被证实大部分都是虚妄的臆想，德国的抵抗力量正在崩溃。5 月 4 日晚上，艾森豪威尔下令于第二天入侵捷克斯洛伐克西部。他也向苏军总参谋部提议，将要执行该项行动的美国第 3 集团军可能会继续向伏尔塔瓦河一线前进。这对最初势力范围的扩张几乎是将捷克首都交到了美国手中。

但艾森豪威尔太过犹豫。苏联第二天便坚定地做出回应。他们要求盟军最高指挥官恪守先前商议好的停战线不变，美军应以此为准，不再越过皮尔森向东。安东诺夫将军引用英军越过苏联在维斯马的前进线为例——说明避免混战和友军火力误伤事件的重要性。在这种实际的担心背后，充满了对德国在吕纳堡荒原宣告的停战协定的怀疑，该协定将使得战争在东方继续进行。苏联如今想要看到西方盟军是否能够信守承诺。艾森豪威尔意识到，相比划定分界线而言，其他做法将会带来更大的风险，因此便同意了他们的要求。

捷克斯洛伐克的未来并没有在 1945 年 2 月的雅尔塔会议上真正讨论——那里没有划分任何政治或军事上的势力范围。但是斯大林始终清楚夺取布拉格的重要性。他将夺取布拉格视为苏军进攻东欧的高潮。他知道这场战役会为他赢得重要的终止资本，能够进一步扩大其影响力，而且极有可能在战争结束后，在该国建立起亲苏政府。他下定决心，让苏联红军在东线摧毁最后的抵抗力量——德国中央集团军。他也愿意以牺牲士兵的性命为代价来达到这些目的。而西方盟国的战略里却没有这种鲜明的态度。

5 月 5 日，美国第 12 集团军群的奥马尔 · 布拉雷德利将军已与乌克兰第 1 方面军的伊万・科涅夫元帅（在后者位于托尔高东北方向大约 30 英里处的总部）进行了会面。这次会面是友善的。布雷德利将军准备好了要交换的礼物，他带来了一辆崭新的吉普车，刚刚从安特卫普卸载，车身还被他的士兵们喷上了致敬科涅夫的问候。“车子的一侧挂着手枪皮套，里面是一把闪闪发亮的崭新的卡宾枪，”布雷德利回忆说，“工具箱里塞满了香烟。”

科涅夫元帅也作出了回应。“我为布雷德利准备了一份私人礼物，”这位苏联指挥官说，“这个礼物便是我的坐骑。自从我 1943 年夏天出任草原方面军指挥官以后，这匹马便一直跟随着我。它是一匹俊俏的、训练有素的顿河种马——我诚心诚意将它献给布雷德利。似乎，这位美国将军也是发自内心地喜欢这份礼物。”

然后便是丰盛的晚宴，席间不乏高谈阔论，觥筹交错。晚宴过后，在另一个房间里，乌克兰第 1 方面军歌舞团唱起了两国的国歌，接着表演了俄罗斯民间舞蹈，并演奏了美国乐曲。布雷德利为科涅夫颁发了一枚美国奖章，也获赠了一面红旗。不过，在这些友好的表面下，仍然隐藏着紧张的压力。

布雷德利将军也向科涅夫展示了一张地图，地图上标出了美国在欧洲所有军队的部署情况。这位苏联指挥官对此并没有回应。他指向捷克斯洛伐克，并问美军打算继续前进多远。布雷德利告诉他，他们会在皮尔森停下。接着便是一段尴尬的沉默。接着，美国将军继续说，他们希望能够帮助苏军解放布拉格。科涅夫笑了。“不，”他说，“没有这个必要。”

听闻布拉格起义后，科涅夫元帅将其对捷克的进攻提前了一天，但实际上，苏军不到5月9日早晨前根本到不了该市。在此期间，该市必须得自我保卫。

苏军最后的进攻是一次大规模作战，覆盖了从波茨坦到多瑙河的军队。尽管此次作战涉及3个乌克兰方面军（第1、第2和第4方面军），斯大林还是将进攻的总指挥权交给了科涅夫元帅。朱可夫已经得到了攻取柏林的荣誉，所以这位苏联领导人觉得，科涅夫应该获得夺得布拉格的殊荣。科涅夫已于5月4日下令发起进攻。整个作战分为3次袭击，相互交错进行。

科涅夫将亲自于5月6日从德国里萨市周围发起进攻，大致位于莱比锡城和德累斯顿市之间。首要目标是夺取德累斯顿，进而获取通往布拉格的公路通道；其次是要控制厄尔士山道，那是前往捷克首都的主要障碍；再者便是要让坦克和车辆全速前往布拉格市。里萨距离布拉格有134英里。科涅夫估计，如果一切进行得顺利，这最后的一次大规模进攻可以在5月8日的晚上进行。

为了支持科涅夫主要的进攻，5月7日将发起两次助攻。费奥多尔·托尔布欣元帅带领的乌克兰第4方面军将会向德国在奥洛莫乌茨的据点前进，大约位于布拉格以东174英里。罗季翁·马林诺夫斯基元帅的乌克兰第2方面军将从布尔诺前进，大约在捷克首都东南方向130英里的位置。

随着这些准备展开，一切都似乎是过去的重演。1944年8月，苏联红军在前往波兰首都时，突然陷入了后勤供给不足的困境。供给的问题也许是真的，但也恰好迎合了斯大林的政治目的，他想在德军残暴地镇压华沙的人民起义时，等在华沙以外，因为此次起义是由反对苏联及其傀儡卢布林政权的势力组织的。德军刚一重新掌握控制权，苏军的后勤供给问题也很快解决了。

但是布拉格不是华沙。这次的起义并非是由苏联引导的游击队发起。尽管这次叛乱的发动者们曾在波西米亚乡村积极干扰德国军队，但是捷克国家委员会是亲苏的，而且其副主席——共产党人约瑟夫·斯姆尔科夫斯基（Josef Smrkovsky）很快便成为委员会的核心人物。斯大林知道，如果他能够让美国人迟疑，那么他也还是能有机会拿下这座城市。科涅夫元帅对其部队的命令很明确地表达了速度才是关键：所有的编队都需要保证每天前进 20~30 英里，战斗疲劳和旅途疲惫都必须克服。正如科涅夫在战后对苏联军官致信中强调的那样：“布拉格行动的胜利在于我们能够按计划执行行动，防止我们的（西方）盟友进入捷克首都。当时的情况下，他们很可能会成功。向布拉格前进的命令源于我们的政治和战略目标，即加强我们与捷克人民的联系，并在战后的欧洲建立一个有利于我的局面。”

此次进攻以及协作行动的总体目标却并不是夺取布拉格，而是要保证苏军能够大规模地抵达捷克斯洛伐克西部，阻止德国中央集团军向美军投降。夺取捷克首都是实现该目标的一种方式——乌克兰第 1 方面军本身就以坦克和摩托化编队而著称，所以在这次进攻当中起主要作用。不过，一旦叛乱发生，这些叛乱者则不得不坚持同纳粹国防军和党卫军周旋至少 5 天的时间，才能够等到苏军的支援。

这些叛乱者主要的希望还是美国人。如果美国人进入捷克斯洛伐克西部，那么他们将更为接近捷克首都，德军对于他们的抵抗也就更加薄弱。然而，乔治·巴顿将军并不想拿下布拉格——虽然他能够迅速做到这一点。巴顿是一名颇具英雄色彩的、有些虚张声势的指挥官，他对于迅速移动的战争十分着迷。他和他的第 3 集团军是因在 1944 年夏天戏剧性的诺曼底登陆战而抓住了公众视线的。作为一名天生的表演者，巴顿精心设计了一个与众不同的、闪闪发光的形象——他别着象牙色的手枪皮套，里面是一把镀银的左轮手枪，仿佛一个神枪手一般。巴顿将军是个特立独行的人，他拥有出色的军事天赋，但同时也较为冲动鲁莽。

一名第 3 集团军的中尉这样评价他的指挥官，强调了他的优点："他从不会让自己的军队作出不必要的牺牲。巴顿在战场上料事如神，他的这种直觉无人能及——在第 3 集团军当中，我们都知道巴顿将军想让我们做什么，我们也相信如果按照他的指示去做，我们就一定会赢。这应该就是所谓的将才。"

其他人，在仰慕他勇气的同时，也感到了巴顿对于战争有些过分热爱。他们给他取了个外号——"血胆将军"，并这样评："这是我们的血和他的胆！"

战争即将结束之时，艾森豪威尔将军已经同乔治·巴顿作为朋友和战友度过了 26 年。1943 年在西西里岛的医院里，两名士兵正在经历战斗休克，而巴顿却扇了他们的耳光，这件事使得巴顿遭遇了事业上的危机，是艾森豪威尔拯救了他。这则消息传出去后，在美国引起了轩然大波——很多人都认为巴顿永远都不可能再在军队指挥层立足。艾森豪威尔忠于自己的朋友，并把他带回到了指挥所。作为回报，巴顿在战场上充分发挥其指挥才干，并捷报频传。艾森豪威尔将军这样描述他："巴顿天生就是一名军人，也是一名不可多得的战斗领袖。他的勇敢无畏和鲜明个性，鼓舞着他的士兵们创造了无数英勇事迹。他的出现让我确信，即便是最大胆的计划，也会被以更为大胆的行动来执行。毫不夸张地说，巴顿的名字本身就能够让敌人不寒而栗。"

这是极高的赞誉。德军当然惧怕巴顿，但是在美军内部，他却是一个颇具争议的人物。1943 年在西西里岛，巴顿将军故意不理会其上级的命令。布雷德利将军说，在掌掴事件发生后，如果他当时是总负责人，那么他一定会开除巴顿，并且不再与之有任何瓜葛。巴顿对他的部队时常出言不逊，言语中不乏咒骂致辞——尽管他的强硬和直接也是一种优势，但他的表达还是会显得态度生硬、麻木不仁。在诺曼底登陆前不久，他的一次发言引起了公众的巨大骚动。他说，英美两国将会主宰战后的世界，而并非苏联。巴顿对这番失慎的言辞似乎还颇为得意。

巴顿的领袖气质自然会让其士兵们士气大增——并且促使他们一直向前。在艰苦对抗德军的阿登反击战中，位于巴斯托涅的美国指挥官——陆军准将安东尼·麦考利夫被德军下最后通牒，想使其投降。当时麦考利夫的兵力严重不足，但他的坚守却至关重要。他对纳粹国防军蔑视地用一个字回应："呸！"巴顿决定去为他解围，他告诉自己的士兵："任何拥有如此口才的人，都值得被解救！"

但是，他的集团军群指挥官奥马尔·布雷德利将军——这名出色的战略规划师一贯沉默寡言而有条不紊——却并不信任巴顿的这种大胆浮夸的领导方式。他感觉到了一丝个人的野心——对于荣誉的渴望——在背后驱动着："乔治是这样的一个精明的表演家，但他却没能抓住战争中士兵们的全部心理。"布雷德利说："对于一个每天都被死亡拉扯的人来说，他所在的世界必然充满了恐惧和担心。他会逐渐对那些炫耀华丽命令的人感到厌恶。"

巴顿将军是个复杂的人。对于普通的美国大兵而言，他的存在令人倍感鼓舞和振奋，但在美国高级指挥官阶层当中，他却是个我行我素、不计后果之人，也从未晋升到比陆军司令部更高的阶层。虽然艾森豪威尔对巴顿颇为钦佩和赏识，尽管有时候也会被他的行为激怒，但是他真正尊重且愿意倾听的却是布雷德利的意见。

1945 年 5 月，乔治·巴顿变得愈发多变和古怪。他的反共产主义情绪也愈发令人担忧，他把苏军称之为"蒙古人"，并隐晦地表示要与这个美国的新危险抗衡。他还公开地表达了对那些与德军共同对抗布尔什维克政权的"白党分子"的同情。从技术层面来看，乔治·巴顿是夺取布拉格的理想人选，但是从政治立场来讲，他便是个即将发生的意外。

巴顿将军这些极端的观点在他与美国战时副国务卿罗伯特·帕特森（Robert Patterson）在奥地利东部的一次非同寻常的讨论中便体现了出来，那次讨论是在5月7日，当时他们距离捷克斯洛伐克的边界十分接近。巴顿首先表达了对可预见到的苏联不遵守分界线的担心，接着谈到了美国在战后遣散部分欧洲军队的计划："我们应该擦亮我们的军靴，磨尖我们的刺刀，向苏军展示我们的力量。"巴顿对震惊的帕特森说："这才是他们唯一能听懂并且尊重的语言。"

罗伯特·帕特森回答："哦，乔治，你对这件事太痴迷了，而且痴迷太久了，如今你已经看不清大局了。"

巴顿对此毫不理会。"我很清楚现在的情形，"他反驳道，"他们（苏联）的供给系统不足以让他们应付我能给他们带来的打击。他们的供给系统不过是笼子里有鸡，还有些没宰的牛罢了。若是和我作战，就他们目前的情况来看，最多能够维持5天。到那时候，不论他们的士兵有几百万，都无关紧要。如果你要莫斯科，我就能够帮你拿下莫斯科。"

这的确是令人震惊的言论——仿佛巴顿是在提议要超过1812年的拿破仑和1941年的希特勒，并在军事史中为自己开辟一席之地。德国元首和他的许多德国将军在巴巴罗萨行动开始时，也发表过类似的高调言论。他们相信，以其军队的战斗能力，几个月就能赢得莫斯科。但实际上，他们从未到达过苏联首都。

巴顿继续道："他们从大城市来到这个小地方。那里已经没有足以支撑他们回去的资源了。我们不要给他们建立起补给系统的时间。否则，尽管我们能战胜德军并解除其武器，但我们就无法成功解放欧洲：我们会输掉战争的！”

这种救世主式的言辞令人忧虑，它与德国将军和诸多军官和士兵的想法不谋而合，因为其本质逻辑在于西方盟军应该与纳粹国防军团结一致，共同对付来自东方的敌人。

巴顿将军在军事战术上十分机敏，对战争有着出色的直觉，是一位颇具胆识和魄力的领导者。但同时，他也是一名无法预测的将军——有时候完全不负责任。他率领的军队士气高涨。在战争的最后几个月里，他们屡获战功：4 次袭击莱茵河口岸，夺取 22 个大城市，解放奥尔德鲁夫和布痕瓦尔德集中营，没收了纳粹党在默克斯村的一处金块藏匿处，并抓捕了约 280600 名德国战俘。他们甚至还找到并且拯救了维也纳骑术学校的利皮扎马种马。第 42 侦察中队的陆军上校查尔斯·里德（Charles Reed）在 4 月底赢得了这项功绩，他说："我们已经厌倦了死亡和破坏——我们想做一些美好的事情。"

5 月 4 日晚上 7:30，巴顿迎来了他在战争当中的最后一项重要任务，即进攻捷克斯洛伐克西部。布雷德利扩大了他的第 3 集团军规模，其兵力已达到 100 万人。"我们从未拥有过如此庞大的队伍，一共有 18 个师。"巴顿在自己的日记中写道。他的参谋长霍巴特·盖（Hobart Gay）少将也这样描述："这也许是在战争史上出现的最为强大的军队之一。"如今，袭击捷克斯洛伐克的绿灯已经亮起。巴顿对此的表态典型地体现出了他对军事的狂热，甚至有些令人恐惧。"我们将要做的事情会让和平变成一件可怕的事情，"他说，"再也不会发生什么让人兴奋的事情了。”

巴顿将军预料到这次机会将落到自己手里。因此，5 月 4 日早上，在命令还未发出之前，他已经让自己的装甲部队严阵以待。陆军准将约翰·皮尔斯的第 16 装甲师接到命令，将其在纽伦堡附近的占领区交给第 4 步兵师的部队，并在魏德豪斯展开部署。巴顿打算让第 16 装甲师作为先锋部队进攻皮尔森。他让其他部队也都保持战斗警戒。如此以来，命令一下达，他便能够立即做出反应，这也足以体现其突出的个人特点。

同一天，布雷德利将军把克拉伦斯·许布纳（Clarence Huebner）少将的第 5 军从美国第 1 集团军调入巴顿的第 3 集团军。那天晚上，许布纳和他的参谋们坐在一起共进晚餐。他环视房间，然后说：“好吧，让我说，巴顿将军会在 12 小时内给我们打电话，并让我们去打仗。”几分钟后，电话便响了起来。许布纳接完电话回来说：“看，我还是说错了一点。不是 12 小时，而是 12 分钟。我们要在天亮时进攻捷克斯洛伐克。”

艾森豪威尔将军一方面指望巴顿的进攻能够为其快速拿下西捷克斯洛伐克，另一方面也信任布雷德利能够阻止其更进一步的野心。5 月 5 日，巴顿的军队越过了边境。苏台德区的德国人对他们冷漠相待，但当他们踏上了居住着捷克人的土地时，他们受到了热烈的欢迎。“在我们解放的第一个捷克城市中，到处都是欢呼和庆祝，这令我们完全始料未及。”第 23 步兵团上尉查尔斯·麦克唐纳（Charles MacDonald）

写道。第12野战炮兵营上尉伯顿·史密德（Burton Smead）说："如果你停下车辆，想要再次发动就十分困难了。人们会从四面八方涌来：他们欢笑着，和你握手——把食物、红酒、鲜花和旗帜统统往你手里塞。"

最新的早间新闻报道，巴顿的部队已经到达了皮尔森，以及布拉格。这两座城市当中，美军的接近——连同头一天晚上在吕纳堡荒原的德军大投降——鼓舞了当地人起来反抗，要求纳粹国防军立即撤离。晚上，第3集团军已经占据有利位置，准备向皮尔森发起攻击。巴顿将军现在已经知道了，在捷克首都正在进行一场起义。

布雷德利将军对巴顿的意图颇为担忧，那天晚上他给巴顿打了电话，提醒他要在卡尔斯巴德－皮尔森－巴德杰维契一线停下。同时，巴顿将军的参谋长霍巴特·盖伊告诉美军第12团的欧文将军，他的任务是准备好进攻捷克首都。他下达指令，让欧文做好让第4装甲团、第5和第90步兵团发动袭击的准备。"我摧毁了余下抵抗我们的敌军，"盖伊说，"并向布拉格进军。"巴顿和他的士兵们仍然想做一些美好的事情。

美国第3集团军的先头部队如今已经到达布拉格西南方向40英里处——巴顿想要去拯救这座城市。布拉格的叛乱因美军到达捷克斯洛伐克而备受鼓舞，而美军却并不希望叛乱分子被丢到自己手里。

5月5日，从刚刚解放的斯特拉兹尼出版的军报《装甲论坛报》便抓住了这一兴奋点。报道以第4和第16装甲师取得的胜利以及攻占波罗瓦拉达、克维尔达和斯特拉兹尼开头——接着，对德国陆军元帅保罗·冯·克莱斯特，连同他焦虑的妻子，拎着25只手提行李箱向美国第3集团军投降的情况进行了特写——最后，以这样的语句结尾："布拉格现在已是几步之遥了！"

巴顿恳求布雷德利，希望他能够允许自己越过皮尔森停止线。"天啊，布拉德，"他说，"那座城市里的爱国者们需要我们的帮助。我们没有时间了。"巴顿甚至提出了一条可以让布雷德利逃脱干系的诡计——他可以让自己保持关闭通信的状态，然后在第3集团军已经到布拉格以后，再向布雷德利报告。但是布雷德利不会在未取得艾森豪威尔同意的情况下冒这个风险——而艾森豪威尔的态度是不可能改变的。

巴顿在5月6日的日记中写道："布雷德利将军打电话给我，说皮尔森的停止线是强制性命令，我们不能够在停止线东北方向超过5英里的地方进行侦查，因为艾森豪威尔将军不希望在战争的最后时期使国际问题更加复杂化。可是在我看来，像美国这样一个强大的国家，理应让其他人来考虑复杂化的问题。"巴顿式的典型风格是先行动后思考，且不计后果——他的领导力因此而令人叹服，却也十分危险。他最后说："我个人的想法是前进到莫尔道河一线，并且告诉苏联人，这里才是我想停下的地方。"

在这番坦诚的个人意图的表述之后，巴顿又进一步表达了对苏联卑躬屈膝的不满："布雷德利将军还命令我们应该停止沿着多瑙河向东与苏联接触，而是要让他们先跟我们接触。我们会在约定好的苏美界限向东大约25英里的地方停留。

我再次怀疑这么做是否明智。”

最后，他记录了一次令人喜悦的军事胜利：“今天上午10点，第16装甲师的作战指挥部已经到达皮尔森了。”

那天凌晨4点30分，美国先遣部队正在向那座捷克城市推进，由第16装甲师的第23骑兵中队B分队领路。他们发现了成群结队投降的德国军队。西捷克斯洛伐克的纳粹国防军主要是由第7集团军的汉斯·冯·奥布斯菲尔德上将统领。这支纳粹国防军由两个德国装甲师（第2和第11装甲师），一个工兵旅和一个候补军官支队组成，在诺曼底战役和阿登反击战先后受到重创。他们的补给和燃料严重短缺，这使他们已经无法再沿着捷克边境继续抵抗，只能通过设置路障和堡垒来抵抗美国人的前进。

5月6日早晨，德国第7集团军的主力作战部队，第11装甲师，在经过两天的秘密谈判以后，向美国第26步兵师投降。这在本就脆弱不堪的德军防线上又撕开了一个大口子，使得通向皮尔森的路畅通无阻。这座城市被陆军中将格奥尔格·冯·马耶夫斯基及其约1万人的部队掌控。在听说德国第11装甲师投降的消息后，马耶夫斯基明确表示，他也希望能够向美国军队投降。他的当务之急——如同他的大部分同胞一样——是要尽可能避免被苏军俘虏。德国的抵抗力量就像是纸牌屋一样瞬间瓦解，不堪一击。

早上7点，陆军上校查尔斯·诺布尔的第23骑兵中队B分队到达皮尔森郊区。这名美国指挥官原先被命令要夺取并占领城市西部的高地。但在察觉到敌军已经没有抵抗的欲望后，他决定直接进入皮尔森的市中心。诺布尔只有 2500 人——只有德军兵力的四分之一——但事实证明他赌赢了。到了早上 8 点，第一支美国部队到达了皮尔森的共和广场，迎接他们的是成千上万欢呼的捷克人，他们向解放者们报以无数鲜花和他们著名的皮尔森啤酒。美军上校霍华德·佩因特回忆道："没有人会忘记皮尔森人民在被从德军手中解放后的那种喜悦。"纳粹国防军的抵抗漫不经心。

诺布尔上校的部队很快便拿下了皮尔森机场，到了上午 10 点 30 分，德军最后的反抗部队也被扼杀。所有的目光都聚集到了布拉格。在听到第一则求助的广播之后，巴顿大胆地派出了由尤金·福多尔上尉率领的分遣队前去与叛乱者们接触。福多尔毫发无损地进入了布拉格市里，与指挥起义的军队和人民委员会商议后，又出了城。5 月 6 日早上，福多尔向巴顿进行汇报。德国卫戍部队会继续与捷克叛乱分子战斗——但他们愿意投降美军。这似乎是一个能用最小的代价夺取布拉格的黄金机遇。

甚至在他第一次进入布拉格的请求被拒之后，巴顿就开始派兵前进，他打赌艾森豪威尔和布雷德利将军仍然会同意他拿下这座城市。5 月 6 日下午，他不顾只能在前线据点 5 英里范围内进行侦查的命令，让第 4 和第 16 装甲师的先遣部队直接进入捷克首都。巴顿将军写道："美国第 3 集团军的侦察队如今已经在布拉格附近了，这标志着我们在向东前进的路上比任何一支西方军队都走得更远。"他骄傲地为自己深爱的第 3 集团军喝彩。这是典型的巴顿式作风，同时也是对盟军统帅明确指令的公然违抗。

布拉格几乎已经在美国的掌控之中了。第 69 装甲营中尉爱德华·克鲁舍斯基（Edward Krusheski）回忆，他的队伍被命令要去夺取伏尔塔瓦河上的一座桥，目的是为了保证后续部队能够进入布拉格。“我们距离城市不到 10 英里。”他说。巴顿的装甲部队只要再向前推进一步，就能够与捷克的叛乱者取得联系，进而确保布拉格的解放。

在布拉格内，人民起义已变为一场强大的爱国主义运动。安东尼·斯提卡（Antonin Sticha）在布拉格起义时是 21 岁。他十几岁的时候，被送到布痕瓦尔德集中营附近的一座德国工厂做劳工。那里的环境艰苦而可怕，经常还会有人被杀，这样的经历给他留下了对德国人以及对纳粹占领自己国家的长久的憎恨。

1944 年秋天，斯提卡从工厂逃了出来，并逃回了布拉格，在那里，他被捷克的反抗势力隐藏起来。据斯提卡回忆，1945 年 5 月 4 日下午，捷克首都的大街上已开始出现骚乱。德国宣传海报和旗帜被撕毁。那天傍晚，他还见证了这样一起事件。布拉格的居民们包围了一列纳粹俘虏火车，并企图释放其中的一些人。一名德国士兵试着向人群开火，但却被一名捷克警察击毙。人群散开了，他们担心会遭遇德国人的报复。

5 月 4 日晚上，布拉格的气氛极不稳定。有轨电车的运营商拒绝接受德国马克，并拒绝用德语报站名。捷克和盟军旗帜开始出现在公寓的窗口。街上，布拉格的市民和被缴械的士兵将落单的德国士兵包围起来。在佛苏拜司地区，一群人聚集在一起撕碎了一面纳粹国旗，并唱起了捷克国歌。

5 月 5 日早上 6 点，布拉格电台开播，这是在纳粹统治下首次用捷克语进行广播。更多的捷克国旗被挂上城市建筑，而德国的标志则纷纷被取下。正午刚过，一大群人便聚集到了布拉格市中心的瓦茨拉夫广场。国旗被展开，捷克人与德国士兵们扭打在一起。捷克地下军事委员会已经为起义准备多日，现在他们决定开始行动。正午，一个反叛者小组开着一队卡车驶向电台大楼和旧市政厅，并向沿路的德国士兵开火。

斯提卡听到了首都街道上的枪声。他意识到起义将要爆发了，他来到一个朋友家里，这位朋友的父亲正是捷克地下运动的领导者之一。德国士兵们试图硬闯进电台大楼——而电台的工作人员则设置障碍把自己死死地围在里面。12 点 33 分，斯提卡听到布拉格电台播出了一条激动人心的求助呼吁："呼叫所有捷克人！呼叫所有捷克人！请快来帮助我们。我们呼吁所有的警察、军队和政府都加入保卫电台的爱国者队伍。现在大楼外面已是枪声四起。布拉格必须保持自由！"

这是反叛开始的信号。斯提卡听说，在起义开始的时候，叛乱的领导者们召开了一次会议——他决定立刻加入叛军行列。他们建立起了小型军队，在城市中到处设置路障。

叛乱分子很快便占领了布拉格市中心的几座重要建筑：旧市政厅、电台大楼、旧市政厅广场 550 号（这里成为指挥起义的军事委员会总部），以及在圣巴托洛缪大街附近的信用社大楼，那里是捷克全国委员会（新民政管理部门）所在地。下午 2 点，这一团体宣布，纳粹的波西米亚和摩拉维亚保护国已被推翻——他们现在才是合法的政府。捷克国旗在旧市政厅上方升起。

这次起义背后的主要军事人物是 55 岁的捷克上将卡雷尔·库特瓦瑟（Karel Kutlvasr）。一战期间，他曾是捷克军团指挥官，在兹布洛瓦战役（1914 年 7 月 2 日）中凭借过人的胆识，歼灭了两个奥地利机关枪据点，获得了圣乔治的圣十字勋章。1928 年，他成为新捷克斯洛伐克国家最年轻的上将。在被德国占领时期，他曾是捷克抵抗势力的领导人物。他是一名英勇无畏且技术娴熟的军人，但最重要的是，他是一名爱国者。

1945 年 5 月 5 日，库特瓦瑟在旧城市广场发起了为夺取自由而进行的斗争。大约 25 年前，在 1920 年 2 月 2 日，他和他的士兵们列队站在这个广场上，他就同样的主题向新捷克政府的托马斯·马萨里克（Tomas Masaryk）总统和爱德华·贝奈斯（Edvard Benes）外长讲了一番话。他的话或许阐明了起义的精神所在：

非常感谢您为捷克斯洛伐克军团的将士们准备的欢迎仪式。这么多年的战斗当中，我们始终坚信，只有人民诚实、勤奋——最重要的是无私，那么这个国家才有可能获得真正的自由。

对于那些深爱着我们的国家，深爱着我们宝贵的新国家咒语解除：遭受毁坏的纽伦堡集会场看台上方的纳粹鹰和纳粹标记。

东西会面——中尉威廉·罗伯逊和亚历山大·西尔瓦什科在易北河的托戈拥抱（1945年4月25日）。

1945 年 4 月，德国中南部的瓦尔登堡，美国步兵沿着街道前进。

柏林落入苏联红军之手：1945 年 5 月 2 日，朱可夫元帅站在国会大厦的台阶上。

1945 年 5 月 2 日，英国坦克加速向吕贝克开进。

令人心惊胆战之地：1945 年 5 月，英军在卑尔根贝尔森集中营外立起的标志。

英军抵达汉堡；一辆“克伦威尔”坦克看守易北河上的一座桥。

一些驾驶马车的德国士兵，向英军投降。

1945 年 5 月 3 日，英国和苏联军队在威斯玛会合。

一名苏联坦克手和一名英国水手为胜利而干杯。

蒙特利大捷：1945 年 5 月 3 日，英国陆军元帅在吕内堡希思接见德国代表团。

一天后（1945 年 5 月 4 日），蒙哥马利帐篷里的投降签字仪式，丹麦、荷兰和德国西北部的德军正式投降。

美国战场指挥官：前排（从左至右）坐着的分别是威廉·辛普森、乔治·巴顿、卡尔·斯帕茨、德怀特·艾森豪威尔、奥马尔·布拉德利、考特尼·霍奇斯和伦纳德·杰罗，后排站在最中间的是艾森豪威尔的参谋长沃尔特·贝德尔·史密斯将军。

1945 年 5 月 5 日，美国和苏联高级军官在易北河上会面（来自苏联第三卫队坦克兵团和美国第三军）。

面对真相：一名德国妇女经过被美国军队挖掘出的被谋杀的劳工尸体。

1945 年 5 月 5 日，被美军解救的毛特豪森集中营（奥地利）囚犯。

痛苦：路上的难民设法回家

“流离失所的人”——盟军面临的巨大人道主义挑战之一。

“呼唤所有捷克人！”1945 年 5 月 5 日起义开始时，在布拉格垒起的路障。

1945 年 5 月 6 日，美国军队进入捷克斯洛伐克西部。

甘露行动：向饥饿的荷兰人民空投物资。

不可思议的救援者：1945 年 5 月 6 日，来自俄罗斯解放军（弗拉索夫率领的军队）的部队抵达布拉格起义军总部外。

陆军元帅蒙哥马利在波罗的海的威斯玛会见苏联陆军元帅罗科索夫斯基。

1945 年 5 月 7 日，纳粹德国阿尔弗雷德·约德尔将军在法国兰斯的盟国远征军最高统帅部首次签署了无条件投降协议。

错误信息：《星条旗报》特刊于 1945 年 5 月 7 日过早宣布“德国投降”。

1945 年 5 月 8 日，欧洲胜利日，大量民众聚集在伦敦白厅外聆听丘吉尔的发言。

丘吉尔向全国广播："对德战争…… 胜利告终"

“死亡之日”：1945 年 5 月 8 日纳粹党卫军与捷克起义军争夺布拉格市中心。

1945 年 5 月 8 日，纳粹德国代表陆军元帅凯特尔在柏林郊区的卡尔绍斯特第二次签署无条件投降书。

1945 年 5 月 8 日，盟军代表在纳粹德国无条件投降签字仪式现场，由苏联元帅格奥尔吉·朱可夫主持

1945 年 5 月 9 日，苏联军队解放布拉格。

1945 年 5 月 9 日，欧洲胜利日下的莫斯科。

1945 年 5 月 9 日，莫斯科的庆祝烟火。

的人，我要这样呼吁：请加入我们的战斗，让我们共同维护它的自由，让它不再是小说家和诗人笔下稍瞬即逝的愁绪，而是成为献给那些为之奋斗的英雄们的真实颂歌。

5月5日下午早些时候，保护国的护卫队和余下的捷克警察加入了起义，接着叛乱者们占领了电话局、火车站和主要的邮局。下午3点，德军试图夺回这些据点的尝试被击退。对于这些叛乱分子而言，最主要的问题是武器不足。步枪数量不足，而且在叛乱最初，能够获取的步枪都给了以前的军人或是捷克警方。这些反叛者没有坦克和大炮。而在城市周围却是全副武装的纳粹党卫军部队。

到下午4点，战斗已在布拉格全面展开。库特瓦瑟将军通过警局的通信系统来指挥叛军。在电台大楼附近，一场残酷的争夺战也已打响。德军派去了增援部队，沿着屋顶前进。他们闯入了大楼高层，库特瓦瑟派出一个警察营，试图将敌方赶出。战斗在黑暗的走廊和楼梯井激烈地进行着，最终，余下的德国士兵们被迫进入地下室，而随之一同进入的还有叛军的炸药。

这些叛乱分子之间的同志友谊、爱国情谊以及令人叹服的勇气，使得他们团结一致，密不可分，但是到了5月5日，他们已经没有武器了。当天傍晚，安东尼·斯蒂卡和其他几人一起被派出执行侦察任务，他们来到一个据说是被德军驻卫的工厂。他们希望那里的德国人在数量上不占优势，然后便可以没收他们的武器。但纳粹国防军在实力上处于上风。

于是，斯蒂卡返回了路障。

“现在有一股支持起义的巨大浪潮，”让·斯瓦辛那（Jan Svacina）说，“但武器太少了。我和几个朋友在一块，我们很想加入。我们从一个叛乱队伍到另一个队伍，想要找几杆步枪。那天晚上的主要活动就是在建筑周围设置路障——每个人都来贡献了些力量。”

5 月 5 日晚，在叛乱的最中心——旧市政厅中，数百名捷克防卫者仅仅拥有 20 把步枪、40 把手枪和 2 架轻机枪。

卡尔·冯·皮克乐－贝格豪斯（Carl von Pückler-Burghaus）将军是波西米亚和摩拉维亚纳粹党卫队军的指挥官。当天晚上，他发表了首次作战报告：“我们有若干人员伤亡——叛军士气高涨，出乎意料地顽强战斗着。”皮克乐－贝格豪斯下定决心要摧毁叛军，他开始将纳粹党卫军部队集中到城市的北部和南部。那天下午，纳粹党卫军便开始了他们的暴行，手无寸铁的平民人质在布拉格的孟德尔桥被射杀。接下来的几天里，他们又在主要的火车站、城堡以及潘克拉克郊区进行了一系列大屠杀。捷克人民被党卫军从防空洞里拖出来肆意残害。受害者当中还包括妇女和儿童。

当晚，皮克乐－贝格豪斯派人去增援。部分帝国党卫队师团从波西米亚北部被召集。一个有 60 辆坦克和装甲车组成的战斗群从距离布拉格大约 20 英里的米洛维采被调入。“华伦斯坦”党卫师团在距离捷克首都东南方向 22 英里的贝内绍夫被调动。前半夜，一切都还寂静无声。接着到了 5 月 6 日凌晨 3 点，斯蒂卡和他的战友们就听到了从城市南边传来引擎的声响。那声响来自一辆坦克。党卫军的第一个军团正向着布拉格前进。皮克乐－贝格豪斯将军发出如下命令："我们的进攻在黎明开始。纳粹符要挂在房子外面，作为纳粹德国空军的目标标记。我们会使用燃烧弹。这一窝毒蛇会被彻底歼灭。"

5 月 6 日上午 8 点 50 分，捷克军事参议会发出紧急命令，要求建造更多的路障，切断一切通向布拉格市中心的入口。起义的支持力量不断增加，新组建的战斗群被命令转向地下，保卫通往旧市政厅广场的下水道和地下隧道不受德军侵犯。军火也到了——装有"铁拳"的盒子被分配到叛乱者手中。然而纳粹党卫队正在向这座城市汇集。

旧市政厅的地下室内建起了一个临时医院。医院有一个小手术室和 16 张床垫——短短几小时内，就有超过 120 名受伤严重的捷克战士被送往那里。那天早上，纳粹党卫军以极高的效率聚集起武装力量，向叛乱者发动了一次大规模进攻。

上午 10 点半左右，战斗再次打响。捷克人没有反坦克武器，尽管十分坚决，反抗力量还是节节退败。"我们发誓会坚持下去，使布拉格保持自由，"斯蒂卡说，"我们的队伍有着非同寻常的决心。"然而，当天下午，德军的坦克部队还是粉碎了许多外围的路障。到了晚上，叛军们已在布拉格城市中央勉强进行了一些抵抗。火焰从建筑中蹿了出来，街道上空无一人。

"我们再也不可能守住阵地了，"哈拉克·博胡米尔（Harak Bohumil）说，"中午还在我们手上的路障，几个小时后我们便不得不丢弃了，因为有三辆德军的坦克开到了它背后。那天晚上，我们已退到最后的防线了。”

那天晚上，大家才明确意识到，美军对此不会给予任何援助了。奥马尔·布雷德利将军发现巴顿也许会无视新的停止线。于是，他打电话给他，言语丝毫不客气：“你听到我的话了，乔治，停下来！”巴顿被坚决地告知，他要将先头的侦察部队撤回，并在他当前的位置原地待命。“我们可能永远也没有这样的机会了。”他悲伤地跟自己的部下们说。他的部队也感到同样的失望。“原本我们已经占据了布拉格西南部的伏尔塔瓦河大桥，两个小时过去了，我们本来还期盼着能随时进入布拉格。”第 69 装甲步兵营中尉爱德华·克鲁舍斯基说，“接着，到了傍晚，我们便被要求撤回皮尔森。这着实让人感到万分失望。”

不过，艾森豪威尔将军的谨慎——尽管在前面受到质疑——在此时却有着充分的理由。5 月 5 日早上，波西米亚和摩拉维亚的帝国保护人卡尔·弗兰克（Karl Frank）在弗伦斯堡与邓尼茨上将磋商后，飞回了布拉格。邓尼茨和弗兰克看到了机会，他们认为可以在同盟国内部制造更进一步的紧张关系。那天早上，弗兰克与邓尼茨进行了无线电通话——而他们对话的内容，被“Ultra”系统（盟军破译德国秘密无线电通信的组织）破译，并被传递到了盟军最高指挥官那里：“我给你的建议是，捷克波西米亚是我们能在西方盟国和苏联之间制造分裂的缺口，其给他们双方带来的影响将比在波兰问题上更为严重。”

4 月底，卡尔·弗兰克曾扬言要将任何形式的叛乱都淹没于“一片血海”。在莱茵哈德·海德里希被刺杀后，弗兰克继任，他对捷克人民残忍暴虐、冷酷无情，发出这样的恐吓不足为奇。捷克的利迪策村疑似与刺杀事件有牵连，因此弗兰克便将整个村庄从地球上抹除了（屠杀了大批居民，将其余的送往拉文斯布吕克集中营，并将整个村子付之一炬）。但如今，弗兰克可以看出风向是吹往何处的了。5 月 5 日早晨，经邓尼茨批准，他实施了一次大胆而出人意料的政治策略。弗兰克提出解散波西米亚和摩拉维亚保护国，并将权力交予位于布拉格的捷克傀儡政府，并邀请巴顿将军的第 3 集团军进入城市。上午 11 点，弗兰克将自己的计划在赛宁宫的会议上，提交给了由内政部长理查德·比纳特（Richard Bienert）率领的捷克代表团。

然而，叛军却将这一进程打断——叛军逮捕了比纳特，他很快便宣誓效忠于爱德华·贝奈斯 (Edvard Benes) 总统率领的捷克流亡政府。晚上 9 点，在国际红十字会的调解下，会谈恢复，会谈双方为弗兰克和捷克全国委员会。会谈并没有形成决定性的结果。但第二天早上，弗兰克自行决定，向美国第 3 集团军发出消息，称如果他们进入布拉格，将不会受到任何形式的阻挠。

下午 2 点 40 分，邓尼茨上将和凯特尔元帅下令，纳粹国防军得阻挡任何进入布拉格的美军部队。

艾森豪威尔将军好似坐在了炸药桶上。如果他向捷克首都进军，那么他就单方面破坏了与苏联在分界线上的约定，而且在苏联看来，他似乎是和德国人达成了不正当的协议。这一风险带来的后果是他无法承受的。

而如果他不接受，那么布拉格似乎就只能任由其自生自灭，其结果也不堪设想。但就在捷克叛军无比绝望的当下，援助却从一个最令人意外的角落来到了——安德烈·弗拉索夫将军率领的俄罗斯解放军。经过了几天与捷克地下党的秘密协商，这支部队的第1师——包含15000名装备精良的士兵——已准备好背叛其德国主人，转而支持布拉格叛军。该部队的驻地距离捷克首都不足20英里。几小时内，这支弗拉索夫军就能与捷克叛军会师。

1944年11月14日，布拉格城堡被选中，作为安德烈·弗拉索夫将军率领部队的启用地。希姆莱发来贺信，而他本人却并未出席。希特勒装作对此事全然不知。但波西米亚和摩拉维亚保护国的大多数文职和部队的风云人物都悉数到场。弗拉索夫将军当时还发表了演讲，他陈述了这支新军的爱国宣言，表示将致力于推翻布尔什维克主义。那时他们便决定，这支反共武装部队将开始接受严格的军事训练，并会奋战在纳粹国防军左右。

这支部队成立的本意是为了增强和巩固纳粹国防军力量，而正是这支在布拉格如此隆重仪式上宣布成立的部队，6个月以后，却为争夺捷克首都而向德军开战，这无疑是个巨大的讽刺。俄罗斯解放军的老兵们回忆起自己军队诞生之初，还是满怀激动和骄傲。不过，弗拉索夫将军在1942年6月便投降德国。而德国花了两年多的时间才对他成立一支反布尔什维克军的请求作出回应，他们当下这么做也只因大势已去，实属不得已而为之。

纳粹国防军并不真正信任俄罗斯解放军，承认它也是不情不愿。弗拉索夫也只能在德国境内，从俄罗斯战俘或奴工当中招募自己的部队。他们当中，有些人加入是真的被爱国热情所驱动，以及出于对共产主义的痛恨，但其余的只不过是为了改善恶劣的生存环境罢了。德国对待俄罗斯人的残暴已是人尽皆知了。

尽管如此，两个师迅速形成。第 1 师于 1945 年 2 月 10 日形成，并在德国明辛根接受了弗拉索夫将军和第 1 师指挥官谢盖尔・邦亚臣科（Sergei Bunyachenko）将军的检阅。到了 4 月，它已经在奥德河前线对抗苏军的战斗中成为主要阵营，将不得不向自己的同胞开战。

弗拉索夫的部队很快就出了问题。4 月下旬，邦亚臣科将自己的部队从奥德河的战斗中撤回，并撤退到了遥远的南部。5 月初，俄罗斯解放军第 1 师来到贝劳恩，位于布拉格西南方向约 16 英里。此时，它已经彻底叛变了德国盟友。

其背后的原因是来自邦亚臣科将军与德国国防军最高统帅部之间的巨大分歧。国防军坚持要执行一项进攻计划，而邦亚臣科则对此强烈反对。1945 年 4 月 14 日，弗拉索夫军被命令进攻苏联红军位于奥德河畔弗兰克夫的一个防卫完备的据点。这一命令的发出有政治原因，是在苏军自身进攻柏林前仅仅两天才发出的——目的是为了向国防军展示这一新军阵营的可靠性，看他们在战斗中“血洗”自己的同胞。邦亚臣科对此极力反对——但仍无济于事。

一方面，是德国人对将俄罗斯军队单独编队的不安；另一方面，是俄罗斯人对要对抗自己同胞的厌恶。这起计划的战斗以惨败而告终。苏军此次的防御力量是由里科夫将军带领的第 118 装甲旅。里科夫对其在奥德河西岸的桥头堡进行了加强和巩固，在它所有的入口处都布满了机关枪和迫击炮。在其据点前还有被淹没的农田的保护——这形成了一片沼泽地，大约有一英里宽，某些地方有 6 英尺深。奥德河东岸，里科夫还布置了一个大炮团，时刻准备着为防卫部队提供火力支持。

西吉斯蒙德·迪克斯巴里斯（Sigismund Diczbalis）是邦亚臣科师团中的一名战士，他这样描述那次进攻："一阵枪林弹雨投入我们的队伍当中。有些炮弹落到沼泽中，缓慢地沉下去了。激烈的炮火大大削弱了余下部队的实力，苏联红军保留的分遣队不知从何而来，他们的 8 挺机关枪把我们打得七零八落，余下的还能战斗的只剩一些排了。我们都清楚，这次的进攻不可能再往前推进半分了。"经过 5 个小时麻木的鏖战之后，邦亚臣科撤回了自己的部队，并带领他们撤出了德军阵线。这场战斗让他损失了 350 人，而苏联红军只损失 13 人。整个师随后向南行进。

邦亚臣科的部队尽管依然在名义上隶属德国国防军指挥系统，但他们已经开始无视其命令了。然而，在 4 月底，陆军元帅费迪南德·舍纳尔是德国中央集团军首领，他决定要掌控当下的局面。他要求俄罗斯解放军进入布拉格近郊，与自己的部队会合，当时他的部队正计划向西撤退到这座城市。赫尔姆特·施文宁格（Helmut Schwenninger）少校是德军与弗拉索夫军的联络官，他不确定这个命令是否会被执行。“我猜想这次的计划本是准备稳妥、严正以待的，”施文宁格在4月30日的日记中写道，“但此时捷克斯洛伐克爆发了一场大规模起义。我猜叛军会在接下来的几天努力与邦亚臣科取得联系。”

当时的情况万分紧张。施文宁格注意到弗拉索夫将军曾到访这支队伍。弗拉索夫不想和德军彻底决裂，5月1日，他还劝说邦亚臣科与纳粹国防军保持联系。在得知这名指挥官并不热衷于舍纳尔的狂热盲信后，他建议他能够与更加温和中立的德国军官进行坦诚交流。战争已进行到末期，此时弗拉索夫的想法十分实际。他想使俄罗斯解放军留在德国武装力量的体制之内，然后再与美军进行谈判，商议全部向其投降。他也是在打赌，认为这是拯救他士兵们的最佳途径。

但接着舍纳尔便介入了。他对于邦亚臣科的部队失去了耐心，而且也不是真的信任他们，于是他在5月2日便命令他们立刻解散。邦亚臣科怒不可遏。他无视这一命令，并与舍纳尔以及所有其他德国军官断绝了一切联系。这支弗拉索夫军如今只能依靠自己了。

对于施文宁格而言，陆军元帅舍纳尔莽撞的介入是弗拉索夫军团与德国为敌的主要原因。“这个错误的决定刺激了俄罗斯解放军第一师加入布拉格起义的反叛军。”施文宁格说。这名德国军官对整个事件展开的背景了如指掌。他说：“在我看来，似乎在这一阶段弗拉索夫和邦亚臣科的意见发生了分歧，而邦亚臣科将军才是支持起义军这一决定背后的推动者。弗拉索夫并不想破坏与德国人的约定，并且认为邦亚臣科的所作所为风险太大。弗拉索夫自己从来没有宣布放弃过与德军的协定——接下来发生的事情，都是邦亚臣科个人决定的后果。”

施文宁格的证词颇具阐释意义。它是整个事件的重要组成部分，不过这件事还有更深层次的原因。

尽管邦亚臣科已对德国不抱希望，但他对于是否要参与到反对德国的起义中，仍心存犹疑。他知道这些叛军没有足够的武器装备，并且缺乏政治团结性。5 月 2 日，在舍纳尔不幸介入的同一天，一个共产主义小队——在一个月前，通过跳伞降落到这一区域，在苏军开始在捷克领土战斗时便鼓动捷克人叛乱——与邦亚臣科的部队取得了联系。这些人和布拉格的捷克地下党有着频繁的往来，知晓起义即将发生，并且希望邦亚臣科能够加入其中。

这是在德国阵线后方的一个苏联游击队。其中有一名关键成员，他与邦亚臣科建立了紧密联系，他是个捷克人——名叫弗朗西斯·科内茨尼（Francis Konecny）。几天内，他先是会见了邦亚臣科的参谋长，接着又与将军本人见了面。

26 岁的科内茨尼有着非同寻常的经历。他最开始是在德国国防军第 28 步兵师当兵，先后经历了进攻法国和苏联的战争。但他渐渐厌恶了残酷的战争，并对德国犯下的针对普通平民的暴行彻底绝望。他被苏联人俘虏，并在集中营度过了一段时间，接着他加入了一支捷克军队——捷克斯洛伐克第 1 旅，现在这支队伍企图与德军对抗。

科内茨尼曾为两边都效力过——邦亚臣科也是。因而两人能够充分理解彼此。

另一名德国联络官——陆军中校汉森曾这样说过塞奇·邦亚臣科将军：“他是一名很麻烦但又能力超群的军官，他在苏联红军的队伍中建立了自己的事业，一直做到了季莫申科元帅的参谋长。他开着飞机逃向我们，他飞过德国的前线部队，在我们的后方部队停下。”

第二次世界大战中，邦亚臣科的军事生涯有两个重要的时刻。第一个是发生在 1942 年 8 月 31 日，距离格罗兹尼以西 50 英里的在莫兹多克。邦亚臣科当时正与苏联红军共同对德。他被命令去炸毁一座桥，而他的大部分士兵已经从桥上跨了过去。他拒绝了，并因此而上了军事法庭，且被判处死刑。战争一结束，他便被减刑为十年的劳动改造。然而，邦亚臣科并没有选择等待。他为自己的部队宁愿牺牲这么多士兵性命的行为感到震惊，况且他认为这一决策是冷酷无情、没有能力的表现，没有必要，所以他选择了叛逃——他以最快的速度加入了弗拉索夫军。

第二个时刻据说是发生在 1945 年 4 月 14 日，在奥德河畔的法兰克福。当时，邦亚臣科正与德军共同与苏军对抗。在进行了 5 个多小时麻木的战斗之后，他决定不再让自己的士兵们白白牺牲。双方都拥有强大的兵力——但邦亚臣科能去哪里呢?

科内茨尼劝说邦亚臣科再次做出勇敢而有原则的决定——去协助布拉格的起义力量。他认真思考了这一提议，并接着咨询了其部下。他们都赞同他的决定。有时在士气低落的情况下，一个清晰的行动计划总是能够起到振奋人心的效果，不论风险有多大。弗拉索夫军士兵西吉斯蒙德·迪克兹巴里斯这样描述其效果：

在贝劳恩，我们知道自己是要向捷克首都行进，并且帮助阻止叛乱分子被纳粹党卫军歼灭，并防止城市被纳粹党毁灭。我们收到情报，整个党卫军战斗群——从东线撤离出来——是被命令进入布拉格以加强其卫戍力量的。这则消息对于我们筋疲力尽、蓬头垢面、腰酸背疼的士兵们而言，无疑是一剂强心针。没有一个人反对我们战术的转变。也没有一个人反对我们第一师指挥官的决定。每个人都在检查他们的武器、弹药及装备。

面临被党卫军消灭的威胁，布拉格的捷克全国委员会尽管为亲苏派，但还是冒险让弗拉索夫军加入援军队伍中来。5 月 5 日晚上，他们已经别无选择——这是关乎生死的战斗。然而，现在又有其他危险的不稳定因素加入当前的政局中来。俄罗斯解放军强烈反对布尔什维克主义，并与苏军开战。其部队中还包括了臭名昭著的“卡明斯基旅”余部，他们曾与纳粹国防军合作，在德国占领下的苏联地区实施了史上最为残暴的反党派行动。对于正在行进的苏军而言，他们几乎无法想象叛乱分子会在选择“盟友”方面作出更加煽动性的选择。

一切已成定局。邦亚臣科将军开始准备自己的军队。5月5日晚，他从指挥部发出了一则挑衅性公告。这也许在某种程度上只是权宜之计，但其公告本身还是充满了不顾一切的勇猛和理想主义色彩：

捷克和俄罗斯的兄弟们，德国现在已经是穷途末路了。布拉格已经升起了反抗国家社会主义的自由旗帜。我们的俄罗斯士兵，受到自己国家反对布尔什维克主义的鼓舞，无法对反抗纳粹行动坐视不理。在此，我命令俄罗斯解放军第1师向布拉格进军，为那里的捷克部队提供援助。

如今已经到了人类最终摧毁纳粹恐吓的时刻了。我再次希望你们所有人——所有捷克和俄罗斯的好人——为了这个伟大的事业而共同奋斗。

这是为了正义和独立的战役。残暴的纳粹德国——他们曾践踏别国领土，屠杀了百万无辜的人民——与俄罗斯布尔什维克政权为巩固其势力而犯下的罪行别无二致。让我们携起手来抗击诸如纳粹和布尔什维克的人类的刽子手。让我们为了自由而战！

第二天，俄罗斯解放军第1师便向布拉格进军。到了晚上，邦亚臣科将军已经在城外设置好了战斗指挥部，并与叛军取得了直接联系。他的一名团长——阿尔希波夫少校，与捷克军事委员会首领库托尔瓦瑟将军进行了会面，讨论军队部署的最佳方式。俄罗斯解放军共有 22 辆坦克和装甲车，这将极大地改变布拉格战役的局面。该师的先头部队已经到达了捷克首都，正在搜集关于德军位置的情报。邦亚臣科的士兵们很快就要加入起义中去了。

07. 流离失所的人

1945 年 5 月 6 日

5 月 6 日，英国第 10 死伤急救站的休 · 麦克拉伦少校来到德国北部的桑德伯斯特集中营，位于不莱梅港市东北方向约 35 英里。他把自己的经历写成回忆录，并称之为一座“恐怖集中营”。尽管恐怖也许不是形容这一时期发生事件的最原本的词语——遍布整个欧洲的大量难民、死亡行军、苦役解放以及被揭露的纳粹政策：消灭一切不服从其新秩序的人——但它还是一个较为恰当的形容词。

解放集中营和灭绝营的盟军部队被他们所见到的一切深深震撼和烦扰着。陪伴或跟随他们的医疗人员不得不在这些集中营停留下来，尽力尝试改变那里的情形。麦克拉伦知道，他在任时，桑德伯斯特集中营就已经被英国第 30 军团在一周前的 4 月 29 日解放了。战争还在继续，解放后随之而来的便是资源的短缺。但是，在刚开始的 4 天里，眼前的景象还是令他手足无措。

“我刚来到桑德伯斯特的时候，实际上和我想象中的差不多，”麦克拉伦说，“低矮的木屋周围缠绕着铁丝网，整个场地的周围亦同样被围起。配有探照灯和机关枪的瞭望塔部署在集中营的防御带，覆盖了其中全部的 11 个单位。这个地方极为丑恶——但当你进入集中营的主要区域就会发现，实际上它是建立在洼地当中的，身在其中的囚犯们只看得到天空和铁丝网筑起的高墙。”

麦克拉伦已经有了一种被疏离和被剥夺的感觉。接着他又更为详细地描述了集中营内的情况：“标准的木屋大约 40 码长，每个木屋内有一条漆黑的中央走廊。在我们工作的医院，有 20 个小房间分立走廊两侧。而在关押囚犯的区域，木屋却被设计成谷仓的样子。屋内有十几个架子，囚犯们便躺在拥挤的隔板上，偶尔能见到几个肮脏的床垫，但大多数的囚犯只是躺在光秃秃的木板上。每条长木板上躺着 40 至 60 人不等。相比之下，克莱德河畔最混乱的贫民窟都显得尤为奢华。”

桑德伯斯特集中营由三个部分组成。第一部分是用于关押西方盟军战俘的，那里只有基础的设施，环境简陋。第二部分是用于关押苏联战俘的，那里的条件更为艰苦。第三部分是关押政治犯的地方，那里的情况则令人发指。麦克阿伦作为医生就是在这个区域工作的。他第一次去医院的时候，就感到阵阵恶心。每个小木屋都塞着大约 350 名病人。公共厕所已经被堵住好几天了。这些骨瘦如柴的病人——赤身裸体、蓬头垢面——也抛弃了他们站着或者躺着的地方。在一间木屋里，有 6 个人被发现已经死亡。

在英军到达时，政治犯的关押区域还剩下 8000 人。短短几日，便有 1500 人死亡，2500 人坚持到了被疏散。余下的 4000 人被送进医院。他们先是被抬进一个巨大的帐篷，帐篷里摆放着一排排支架，用以支撑担架床。集中营的幸存者们洗好澡并涂上杀虱粉。接着，便裹着干净的毯子，换到新的担架床上，然后被救护车送进医院。

英军在得知桑德伯斯特有个集中营以后，曾派出小规模的医疗队跟随队伍一同进入，但是这些前期的资源极其有限。休·约翰斯是救护车队中的一员，据他回忆："从带着倒刺的铁丝网中伸出一双双乞求食物的手，他们身形枯槁，衣不蔽体，有些甚至全身赤裸。"救护车队员丹尼斯·维克汉姆（Dannis Wickham）在 5 月初的日记中写道：

当我们走到平民区的时候，那恐怖的场面令我们目瞪口呆。斑疹伤寒肆虐，巨大的坑中堆满了尸体——院子里随处可见成堆的尸体。其他人则在房间内浑身赤裸：他们皮包骨头，虚弱无力，只能蜷缩在角落里，静静地等待死亡的到来。那里散发的恶臭也极其可怕——这里没有任何卫生设施。所谓的"房间"简直比猪圈还要糟糕。房间里是成堆皮包骨头的人，衣不遮体，到处是毫无生气的灰白。要是在过去，我根本无法想象这一切的存在。

正如在贝尔根－贝尔森的集中营一样，这里的幸存者来自不同的国家。有加拿大人，还有一个来自新泽西，欧洲每个国家都有代表——甚至还有人来自伊朗，其中最年轻的还只是孩子，有些人进入集中营的时候只有 11 岁。其他还有曾经在华沙的防卫兵——他们差不多是在一年前被俘的——现在已经十四五岁了。最瘦弱的人只有 39 磅——他在麦克拉伦到达集中营两天后便去世了。

这一切都令人难以承受。救护人员克利福德·巴纳德（Clifford Barnard）在 5 月初的家书中写道："我宁愿看到战士战死沙场，也不愿意看到这里匍匐在地的活死人。也许你曾经在报纸当中读到过有关集中营的报道，觉得那些细节难以置信。但我告诉你，这些都是真实存在的。我亲眼所见，那些景象令我终身难忘。"

幸存者的情况深深震撼着麦克拉伦和其他医生护士——的确，这超越了他此前所经历过的一切。一半以上的病人都彻底麻木了。

"对于大多数人而言，"麦克拉伦说，"他们对于被解放的消息几乎没有任何反应。他们的意志萎靡消沉，迟钝地看着我们，或时不时嘟囔着'水'或者'没吃的'。我有种感觉，觉得他们似乎是陷入了一处黑暗之地，在那里，过去和未来都变成了一片空白。"

在这个人间地狱里，人们对旁边某个人的死亡表现出了一种令人不安的冷静。通常，这只不过意味着可以去那个死人的枕头下面寻找面包皮或者香烟罢了。过了一会儿，麦克拉伦便能够在这种恐怖的环境中找到一些令人毛骨悚然的黑色幽默。一个病人把他叫过去，用手指着自己上方的床位，问那个人是不是已经死了。麦克拉伦检查了一下那个人，发现他确实刚刚去世了。“谢天谢地！”这个病人脸上闪过一丝微笑，他接着开始解开身上的防潮布，那是他用来保护自己不被上面这位邻居的粪便砸中而准备的。有时候，病人们能够预知自己的死亡，而他们的表现则带有一种诡异的镇定。“三天，医生，三天以后我就要死了。”无一例外，他们总能说中。

有极少数受害者态度相对积极，但通常也都有些精神错乱。有的时候他们会被发现在走廊里游荡，疯狂地搜寻着食物。有一个俄罗斯人两次被发现把头和肩膀埋进食物桶里。“他对我们的吼叫不做任何回应，”麦克拉伦回忆道，“除非是对着他赤裸的后背重重一击才有作用，然后他便回床上去了，嘴里还流着汤汁。对这类事件几乎没有人发笑，因为所有的眼睛都盯着食物桶。”最恐怖的一幕是有个病人——不知道哪里来的一股力气——突然吸干了他临床的输血袋。

在麦克拉伦到达的三四天内，医院里没有片刻安宁。医护人员满足不了病人们的喝水需求。麦克拉伦估计，每个木屋里每天需要大约 1500 杯水——有些病人还需要在别人的帮助下才能进水。几乎所有人都患有“饥荒性腹泻”。从刚刚恢复基础饮食开始——然后要持续至少十天的时间。最终，成百上千的病人患上了斑疹伤寒。他们的工作不得不在这样的条件下开展——医护人员不仅需要冒着实实在在的风险，还必须要承受源源不断的巨大心理冲击。

“我们戴着白帽子，穿着白大褂，身上被喷满除虱粉，我们看起来不像是医生，倒更像是面包师，”麦克拉伦自嘲道，“我们当中大多数绑着腰带，上面挂着药和听诊器。我们必须快速做出诊断结果，在期初的一周里，我们不得当场分发药片。”

在这种艰难的环境里，人们最强烈的愿望之一便是建立起紧密关系。但与能够说话的病人们的交谈起初是颇为困难的。一个人向麦克拉伦讲述了他亲眼见到纳粹党卫军将“60岁以上老人”这一类别里的所有犹太人从卢布林综合医院的二楼窗户推了下去。那些人被吓得死的死，昏的昏，然后便被马车运走掩埋了。另一名波兰籍犹太人则向这名英国医生诉说了自己是如何见到党卫军残杀自己的妻子、父母以及两位姐妹的。“很快我便学会了不去询问他们家里是否有人幸存，”麦克拉伦在描述犹太病人时悲伤地写道，“只直截了当地询问病情能够避免这样令人难以忍受的情感伤痛。”

英国救护人员艾伦·沃克（Alan Walker）试着向他在谢菲尔德的父母描述位于策勒以北 11 英里的下萨克森州的贝尔根－贝尔森集中营的骇人景象。那里是 1945 年 4 月 15 日被英国第 11 装甲师解放的。他是在解放后的三周后给家里写信的，但依然无法抑制内心的痛苦：

“当我们刚刚进入集中营的时候，”沃克说，“眼前的情景可怕极了……那里到处是尸体——男人、女人，甚至还有孩子。”他无法继续描述下去，所以停顿下来。“我永远无法描述集中营里有多么恐怖。”接着他试着重新讲述，“他们已经有十天没吃没喝了，他们太瘦，胃都贴到后脊柱了。我们掩埋了一些尸体……”这种记忆太痛苦了，“我无法描述我在贝尔森见到的画面，太恐怖了，”沃克重复着，“德国人怎么能这么残忍呢？”

渐渐地，他便说出了更多的经历，包括看守们的虐待、绝望的如牲口一般苟活的囚徒、大规模死亡、难以置信的痛苦。“我知道这封信读起来就像小说一样，”沃克最后说，“人们会说这全是夸张。但我发誓，我说的全部都是真的。”

罗伯特·巴内尔（Robert Barer）上校给妻子写了一系列的信件，讲述自己在桑德伯斯特的经历。在描述集中营的简短章节里穿插着他努力从历史或者文学作品中寻找的比喻。有些比喻还是艰涩难懂——巴内尔攫取了一些他也无法完全理解的东西。“我敢肯定，整个世界历史上都没有类似的事情，”他在一封信的结尾写道，“相比之下，中世纪和宗教审判都显得尤为仁慈。”“我估计连英国人都无法相信这些事情，”他在另一封信中写道，“他们会说这那些照片都是伪造的。但世界上没有任何一幅照片能够传达实际恐怖的百万分之一。”而至于那种恐怖本身：“我的语言根本无法描述我看到的景象。也许查尔斯·狄更斯和埃德加·爱伦·坡加起来能够做到，但我对此也表示怀疑。”

在德国和奥地利的其他人也同样在努力克服类似的情绪。5 月 6 日，美国第 116 前方流动医院卫生官员——二等兵哈罗德·波特（Harold Porter）在给父母的家书中，写到了位于慕尼黑西北方向 10 英里的达豪集中营解放的情景：

我不知道该从何说起。现在，我已经从最初的情感冲击中恢复了，能够将这些记录下来，而且看起来不再像是个歇斯底里、语无伦次的蠢货。但我知道，你会觉得相信我很难，不管我多么努力地想要保持客观和真实。我甚至发现自己在试着否认亲眼看到的事实。当然，我在过去几天的所见所闻，将会改变我余生的性格。

我们被提前告知将会去达豪工作，那是最为臭名昭著的集中营之一。我们已经预见到了那里会很可怕，但没有人对此有任何实际的概念。暴行从书本上读起来很容易——但只有见过了才能真正理解何为暴行。

到达豪的旅途轻松愉快，沿途都是整洁的村舍和田庄，远处依稀可见阿尔卑斯山脉。我们就好像是在穿越某个度假区一样。接着我们便来到达豪。在市中心，是一辆引擎坏掉的火车，大约有50节车厢。每一节车厢都装着尸体——他们全是被饿死的。

在集中营里，我们遇到了大量堆叠起来的尸体，就如同炉房旁边的柴堆一样……一名医护人员已经在前一天——戴着防毒面具——随意抽取十具尸体做了尸检。其中8人是因肺结核晚期去世的，他们所有人都显示出严重的营养不良。受害者中有成年男人、女人和孩子。

我站在那里看着这一切——但就是无法相信。我才刚刚开始理解恐怖的真相是什么……

“我无法立即理解眼前所看到的景象。”美国第90师的医生约翰·麦克康纳利如此描述位于巴伐利亚州南部的福罗森堡集中营。

哈罗德·波特在信件的开头和结尾都表示，对于身处美国的人们而言，这些描述可能还仅仅是幻象。贡斯基兴集中营是位于北奥地利的茂特豪森集中营的分支，在那里，美国第71步兵师指挥官——威拉德·怀曼(Willard Wyman)少将，也同样在努力向世界传达他们所见到的事实是怎样的。“贡斯基兴的惨状决不能被重演。”怀曼写道。5月6日，他下令让一个名叫诺曼·尼克尔斯（Norman Nichols）的士兵——他在战争开始前是底特律的一名学习艺术的学生——承担一项流动任务，即用素描来记录集中营的情况。

尼克尔斯回忆道：

建筑、道路和附近的森林里都塞满了尸体。我最初把画架放在从森林延伸出来的路上。那是5月的一个阳光明媚的早晨——但我周围却弥漫着尸臭。到处都是尸体——以怪异的姿势横七竖八地堆着。那些半死不活的人们则从臭气熏天的木屋里被用卡车转移到医院里。我们让德国人掩埋尸体。一组人将尸体运到空地上，另一组人则负责挖坑。当我在描画这一场景时，一个小男孩跪在那些洞跟前，抽泣着，乞求他死去的哥哥能够被安葬在单独的坟墓里。有些愤世嫉俗的人压根不相信这些情节，会认为这些都不过是“对残暴的政治宣传”，但于我而言，用“残暴”二字来描述我在这里的所见太过温和了。

一种可怕的气味萦绕着集中营。美国第 71 步兵师的约翰·普莱彻（John Pletcher）上校这样描述贡斯基兴："那里的气味我一辈子都无法忘记——我此前从未闻到过那种味道。那种味道几乎能看见——就如同死亡之雾一样萦绕在集中营周围。" 然而当地人对于这种雾已经习以为常了。

1945 年 4 月 12 日，德怀特·艾森豪威尔将军——在奥马尔·布雷德利将军和乔治·巴顿将军的陪伴下——造访了奥尔德鲁夫集中营，位于魏玛市西南方向约 33 英里，美国第 4 装甲师和第 89 步兵师于 8 天前解放了该地。奥尔德鲁夫是美国部队遇到的第一个德国集中营。

"我看到的东西是无法用语言形容的，"艾森豪威尔说，"有关忍饥挨饿、残酷兽行的视觉证据和口头证词太过于震撼，以至于我的身体都开始觉得不适。其中一例是有一间房子，里面堆着 30 个赤身裸体的人——他们全都是被活活饿死的。"

艾森豪威尔意味深长地继续道："我是特地到访此地的，目的是能够为这类事情提供第一手的证据，以防在未来人们会以为这样的事件不过是'宣传'罢了。"

尤金·舒尔茨（Eugene Schultz）中士 4 月 14 日从集中营回来后，给自己的妹妹写了一封信。"你会说，这样的事情根本不可能发生。"他写道。舒尔茨承认，他过去总是认为有关纳粹暴行的故事都是编造加工过的。而去过奥尔德鲁夫之后，他的这些看法彻底被改变了。

4 月 19 日，魏玛的居民组成了百人队伍，被命令前往参观奥尔德鲁夫集中营。同一天，艾森豪威尔将军联系了美军参谋长乔治・马歇尔将军，要求国会议员和记者团去刚解放的集中营。该请求得到了战争部长亨利・斯廷森（Henry Stimson）和哈里・杜鲁门（Harry Truman）总统本人的同意。即便如此，怀疑依然存在。

1939 年 10 月，英国政府出版了一份有关如何处置德国集中营战俘的白皮书。这份白皮书包含了 1938 年 11 月在德国的多个犹太人大屠杀地点的英国领事们的报告，以及 1938 年 3 月至 1939 年 2 月期间提交外交部的逃犯报告，其中还含有一名此前被关押在布痕瓦尔德囚犯的陈述。这份报告被封锁了数月——目的是为了避免在英德之间制造仇恨情绪，但同时也可能是担心很多人会不相信。如今，战争既已开始，报告便被发布了出来。

这份白皮书坦率地声明，即便是纳粹政权得到加强，即便是时光渐渐流逝，也无法让这残忍的罪行得到一丝减轻。纳粹对被囚禁的犹太人的态度，即便是圣经里的暴君也远不能及。报告中写道："纳粹政权对于反对它的所有人都采取了惨绝人寰的报复。"随后，报告发出严重警告，表示在集中营发生的一切"会令人想起人类历史上最黑暗的时代"。

但是，这一警告并没有引起太多的注意——这实在是太难理解了。1944 年 7 月 23 日，苏联红军士兵们解放了波兰卢布林附近的迈丹尼克集中营。纳粹党卫军转移了大部分囚犯，但来不及摧毁基础设施。那是同盟国占领的第一个还在运行的未受损坏的灭绝集中营。那里的景象让解放者们目瞪口呆。苏联第2坦克部队的政治委员瓦西里·叶利孟科(Vasily Yeremenko)说："当我们看到里面的一切时，我们几乎都要崩溃了。"

康斯坦汀·西蒙诺夫是苏联第一位造访集中营的记者，他在一篇给军报《红星报》撰写的报道中，向读者发出警告，说他的理智依然拒绝接受他所见所闻的一切，并表示他们即将揭露一些庞大的、恐怖的、不可思议的东西。苏联士兵们几乎无法相信这一切。"尽管我们都曾经读到过有关集中营的报道，但亲眼所见是完全不一样的概念。"苏联第8警卫部队的阿纳托利·梅列什科(Anatoly Mereshko)上校说，"我们发现了很多仓库，里面堆满了从囚犯那里掠夺来的物品，"梅列什科继续道，"其中一间仓库里全是鞋子，成千上万的鞋子，一直堆到天花板。我们彼此都有疑问——'这里曾经都发生过什么？'"

屠杀可谓是以临床的效率进行。最让人震惊的还是火葬场。苏军沉默着，列队缓缓经过火葬场。"焚尸炉还是热的。"梅列什科坦率地说。

这是个严肃处理纳粹给欧洲造成伤害的机会。英国战地记者保罗·温特顿(Paul Winterton)跟随苏联解放者们一起进入了迈丹尼克。他被深深震惊了，并为英国广播公司(BBC)撰写了一份报告。"我本不应该将如此恐怖的故事告诉你们，"温特顿在开头写道，"我刚刚去了波兰的卢布林，看到了在迈丹尼克的集中营……"温特顿极力地在避免引起轰动和实事求是的基础上将信息传达给国内的群众。"焚尸炉可以容纳四到六具尸体。”他写道，“所有的焚尸炉一起，每天能够焚烧大约两千具尸体。”

BBC 没有办法全部接受。“我受到了谴责，”温特顿回忆道，“他们告诉我，他们不愿意接收这样残暴的信息。似乎在他们眼里，这些不过是苏联的宣传手段罢了。”温特顿的这篇报道在 1944 年 8 月底才被播出，距离提交时间已经一月有余。那篇报道被大幅度编辑修改过，并且只在海外频道广播。英国外交部对此事的压制则更甚。据一名官员记录，他们应该避免对迈丹尼克新闻作出直接的回应，表示：“苏联人会比我们更好地处理此事。”

苏联人实际上正在努力消化他们所发现的情况。11 月 27 日，针对迈丹尼克集中营官员的审讯开始了。但这起审讯在西方媒体当中鲜有报道。1945 年 1 月 27 日，苏联红军士兵解放了奥斯维辛集中营，位于波兰的奥斯维辛镇附近，那是犹太人大屠杀最主要的死亡集中营。“在这场战争中我见多了，”苏联第 1085“塔诺波尔”步枪团阿纳托利·夏皮罗（Anatoly Shapiro）上校说，“我见过很多无辜的人被杀。我见过被绞死的人，被烧死的人。但奥斯维辛仍令我措手不及。”

据该团的战斗日志记录：“德国领导层使得奥斯维辛变成了一座死亡工厂。成千上万的来自各国的囚犯曾被囚禁在这里。他们现在努力想赶在撤退前抹去一切罪行的痕迹。”第 1085 团隶属苏联第 322 步枪师，于下午 2 点左右闯入奥斯维辛一号集中营。两小时后，瓦西里·格罗马茨基（Vasily

Gromadsky）中尉的第 472 团（隶属苏联第 100 步枪师）在经历战斗之后进入了奥斯维辛 – 比克瑙集中营。1 月 27 日晚，格罗马茨基在日记中写道："奥斯维辛之战。遇到了集中营的囚犯。大批人被带到了这个地方，其中包括儿童。从这里运出去 12 节火车厢的折叠式婴儿车。"

苏联的战地记者已经在集中营待了几天，1945 年 2 月 2 日，其中最为著名的记者之一鲍里斯·波列伏依（Boris Polevoy）在《真理报》上发表了一篇关于奥斯维辛的重要文章，将该集中营描述为"巨大的死亡工厂"。"那是一座巨大的工业工厂，"他说，"它有自己专门的设施……其中一个是用来处理刚到达的人——在他们死前，将他们分为可以工作一段时间的类别，而老幼病残则被分到另外一类，他们会被立即处决……"

然而，波列伏依的文章在西方媒体中只有很小范围的报道。很快，苏联当局意识到这篇文章中有多处失实。波列伏依描述了一种"可以同时杀害数百人"的电子传送带，而实际上这根本就不存在——他也没有充分理解毒气室的作用，对其在集中营中位置的描述也有错误。同行的战地记者塞奇·克卢申斯基（Sergei Krushinsky）写到了想要将这些令人极度不安、可信度参差不齐的信息进行连贯叙述的困难。"这附近到处都是流言，"他说，"而与我们交谈的大多数囚犯都或多或少有些精神问题。"为了避免更多不准确报道的传播，乌克兰第 1 方面军于 1945 年 2 月成立了一个委员会，专门对和集中营有关的大量证据进行证实。三个月之后的 5 月 6 日，他们发表了调查成果。

英国和美国的部队在遇到德国和奥地利的死亡集中营时，很多还不曾了解迈丹尼克和奥斯维辛的情况，当他们听闻之后，极为震惊。而解放这些集中营或者之后到访这些集中营的苏联军队的反应，相较于西方盟军，可谓有过之而无不及。“我们认为纳粹的存在是对人性的玷污，” 瓦西里·格罗马茨基中尉说，“我们决心一定要速战速决，把他们全都送进地狱。”

奥斯维辛急需救护人员，随军进入集中营的苏联医护人员全被派上。新的苏联集中营指挥官格奥尔基·伊利萨瓦茨基（Georgi Elisavestsky）上校记录道：“我们知道需要马上采取措施来努力拯救幸存者——那些曾经在精神上和肉体上受到残害的人。我们的医生和护士拼命工作，他们的辛苦程度无以言表——他们几乎不吃不睡——就是为了尽力帮助这些不幸的人，他们竭力挽救每一条生命。不幸的是，还是有太多的人得不到救治。”尽管如此，那所由玛利亚·西林斯卡娅（Maria Zhilinskaya）医生主管的战地医院——第 2962 号车载医疗站——仍然拯救了 2819 名囚犯的生命。这是所有的盟军解放军和随行医疗团队共同努力的结果。

1945 年 5 月 6 日，苏联有关奥斯维辛集中营的报告代表了一个象征性的黑暗时刻。这份报告是有关死亡集中营如何运作的，其研究十分详尽。它是在对 2000 多名集中营幸存者访问、集中营里搜到的所有德国文件的综述、余留设施的调查——包括焚尸炉和毒气室——以及对受害者尸体的解剖等的基础上撰写的。然而，即便这份报告中揭示了如此巨大的信息量，有些方面还是让人难以理解。

苏联战地记者瓦西里·格罗斯曼试图描述在特雷布林卡的死亡集中营，但在撰写报告的过程中，他几度精神崩溃。当他回到前线时，仍然无法摆脱集中营的罪恶梦魇。格罗斯曼的母亲曾经在乌克兰别尔季切夫的犹太人大屠杀中丧生。他感到自己正置身在一个无底深渊的边缘。“死亡营的情景令格罗斯曼瑟瑟发抖，”第 8 警卫部队的报刊编辑马克·斯拉温回忆道，“在奥斯维辛解放之后，情况更加糟糕。他反复地说着‘恐怖，这些法西斯集中营制造的恐怖’。我们都知道这些集中营的可怕，但他能感受到另外一层的邪恶，而这一层我们都还不能完全明白。”

如今，这种挣扎正在西方重演。理查德·汀伯比（Richard Dimbleby）在 1945 年 4 月 19 日报告了贝尔根－贝尔森的情况。起初 BBC 拒绝发布他的报告，接着——不确定大众的反应——他们对报告进行了大幅修改和缩减。展现战争的恐怖和侵略性的边界正受到挑战。汀伯比听上去似乎是被自己的见闻彻底改变了：

“我真心地希望，”汀伯比说，“每个在这场战争中奋战的人，最重要的是那些负责指挥战争的人，从英国到美国，他们真的应该跟我一起穿过有刺的铁丝网，到集中营内部去看一看……我曾经就越过栅栏，然后发现自己简直身处在噩梦之中。”

大家都很清楚，贝尔根－贝尔森集中营有必要被拍摄记录下来。英国部队的摄影师两天换一次班进行拍摄，这足以见得他们所处理素材的困难程度。很多人在拍摄的过程中出现了身体不适的情况。

战争结束时，英国大众见到了被盟军解放的纳粹集中营的新闻影片。尽管这些所谓的“暴行影片”让部分观众极为震惊，但还有部分人对此却并没有什么感触。一名妇女在1945年4月底做了如下评价：

我今天在新美术馆观看了暴行影片。当然，我原本就认为它是可怕的——但它比我想象的要可怕得多。这并不是因为成堆的尸体——毕竟他们已经死了，而是因为那些幸存者。他们简直不像是人类。我觉得其中最糟糕的时刻，就是在这些形同骷髅的人当中，有个人想要向一名美国士兵微笑。你可以看到，他的脸已经无法表达微笑的表情了。观众席如同死寂一般。影片的有些部分没有评论，而我从来没有经历过今天在电影院里的那种肃静。

5月2日，影片放映结束后，有人却产生了完全不同的反应：“暴行影片之后放的是一部沃特·迪士尼影片——《唐老鸭》——不到一分钟大家就又都大笑起来。它与一部宣传高贵的伦敦以及在闪电战期间伦敦人如何神勇的宣传影片完全混在了一起。似乎整部片子都不过是在做政治宣传罢了。”

然而，英国和美国大众对集中营的质疑，和许多德国人对集中营的否认是完全不同的。美国第89步兵师的二等兵拉尔夫·道尔顿（Ralph Dalton）这样说奥尔德鲁夫："我不相信会有人住在这种地方附近却对正在发生的事情一无所知。"参谋军士保罗·伦格（Paul Lenger）对居住在奥尔德鲁夫附近的人们发出质疑："我们和当地的居民谈话，他们表示完全不知道有这种集中营的存在，而事实是，每当囚犯们去附近的堡垒劳作，市郊是他们的必由之路。"

盟军士兵和医务人员们眼前是一片枯槁的景象，他们此前从未见过这般情景。威廉姆·洛夫迪（William Loveday）中尉曾与美国第3装甲师一道解放了诺德豪森集中营，他说："当我进入集中营时，我看到一个已经去世的人跪在地上，呈祷告姿势——显然，他这个样子已经很多天了。"

在这种恐怖的情况下，任何仁慈的迹象都能够带来欢乐和安慰。在桑德伯斯特集中营，最初的恢复迹象就是又重新有了穿衣服的愿望。麦克拉伦少校回忆起一件事情："一名俄罗斯人在走廊上摇摇晃晃地走着，样子很滑稽，他浑身上下除了一顶旧帽子外，几乎没穿衣服。在被要求从厨房离开后，他便试着要潇洒地敬个礼。"经过一周规律的进食和睡眠后，麦克拉伦注意到，病人中的这种动物般的行为已经开始消失了。人的尊严重新回来了。"睡衣到的时候，整个集中营的面貌都焕然一新，"这位医生说，"那些能够走路的人，就像是学校里的小学生第一次穿上长裤一样。他们穿着临时制作的布鞋，大摇大摆地走着，甚至有些骄傲。"

桑德伯斯特的另外一名医生写道：

在医院经过几天治疗和悉心照顾，至少在一些人身上发生了巨大的改变——尽管他们依然还在储藏食物。每一餐过后，护士都会在他们的枕头或是床单下发现被藏起来的面包甚至是盛着汤的碗。分发第一批睡衣是尤为重大的事情。这些人在过去的数月里，没能真正洗过澡、修剪过毛发，也没有穿过干净整洁的衣服。其中有一个人，因为身体太过虚弱，还无法独自站起来，如今他坚持要在护工的帮助下在病房里蹒跚地走动着，目的就是为了向其他人炫耀自己的新睡衣。

他补充道："护士们第一次把插着鲜花和绿叶的花瓶拿进房间时，不得不将花瓶放到房间的正中间，这样才能使每个人都能看到它。第二天早上，很多叶子都不见了。好几个病人都爬下自己的病床，把叶子拿走，放在他们的枕头上。护士问一名男子为什么要这么做。他回答：'它们太美了——我想让它们离我近一点。'"

麦克拉伦有的时候会问那些被招募进来做助理护工的德国女人，她们是否为集中营的存在而感到羞愧。这样的问题总是会被一成不变的回答引开："好吧，我们能怎么样呢？"但有一个人——Fraulein Bittner——乐于提供更多的信息。麦克拉伦草草记录下一些问题和回答：

"比内特小姐，您在集中营帮了我们很多忙——您介意回答一些有关政治的问题吗？"

"不介意。"

问题 1：“您为这个集中营的存在而感到羞愧吗？”

“不——我们的元首这么做有充足的理由。”

问题 2：“您是否赞成饿死这些集中营囚犯？”

“我们的元首曾经说过：‘首先我要喂饱我的士兵们，接着是我的母亲和孩子。’其他人就要靠自己了。”

问题 3：“希特勒屠杀了 300 万波兰犹太人，您能够宽恕他吗？”

“是的——国家社会党实施了其政策，这是有充分理由的。”

问题 4：“您真的赞成向犹太儿童释放毒气吗？”

（犹豫）“如果他们长大了，他们还是会来对付我们的——所以他们现在死掉更好。”

这种机器人般的说话方式，这种不断重复的为已故元首的祈祷，似乎变成了一种死亡咒语。她的话语中几乎看不到一丝同情或仁慈——只有在回答最后一个问题前的犹豫透露出了一点点不安。麦克拉伦对此非常震惊。

麦克拉伦的采访对象坦率而直白，因而令人感到不寒而栗。布莱恩·霍洛克斯（Brian Horrocks）上将曾命令周边城镇的德国女人们协助打扫桑德伯斯特，并照料幸存的囚犯们，他惊讶地说：“当这些女人到达时，我们本期望着有人在看到她们德国同胞的所作所为之后，会感到恐惧或懊悔。然而什么也没有。我没有看到她们当中有任何人掉下一滴眼泪，或是表达一句同情。”不过，从附近的代尔门霍斯特被带来协助打扫集中营的女中学生艾尔菲・沃尔特（Elfie Walther）却对此有着极为不同的反应。她在5月2日的日记中写道：

“在我们的国家，如果我们告诉他们所发生的一切，根本不会有人相信。我忍不住会想起，我们曾经有多么热爱我们的元首。可他告诉我们的一切都是谎言。曾经被称为‘国家社会主义’的究竟是什么？我们总以为它是美丽而高贵的事情。可是为什么这一切却如此残酷？为什么他们会屠杀无辜的、手无寸铁的人们？”

盟军士兵和医务人员每天也都被这些问题所困扰。“每当我想到这茫茫一片带刺的铁丝网时，我都会忍不住发抖，”麦克拉伦说，“我们当中大多数人都坚定地认为，德国必须被打败，但直到我们来到桑德伯斯特，才见识到了纳粹野蛮而残酷的极致。”

然而，展现在艾尔菲・沃尔特面前的是一幅可怕的前景。“我感到混乱极了，”她写道，“这会是真的吗？如果勤务兵们告诉我们的是真的，那么贝尔根－贝尔森的照片肯定也是真的。还有我们不知道的呢？这就是我们的士兵为之战斗的东西吗？对于明天，对于未来，我很害怕。”

见习医生迈克尔・哈格雷夫（Michael Hargrave）于5月初来到贝尔根－贝尔森集中营。贝尔森比桑德伯斯特早解放两个星期，但其规模更大，医务人员仍在应对那里的状况。对于哈格雷夫和其他94名威斯敏斯特医院的医学生而言，那是极其痛苦的经历。

“首先让我震惊的是那里的凄凉萧瑟，”哈格雷夫在5月3日的日记中写道，“一切都是灰色或棕褐色的。然后就是灰尘……”哈格雷夫花了些时间才将目光聚集在周围的环境上，似乎人类的眼睛已经无法适应眼前的景象了。接着他好好看了看周遭的一切：“到处都是堆积的尸体，一直堆到正大门。”

哈格雷夫想起了和英国第2军的医疗副主任格林－休斯（Glyn-Hughes）准将的谈话。格林－休斯跟随英国第11装甲师，是第一批进入集中营的医务官员。他立即接管了医院，采取措施控制斑疹伤寒在集中营内传播，并开始适量地分发食物。尽管党卫军在此前就遗弃了贝尔根－贝尔森，但格林－休斯发现，集中营的指挥官和医生还是留了下来，他也想不通其中的缘由。令他惊讶的是，他们都没有人感到一丝羞愧。

他们周围到处都是成堆的尸体——就那样露天堆着，因为焚尸炉已经坏掉了。一些囚犯正靠在这些尸体堆上啃着残羹剩饭。格林－休斯让他们协助掩埋尸体，但整个过程中，他们依然是一副漠不关心的态度。对于德国平民而言，无论是公开承认并接受这些暴行，还是表现出悔恨之意，都是非同寻常的。大多数人都想彻底逃避这一问题。因此，对于盟军而言，让德国人——不论士兵还是平民——协助掩埋和清理集中营的尸体，已成为一种强有力的、具有象征意义的行为。5月初，艾森豪威尔将军命令德国人再次帮助掩埋所有遇难者，表示“这对于参与这些犯罪的人而言，是生动而现实的教训”。

美国第71步兵师的大卫·伊切尔森（David Ichelson）

中尉描述了一件发生在贡斯基兴集中营的事。“挖掘工作是由之前与该集中营没有直接联系的普通德国士兵进行的，”伊切尔森说，“一部分人假装生病，以此来试图逃避这项可怕的差事。有个人拒绝工作，他被立即枪毙，顺势被抛尸到其中一个万人坑里。他的那些战友都被吓坏了，再也不敢有一声怨言，默默地完成了他们悲惨的工作。”

在达豪、诺德豪森、布痕瓦尔德、沃柏林和福罗森堡集中营，美国士兵们坚持让当地的德国人承担掩埋尸体的责任。美国第 97 师的火炮指挥官谢尔曼・哈斯布鲁克（Sherman Hasbrouck）准将写道：“我是第一批到访福罗森堡集中营的高级官员之一。我依然记得成堆的尸体。那场景太恐怖了……我命令市长找出当地所有健全的男性来挖掘坟墓，以掩埋尸体。”

沃柏林集中营距离德国梅克伦堡平原西北部的什未林以南 28 英里。在那里，第 82 空降师的詹姆斯・加文（James Gavin）将军执意要求当地的市民挖掘 400 个独立的坟墓，并用手推车运送尸体。并且，他不允许他们戴手套。

加文要求路德维斯卢斯特附近的每一个成年居民都去梅克伦堡王子宫殿前的城市广场草坪上挖洞。每一具尸体都有一座独立的坟墓。

5 月 3 日下午，第 82 空降师的牧师乔治・伍德（George Wood）主持了再掩埋仪式，接着对聚集的德国人说：

“尽管你们声称自己对这些作为并不知情，但不论是作为集体还是个人，你们都要为这些暴行负责——因为这些都是由你们在 1933 年选举出来的政府所为，也正是由于你们对这种有组织的暴行的漠视，才使得这样的政府能够继续执政。德国人民应该下定决心，再也不会让任何领导人或者政党带领他们走向眼前这种道德沦丧的深渊。”

那天早些时候，加文将军接收了来自德国第 21 军的大约 15 万士兵的投降。他注意到，他们的指挥官库尔特·冯·蒂佩尔斯基希（Kurt von Tippelskirch）正洋洋得意地看着被运送的一排排尸体，当即扇了他一耳光，并命令他脱下帽子。

在奥地利，茅特豪森、古森和埃本塞集中营都位于居民区。美国第 11 装甲师的理查德·塞贝尔（Richard Seibel）上校于 5 月 6 日接管了位于林兹东部 11 英里的茅特豪森集中营，该集中营在前一天刚刚被解放。他向位于兰斯的盟国远征军最高统帅部汇报：“茅特豪森镇上和附近的居民必须知道正在发生的事情——还有那里的情况。一些看守和他们的家人就住在附近……在当地居民中曾实行过一项长期有效的命令，即如果发现任何集中营逃犯，他们须立即将其杀死。”

塞贝尔指出，接受过这样指令的人民不可能不知道附近关押着囚犯。他命令茅特豪森的居民穿着他们最好的衣服来集中营，协助进行尸体的安葬工作。

茅特豪森是一个巨大的强制劳役集中营。5 月 5 日，美国第 11 装甲师解放该集中营时，大约还有 6 万人被关押在这里。塞贝尔和他的美国士兵们到达这里时，当即便被囚犯们糟糕的身体状况惊得目瞪口呆。“我估计了一下，这里大部分人的平均体重仅仅在 80 磅左右，”塞贝尔说，“很多人还患有斑疹伤寒、痢疾、肺炎等疾病。”

囚犯们被迫在茅特豪森的一个采石场劳作，那里有 186 层阶梯，他们要拖着粗凿的石块爬上这一“死亡阶梯”，有些石块甚至重达 110 磅。一个名叫爱德华·莫斯伯格（Edward Mosberg）的幸存者坦言：“如果你有一点停顿，党卫军要么枪毙你，要么把你从悬崖上推下来摔死。”

幸存者的故事令人心碎。有些故事是他们重获自由后立即向解放者们讲述的，还有一些则是花了很多年才被慢慢挖掘出来的。很多也可以在这里进行描述——但有一个故事也许能够成为这诸多故事的代表。它已经超越了肉体和精神上的残酷，将这些集中营里堕落和腐败的精神世界展露无遗。

吕贝斯特·夏贝尔霍曼（Lubertus Shapelhouman）是一名荷兰的抵抗军战士，他从茅特豪森集中营被解放时是 19 岁。他于 1944 年 11 月进入该集中营，当时体重有 160 磅，但到了 1945 年 5 月，他的体重仅剩 78 磅，且已经濒临死亡。

在茅特豪森和其诸多附属营地中，死亡的人不计其数。这些集中营里推行着“劳役致死”（德语：Vernichtung druch Arbeit）的政策，居住在拥挤不堪、疾病肆虐环境里的囚犯们，饱受食不果腹、经常挨打的痛苦，最终又会因太过于虚弱无法劳动而被杀。但夏贝尔霍曼却回忆起一件特别的事情，这件事情甚至比这种恐怖还要可怕，那是在 1944 年的圣诞节：

有个十几岁的男孩——他是名匈牙利犹太人——他的父

母在他到达茅特豪森集中营之前都已经被处死了。他当时病得很重。被关押的囚犯中有个比利时的牧师很可怜他——因为他所遭受的痛苦即便是放在如此糟糕的环境中，都显得可怕。他向教父寻求安慰，说他想要转而信仰天主教。当时在集中营，所有的宗教活动都是被禁止的。但在平安夜，一场秘密的集体洗礼还是为这个男孩和其他28名囚犯举行了。

夏贝尔霍曼也在其中。可是，纳粹党卫军和集中营看守通过告密者得知了这场仪式的进行。“那个男孩很虚弱，但是他说他想上天堂，”夏贝尔霍曼继续道，“可在他受洗的当下，党卫军便冲进了房间，对现场的每个人大打出手。现场一片混乱——阵阵拳打脚踢落在我们身上。”其中一击还让夏贝尔霍曼的髋部脱臼了。

接着他们全部被带到了外面。当时室外温度为零下14摄氏度。

“那名神父和那个男孩被迫脱光衣服并相互拥抱，”夏贝尔霍曼说，“接着，看守们拿着水管朝他们喷水。他们就以这样的姿势被冻僵了，也以这样的姿势死去。”第二天——也就是圣诞节——整个集中营的人都被迫出来对他们进行围观。

这两个人的死也许能够代表其他成千上万的故事。英美军队发现，德国人竟然对这些暴行毫不知情，这令他们感到不可思议。在整个德国和奥地利——不论集中营大小——美国军队对市民进行了围捕，并强迫他们参观集中营、万人坑还有公共墓地，那里的尸体都尚未被掩埋。詹姆斯·加文将军命令所有沃柏林人都前往集中营参观。在贡斯基兴的美国第71步兵师部队来到附近的兰巴赫镇，他们挨家挨户敲门，把每一个能行走的人都带到集中营，让他们亲眼看看。

集中营的景象在解放军、医护人员，以及从折磨当中逐渐康复的幸存者当中，激起了万千情绪。他们也构成了吞没欧洲的大灾难的一部分。大量被解放的战俘和奴工挤满了由盟军建立起来的援助和医疗机构。

英国战俘鲍勃·普劳斯（Bob Prouse）曾经希望他和一同被关押在米尔豪森劳动营的同伴们能够最终获得解放。但在4月第一天的凌晨，他们突然被叫醒，并被告知要做好准备离开。他们随后便加入了由几千名囚犯、德国军队和普通百姓构成的混乱人群，并与之一道上路。“简直是乱做一窝蜂，”据普劳斯回忆，“我很确定我们的看守收到了指令，带着我们兜圈子，以避免我们被前进的英美军抑或是苏军解放。”在前进了几天后，囚犯们最终来到另一个集中营——位于巴德苏尔察的IXC战俘营。现在，战斗的声音十分真切清晰。当德国看守们再次命令英国人前进时，他们拒绝了。德国人威胁要向他们开枪。

“囚犯们态度坚决，并挑衅地怒视他们，”普劳斯说，“一时间，大家都陷入了沉默——但这种沉默突然被清晰的坦克靠近的声音打破了。我们知道这是来拯救我们的，于是人群中爆发出雷鸣般的欢呼声。德国人则溜之大吉——他们冲出大门，飞快地消失了。”

乔治·巴顿将军的美国第3军几分钟后来到了集中营。

对于战俘而言，被英美军解放是颇令人激动的——而苏联红军的到来有的时候则会引发不安。对最近解放的几个集中营囚犯的转移，是引发西方盟国与苏联在行政层面上矛盾的来源之一。不过，解放集中营的经历本身使得东西方的关系更加紧密了。苏联第144步兵师中尉瓦西里·贝祖格利（Vasily Bezugly）永远无法忘记解放关押英美军战俘的勒夫特1号战俘营时的场景，该战俘营位于德国波罗的海沿岸的巴斯镇附近。“当时的场面十分感人，”贝祖格利说，“我们一起分享口粮，交换地址——我们甚至教战俘们唱起我们最喜欢的战争歌曲《卡秋莎》。”贝祖格利和他的战友们都精于表现出这种夸张的姿态，他们围捕了几百头牛，并像美国西部牛仔一样把它们赶到了集中营，以供饥饿的囚犯们宰杀和食用。

“难民”数量急剧上升。1945年3月底，大约有35万难民。4月7日，这一数字增长到了60万。4月16日，已增长到107.2万。而到了5月初，这一数字将近翻了一倍，达到200.2万。人们担心由盟国推行的联合国救灾组织和善后救济总署等组织可能会难以应付如此庞大数量的难民。

联合国善后救济总署正在努力处理各种问题，包括预算、官僚、低效及其署长赫伯特·莱曼无法控制局面等问题。1944年9月，英国外交部曾发出警告：“莱曼压根没有正确理解其管理机构的职责，导致联合国善后救济总署仍然没有‘发挥作用’。”而事实就是如此。1945年2月，艾森豪威尔将军同联合国善后救济总署签署协议，提供 450 支队伍参与照看在德国的难民。它是否能够应付大量涌入的难民依然有待观察。

食物供给官珍妮特·芬利森（Janet Finlayson）想起 1945 年 4 月底在德国茹拉维尔集合的 158 队。那的确是个国际化的队伍。其主管是荷兰人，医生、供需员和护士来自法国，福利官则是比利时人。5 月初，他们驱车穿越法国和比利时来到德国，经历了碎石瓦砾、残垣断壁，最终来到了位于明登市的难民营。

组织非常混乱。“我们不知道哪些人是难民，也不知道我们正在照顾多少人，甚至也不知道他们之后去了哪里。”芬利森表示，“他们自己试着以国籍来区分，最后住宅区也是以此为基础进行分派的。他们知道哪里可以住宿，也了解哪里会有食物。每天会提供一顿饭——有什么就提供什么。根本没有办法检查到底谁吃过了谁还没吃，也根本无法查证是不是有人吃了两次。”

凯瑟琳·休姆（Kathryn Hulme）想起了维尔德夫莱肯的战俘营。“在这个集中营里，”休姆写道，“我们的联合国善后救济总署队伍明白了流离失所的真正含义，你要突然地、彻底地背井离乡，这不是由上帝决定的，而是由征服者所为。”实际上，这个集中营里几乎所有人都是波兰人，其中有 1428 人都是 12 岁以下的小孩。流离失所的人们——在异国他乡饱经苦难——忍受着各种身体和心灵的创伤。正如联合国善后救济总署报告所指明的那样，这些原本都是难以预料的：

“我们当时计划去照看和监管这些囚犯，是假定这些人在德国强制劳役的政策下，都是易于控制、心怀感激、有气无力的，”报告称，“但事实并非如此。他们极难驾驭，与之接触频繁的军官们会反复用‘解放综合征’一词来形容他们。这一症状的表现包含了报复、欲望和兴奋的情绪。”

这是一种不受任何抑制的状态。约翰·麦克奥斯兰（John MacAuslan）上尉在诺伊施塔特遇见了刚被解放的苏联人：“他们在镇上打劫、纵火——到处都是一片混乱。”报告继续道：“正是这些特质造成了刚被解放出来的难民们在行为举止方面的问题，以及在对他们进行照料、提供食物、消毒杀菌、登记注册、遣送回国等过程中的诸多问题。”队伍里一个名叫玛尔塔·考文（Marta Korwin）的波兰籍社工这样描述她遇到的难民：

在他们被囚禁期间，生活条件极为艰苦，通常是肮脏而可怕的，他们那时会通过回忆过去，做白日梦来抵消现实的痛苦。他们几乎相信，在被解放的那一刻，他们便会置身于战争发生前的那个幸福、美好的世界。所有过去的苦难都会被遗忘，自由会把他们带到一个完美无缺的世界。

但当解放来临时，这些人就会被赶进营地里，他们所要面对的事实是“战争时期占据了整个世界的废墟，以及对于美好未来期许的毁灭——这也给了他们时间对此好好反思。”

考文发现，对于很多人而言，损坏物品已经成为他们发泄愤怒的渠道："尤其是俄罗斯人，他们对于损毁和破坏物品感到格外兴奋。第一天早上，我查看了工厂（紧挨着难民聚集的中心）的某些区域，那里都是昂贵的机器设备，我惊讶地看到，一群俄罗斯人正在精准地粉碎一台又一台机器。"

然而，考文问："会有人对集中营的这些无法无天的行为，对那些失控的酗酒，或是强奸等行为，感到惊讶吗？"她继续道："对于未来的担忧和对于复仇的渴望是造成我们所遇难民不稳定行为的潜在因素。"考文开始理解他们脆弱的心理状态，知道如果需要他们配合，那么他们必须要谨慎对待，例如要保证他们住处的干净整洁。"说服人们按照某种特定的方式解决问题要花更多的时间，"她说，"但如果我们保持敏感并坚持下去，我们的努力还是值得的——我们会发现眼前面对的又是一群友好而乐于提供帮助的正常人了。"

联合国善后救济署冒险进入了未知的领地——他们所面对的是全新的情况下出现的一系列问题。不过，不管怎样，还是有人对此抱有真切的乐观态度。一位名叫弗朗西斯卡·威尔逊（Francesca Wilson）的英国救灾工作人员在去德国的路上说："我越来越认识到，建立联合国善后救济署是多么伟大的尝试——这是第一个试着去做些有意义实事的国际组织。"盟军在荷兰缓解饥荒的努力，便是力求做些"有意义实事"的突出事例。1945 年 4 月初，隶属陆军元帅蒙哥马利第 21 集团军群的加拿大第 1 方面军，将约翰内斯·布拉斯科维茨（Johannes Blaskowitz）将军率领的德国占领者逼退到了荷兰西部。这些部队如今已经与纳粹国防军群的剩余部队失去联系，但他们的据点依然防御顽固，且用洪水作为抵抗盟军的武器。

4 月 9 日，英国战时内阁把目光聚集到了荷兰的饥荒问题上。内阁成员一致认为，如果派军队进入仍被德国人控制的西部地区，将会非常危险——战争只会造成更严重的混乱和苦难。但是他们不能袖手旁观，看着这场悲剧继续上演：2100 万人面临饥饿的威胁，其中许多人正因挨饿而濒临死亡。

尽管陆军元帅蒙哥马利当时正为渡过莱茵河进行军队建设，但他还是派出了两个师来负责为荷兰人供给食物。同时，他也在囤积口粮，用以进行食物空投。最初的计划是经由瑞士接近德国在荷兰的政府，看是否食物能够通过红十字会带进去，该政府是由德意志帝国的政治委员阿图尔·赛斯－英夸特领导。温斯顿·丘吉尔曾坦言："如果他们拒绝的话，我们将会让荷兰境内所有残留的德军部队付出代价。"

4 月 16 日，赛斯－英夸特作出回应。他明确表示，只要他们的政府还在，德军就将倾尽全力奋战抵抗。此外，他们已经做好了充足的准备，一旦受到攻击，便将炸毁水堤，让洪水吞没他们和盟军之间的地段。不过，赛斯－英夸特也表明，他们对于让红十字会带食物进来持积极态度，并寻求停火或者休战的可能性，以确保这一切能够顺利进行。赛斯－英夸特是个忠诚的纳粹分子，如今他计划着通过与西方盟军言和以求自保。他的提议可以挽救生命。

丘吉尔与参谋长联席会议不得不将美国和苏联考虑进来。

允许休战并非一个简单的决定，不过各方都同意，谈判应该继续——到了 4 月底，终于达成协议。盟军会在已被德军占领的荷兰地区停止军事行动。作为回馈，德军将立刻开放食物补给所需的海、陆、空通道。艾森豪威尔言而有信，立刻开始了食物空投。英国食物空投行动代号为“灵粮（Manna）行动”，美国代号为“贪吃(Chowhound)行动”。

这两个名字的内涵极为不同——前者有感情的投入，但唤起了一个更加崇高的目标，而后者则试图以幽默的方式回避恐惧。1945 年 4 月 25 日，丹尼斯·汤普森（Denis Thompson）当时正坐在兰开斯特轰炸机的一座炮塔后方，他所在的英国皇家空军 170 编队接到指令要去轰炸贝希特斯加登市。如今，他被调往参与到“灵粮行动”中，向德国在荷兰占领区的荷兰人投放食物补给。丹尼斯和他的机组成员向弗拉尔丁恩投下物资：

“人们在挥舞着双手、呼喊着。护士们躺在医院倾斜的屋顶上，当我们飞过的时候，她们向我们招手并欢呼。我们在空中仅 600 英尺，装载物资的板条箱被直接丢下去，并没有带任何降落伞。人们跑过去争抢食物——我当时很担心板条箱会直接砸在他们头上。”

4 月底至 5 月 7 日间，英国空军共向荷兰上空出动飞机 3928 次，投放了共计 6680 吨食物。美国空军出动飞机 2268 次，投放了 4000 吨食物。

盟军的战争策略包括释放杀伤性武器，对于曾执行这一策略的英美轰炸机成员而言，这次的行动是尤为特别的经历。

他们知道自己现在是在拯救生命而非结束生命。据英国皇家空军第 115 中队的鲍勃·厄普科特（Bob Upcott）回忆："我们所有的轰炸机都飞得很低，以避免损坏食物的包装。在一次'灵粮'任务中，我们从投放区回程的路上经过一家医院。我们看到一名护士展开了一面巨大的英国国旗，我们此前从未见过如此巨大的国旗。这是非常引人注目的举动——也是十分勇敢的举动。德国士兵们则困惑地看着这面旗帜。"

和平条约于 5 月 5 日在荷兰签署。一天后，美国第 87 步兵师的汤姆·斯塔福德（Tom Stafford）上尉协助达成了大批在德国西南部的纳粹国防军和党卫军部队的投降，十分接近捷克斯洛伐克边界。斯塔福德记得，作为分区指挥部的是一座漂亮的建筑，当时他正在走廊里漫不经心地喝着红酒，而德国的指挥官们却正在为投降协议争论不休。其中一人对于他们要与一名年轻的美国上尉进行谈判感到十分不悦。"从诺曼底登陆日开始，我就一直在打仗了。"斯塔福德说。"我作为一名德国军官已经有 30 年了。"这名反对的少将回应。现在美国和苏联的部队都已在捷克斯洛伐克境内，斯塔福德指出，如果德国人立即投降，那么就有可能逃脱被苏联红军抓获的命运。这又引起了争论。

美国第 71 步兵师的杰里·塔克斯（Jerry Tax）上校永远都忘不了在奥地利威尔斯发生的投降：

"人群涌向镇子上的大广场，有人步行，有人匍匐前进，也有人跪地而行，他们是之前被关押在贡斯基兴集中营的囚犯。"塔克斯回忆道。

那天早上，我们到来的消息传到了集中营——所有能够行动的人都跑出观望他们的解放者。100个人当中也挑不出1个能正常行走的人；许多人是被用手推车拖进城的，还有的踯躅而行，有的拄着树枝或临时拐杖，有的则相互搀扶着行走。他们身上的衣服，即便是最疯狂的制衣商也根本无法想象：破破烂烂的制服被每天24小时穿在身上，穿了三四年，直到变成缠绕在身上的破布。显然，在这期间没有人洗过衣服。各种各样的虱子和寄生虫在他们畸形的、瘦弱的身体上爬来爬去。

那些紧握我们分发的糖果和残羹剩饭的手——直到我们再也发不出来了——都是皮包骨头，且指甲呈深蓝色。他们骨瘦如柴、身上裹着脏兮兮的破布并爬着寄生虫，一排排、一列列地填满广场，没有尽头。而且没有声音。数千人的喉咙当中竟然没有发出一丝声音。也许他们没有力气说话，尽管心怀感激。也许感激的话已被长久地遗忘——在毒打中、枪托下和糟透了的落魄里被遗忘了。

如果说，尽管他们的状况令人同情，尽管他们身上裹着破布，尽管经受了数年的折磨，尽管忍受着不幸的奴役和饥饿，他们的眼睛里还是闪烁着希望和快乐，这当然会是一件令人兴奋的事情。但事实并非如此。诚然，他们的眼神并不空洞——但也没有希望和快乐。这些不该是获得自由的人的眼神。也许，解放对于他们而言，是一个过于庞大、过于不可思议的事实，他们一时间无法理解。也许，他们的身体状况太过虚弱，根本难以消化这样一个巨大的震撼。不论是什么原因，他们都只是些筋疲力尽、颓丧消沉的人——一排一排都是如此。

从他们的眼睛里，你能够读到在过去四五年里发生的故事。你不用这样无助地盯着这些行走的骷髅就能够知道，系统的绝食能够对一个人的身体造成怎样的伤害。那种饥饿之感能从他的灵魂深处向你扑面而来，从他的眼睛里，你就能够看到那种令人晕眩的、永不知足的饥饿。这种感觉会离开他们吗？

一连数小时，似乎我们都在盯着这一片人间悲苦的汪洋大海。当我们所有的食物、糖果和香烟都分发完以后，我们几乎无话可说，可以做的就更少了。然而，突然间，我们开始感觉到在我们视线以外有什么事情正在发生。我们面前的人群开始向广场的一边移动。接着，我们模糊地听到了鹅卵石面上传来前进士兵们整齐的步伐声。从旁边的一条街道上，出现了一支德军纵队，他们走进了广场。我们猜想，他们应该就是那天早上投降的卫戍部队。他们进入了广场上刚刚腾出的空地里，仍然是以平常的队形列队，浩浩荡荡也有数百人。

现在，广场的一边，是整齐有序的方阵，站立着本可能成为的所谓"优等民族"。他们穿着潇洒的紧身灰色制服，粉色的脸颊胖乎乎的，还偶尔能看到一两个啤酒肚——显然，他们依靠抢夺战利品和从苦役手中剥削来的农场，日子过得还不赖。他们的眼睛里，依然还带有征服者的傲慢。

而站在对面的，则是难以置信的无序和混乱的人群，有人站在牛车上，有人敞着肚皮躺着，有人互相倚靠着，他们是获得自由的俄罗斯人、法国人、波兰人和来自巴尔干半岛的人……鱼龙混杂的人群里，有着各种各样的肤色、骨骼以及污秽、肮脏。这两者之间相隔20码——20码和整个世界。而整个广场依然安静得像座坟墓。

时间过去了半小时——可能会继续无休止地拖延下去——这两群人就这样站在那里，不曾移动。没有一个人说话，也没有一个拳头在颤抖——风平浪静，没有一丝波澜。我们的宪兵队则忙着安排关押德国人。这就是发生的一切。

然而，我可以发誓，那里还是发生了些什么。我从卡车上下来，慢慢穿过人群。那是我的幻觉吗，还是我的痴心妄想？到了今天，我实在无法回答这些问题。但是我看到了，或者说我以为我看到了，在那一双双眼睛里，有一丝我曾经一直寻找但未曾找到的东西。也许他们受到的震惊正在逐渐消失。当他们看向正等着被带走的德国人时，一种巨大的、难以置信的事实似乎正在他们的意识中逐渐清晰起来。

他们活下来了，而且在某种程度上，他们能够恢复。这些吃饱喝足的德国人经历了道德上的挫败和毁坏，而这一切他们根本无法挽回。

“一小时内，广场便清空了。德国人被带走了。方圆几英里以内的轮式车都被征用，把这些从集中营解放出来的生病、挨饿的囚犯送往他们能够得到食物和照料的地方”。

同情也被唤醒。“那天晚上——战争开始以来，我第一次感受到了一种新的欧洲精神正在成形”。

08. 兰斯

1945 年 5 月 7 日

5 月 5 日那天，兰斯的天气糟透了。德怀特·艾森豪威尔将军的海军助手——哈利·布彻上尉开始制订应急计划，以防德国代表团被转移到另一个机场。最高联合指挥部也参与到一场等待的游戏。艾森豪威尔的司机凯·萨默斯比说道：

“当我第二天早上到达时，在红色校舍里，我们并没有做太多的工作。我们大多数人坐在一起讨论投降仪式……就在中午之前，我们得知德国人的飞机由于恶劣的天气而被迫降落在布鲁塞尔。他们会乘汽车来到兰斯，预计五点钟到达。”

投降仪式进行的地方被选在了“战争室”，这是艾森豪威尔平常与其顶级指挥官和工作人员会面的地方。布彻上尉这样描述里面的场景：

房间大约30平方英尺，淡蓝色的墙壁上悬挂着作战地图，图中显示了各条战线上的军力部署。此外还有一些图表，记录着当天的空中作战行动，伤亡名单，物资到达情况，铁路和通信系统状况，以及今、明、后天的天气情况。那面挂有温度计的墙以纳粹万字符为背景，这表示成千上万的德国囚犯如今已落入盟军手中，而这一数量还在不断增长。

现在大批摄影师已经到达，并满怀期待地等待着。但是，德国代表团的到来却颇令人扫兴。海军上将汉斯·冯·弗雷德堡声称他只有权讨论条款，不能签署最终投降文件，并补充说他没有办法直接与邓尼茨在弗莱堡交流。

投降文件本身制定得很快，而且特地保持简单。约翰·康塞尔（John Counsell）在盟国远征军最高统帅部的历史部门任职，两天前他被召去与美军作战部长布尔（Bull）将军会面。康塞尔指出，现有的投降书是由代表英、美、苏的委员会制定的，他建议不使用这份投降书，因为这份投降书还只是草稿，没有将法国的修改建议添加进去。他提出制定一个简单的法令来结束战斗，后面的条款大部分都是抄袭德军之前在意大利投降的条款。康塞尔将其命名为“军事投降法令”。苏联人从来没有见过。

如今这些条款被盟军最高司令部所正式采纳。这是一个令人惊讶的决定。沃尔特·贝德尔·史密斯（Walter Bedell Smith）将军，在回应美国国务院时，声称自己已经忘记了先前投降草案的存在。盟军最高司令部正在集中精力尽可能快速促成东西两条战线的投降。当弗雷德堡表示他没有权力签署文件时，艾森豪威尔的参谋长贝德尔·史密斯将军则怀疑这是为了拖延时间，并且坦言：

“德国人是我们的敌人，在投降前依然是我们的敌人，”他对冯·弗雷德堡说，并补充道，“他要么能从邓尼茨那里直接获得完整的权力，同意无条件投降，要么就派其他人来，例如参谋长那样有这种权力的人。”通信线路最终接到了弗伦斯堡，记者们被告知投降仪式将推迟举行。

海军上将弗雷德堡于今天晚上 17：30 到达最高司令部。据说他此行的目标是为了澄清几点事情。他被告知对方只能接受无条件投降。他回答说自己没有权力签署任何投降文件。

他们表示德军大势已去，并怂恿他考虑是否应该获得签字的权力。随后，他们将军事投降法令给了弗雷德堡上将去了解，他现在正在起草一份电报给海军上将邓尼茨，我们认为这份电报包含了他应该获得签署授权的建议。

这些外交报告为事件的进展提供了重要的背景，这对理解即将发生在投降仪式上的事情至关重要。这份报告以此结尾：“跟索斯洛帕罗夫将军保持联系。”

伊万·索斯洛帕罗夫（Ivan Susloparov）少将身为苏联与盟军远征军和法国政府联络的指挥官，在投降仪式上发挥重要作用。索斯洛帕罗夫在俄罗斯内战时，曾与布尔什维克共同战斗，1925 年从基辅军事学校毕业，1938 年从捷尔任斯基军事学院炮兵部毕业。第二年，他被派至苏联驻巴黎武馆，负责苏联在西欧的情报网。在德国入侵苏联后，他担任苏联第 10 军的炮兵指挥官。1944 年夏天，在巴黎解放后，被调任到法国首都，担任苏联代表团团长。

乔治·贝利 (George Bailey) 在兰斯的盟国远征军最高统帅部的情报部门工作，当他回忆索斯洛帕罗夫时，这样说道："他是一名炮兵少将，能很好地讲述一次爆炸。而且他还不忘对政治加以评论：'共产主义制度归根到底就是——如果你工作得很好，那你就会吃得很好。'索斯洛帕罗夫显然工作得很好：他身材高大，有着一张圆脸，天性快乐。事实上，他是我见过的为数不多的大块头俄罗斯将军之一。"

贝利在与荷兰西部的德国占领军的谈判时第一次见到索斯洛帕罗夫。苏联已经同意停战生效，以允许盟军空投食物给饥饿的荷兰灾民。谈判是在纳粹高级专员阿图尔·冯·赛斯－英夸特（Arthur von Seyss-Inquart）、沃尔特·贝德尔·史密斯将军，与索斯洛帕罗夫、法军副参谋长弗朗索瓦·瑟维（François Sevez）将军以及荷兰的伯恩哈德王子之间展开。贝利记得，每当伯恩哈德走出这座用于会议的教堂时，镇子上集合起来的居民——他们穿着橘色的燕尾服，系着橘色的丝带和腰带——便开始演奏荷兰国歌。

讨论主要在贝德尔·史密斯和赛斯－英夸特之间展开，尽管在休息时伯恩哈德王子对这个俄罗斯人表现出了浓厚的兴趣，并由贝利作翻译，向他询问苏联党派运动的事情。伯恩哈德兴高采烈地告诉索斯洛帕罗夫，说自己的飞机可以给苏联红军使用，可以协助投放物资。现今所有俄罗斯的土地都早已从德国人手中解放了，困惑的苏索斯洛帕罗夫还是对他表示了感谢，并表示党派运动组织良好，暂不需要额外的帮助。当王子为了逃避再次响起的国歌而躲进房内时，索斯洛帕罗夫转向贝利："他这是怎么了——战争就要结束了！"

从 5 月 5 日起，贝利会把消息从身处盟国远征军最高统帅部红色校舍总部的贝德尔·史密斯那里，带给金狮酒店附近的索斯洛帕罗夫。艾森豪威尔决定只接受德国的无条件投降，并向俄方保证不会考虑任何形式的部分投降。贝利回忆说：

索斯洛帕罗夫实际上是这些事情的中介人，而他能做的不过是从俄罗斯人随身携带的无线电发射机上接收来自莫斯科的消息或者发送回复。每当我出现在金狮酒店，有问题或者答案要给索斯洛帕罗夫时，他总会这样回答：'我刚刚发了一封电报给莫斯科。'但在我的记忆中，他从来没有说过他收到了来自莫斯科的消息。我开始想接收器可能已经坏了，只是他碍于情面，不愿承认这点罢了。

起初，索斯洛帕罗的工作进展得似乎还算顺利。艾森豪威尔总是能够与苏联最高统帅部参谋长安东诺夫将军就此事件的进展进行充分沟通。5 月 4 日，他简要地向安东诺夫告知了德军已在吕纳堡荒原投降的事情。他还告诉他，邓尼茨上将的代表们第二天（5 日）会赶往他的总部进一步安排投降事宜。艾森豪威尔说，他打算告知德国代表团东西两线的投降需要同时进行，并询问他，由于事态紧急，不知这一做法能否令苏联最高统帅部同意。

艾森豪威尔补充说，为了拯救更多的生命，他认为这些事情越快处理越好，但他还是会先在征得苏联最高统帅部的意见后，再进行谈判。他还说，索斯洛帕罗夫少将会被邀请出席谈判，如果苏联想要派其他能够全权代表他们的人来他的总部，他也非常欢迎。

安东诺夫将军收到了这则消息，他在 5 月 4 日深夜收到了口头和书面的消息。午夜刚过，他便立即作出回应，简明地表达了原则上可以接受艾森豪威尔计划的意思。他要求，如果邓尼茨拒绝接受德国在东西两线同时投降的条件，那么谈判立即中止。他还授权索斯洛帕罗夫少将参加投降谈判，毕竟也没有足够的时间再派其他的代表了。

兰斯的投降谈判暂停期间，布雷斯劳的赫尔曼・尼霍夫将军决定放弃抵抗，任由苏军接管该城。他会见了一群布雷斯劳的神职人员，包括天主教主教约瑟夫・费尔歇（Joseph Ferche）和其教士约瑟夫・克雷默（Joseph Kramer），以及两名新教徒约阿希姆・康拉德（Joachim Konrad）和恩斯特・霍尔宁（Ernst Hornig）。尼霍夫和他的两名参谋在市图书馆的地下室接见了这个代表团，这里已经被改造成了他们的指挥总部。费尔歇介绍了他的同事，然后直接向尼霍夫发话了。

“将军先生，我们没有权力干预你的决定。但在上帝和人民面前，我们有责任问您是不是还能承担得起继续战斗的责任。”新教的牧师恩斯特・霍尔宁接着说：“平民们的处境非常可怜。”他说：“每天都有人问我，他们是不是应该死在炸弹和火焰之中。而又是为了什么？对纳粹党的信仰与日俱减。人们看不到任何防御布雷斯劳的意义。也许接下来几天，他们就不会遵循命令了。在这种情况下，您能向上帝解释为何还要继续防卫城市吗？”

地堡里一阵沉默。整整一分钟，尼霍夫都低着头。这就像某个咒语被打破了一般。然后，他抬头看着这名牧师说：“您的担忧也是我的担忧。”

第二天，尼霍夫切断了与陆军元帅舍纳尔所有的电话联系，地方长官（地方政党领袖）卡尔·汉克愤怒地冲进了他的指挥所，并威胁要逮捕他。尼霍夫看着周围的士兵，然后一字一句地说：“长官先生，如果有任何人要逮捕别人的话，那也应该是我来。”一阵长长的沉默后，汉克——这个以叛逃为由而处死了数千平民的政党恶霸——在这名将军面前似乎泄了气。最终，汉克说道：“请原谅我刚才的威胁。我本意并非如此，但我能怎么办呢？”尼霍夫冷冷地注视着他：“你自我了结吧。”他建议道。汉克没有那种勇气。当晚他就乘飞机逃离了那座城市。

5月6日，尼霍夫将军召集了手下的参谋。他说：

是时候结束战斗了。今天我最后一次让你们集合。你们，战士们，还有我们的人民做出的奉献已无需多言。总有一天，历史会做出评判。

希特勒死了。柏林沦陷了。东部和西部的盟军已在德国中心握手相见。我们已经没有理由继续为布雷斯劳而战了。再有任何一种牺牲都是在犯罪。我决定结束战斗，并以正当条款让这座城市和驻军向敌人投降。我们已经坚持到了最后。我们已经履行了我们的职责。

所有人都同意，除了奥托·赫尔佐克（Otto Herzog），他是人民冲锋队的指挥官，同时也是纳粹死党。“几个星期后，西方盟国和苏联就要开战了，到时候会再次需要德国军队的。”他离开房间时对尼霍夫大叫道。赫尔佐克无法接受向苏军投降。一个小时后，他开枪自杀了。

5月6日下午3时，尼霍夫在其指挥所接待了两名苏联谈判人员。他们的讨论进行得很融洽。由于不确定这两人是否有权拟定投降条款，他决定向同等级的苏联第6集团军指挥官弗拉基米尔·格鲁兹多维斯基（Vladimir Gluzdovski）将军征求意见。

赫尔曼·尼霍夫在苏军护送下来到城市的西南边缘。在这里，那座科洛尼亚别墅——一座漂亮的别致的独立式住宅，便是格鲁兹多维斯基的总部。这名德国将军走过时，参谋们都整齐地立正。他被带到一个房间，几名苏联军官围着一张大桌子站着，格鲁兹多维斯基也在其中。一名勤务兵拿了些玻璃杯和烈酒进来，格鲁兹多维斯基也邀请这名德国人。尼霍夫拒绝了。格鲁兹多维斯基奇怪地看着他，怀疑尼霍夫可能觉得这酒有毒。双方的互不信任已根深蒂固。他拿起酒杯一饮而尽。尼霍夫点了点头，然后也喝光了新倒给他的一杯酒。每个人都笑了。

格鲁兹多维斯基的副手帕诺夫将军带来了投降协议。协议中提到病人将得到医疗援助。平民将受到保护。士兵们会有饭吃，也会被善待，并被允许保留个人财产。这些条款很合理。尼霍夫浏览了一遍，然后签了字。当时是下午6点。

条款自然是合理的，而且应该是真诚地提出的，只不过实际却并未按此执行。5月7日，苏联红军士兵们挺进布雷斯劳，德国驻军从相反的方向沉重地前行。大多数德军士兵被剥夺了所有的财产。然而，另一种选择——继续战斗——可能还会造成更多的痛苦。

5月6日星期日早上，兰斯一切平静。下午，贝德尔·史密斯在作战室监督麦克风和摄影机的布置——一切从简。贝德尔·史密斯和索斯洛帕罗夫就投降协议中的两点争论不休：一是有关“财产”的定义，俄罗斯人希望该词有尽可能宽泛的解释，而且着眼于赔偿事宜；二是莫斯科能否授权索斯洛帕罗夫，由他全权代表苏联最高统帅部签署合约。乔治·贝利说：“第一点最后敲定了，而且对俄非常有利，但第二点，据我所知，从来就没理清楚过。”

5月6日，安东诺夫将军已经被充分告知了第一天谈判的进展，尤其是艾森豪威尔将军断然拒绝弗雷德堡只让西线的余下德军部队投降的条件。当天，安东诺夫收到两份文件。第一份文件是《盟军最高统帅部与德国代表的协议》，其中明确规定了德国人必须在指定时间和地点签署无条件投降协议。第二份文件是《军事投降法》，里面列明了投降的条款，要求东西两线同时投降。

艾森豪威尔的行为是透明而正确的。但这其中也包含了一些假设。第一个假设是，出于速度和拯救生命的考虑，将投降的地点设在盟军最高统帅部总部所在地兰斯，这对苏联而言是可以接受的。第二个假设是，该协议文本尽管苏方从未见过也从未参与起草，但这也是可以接受的。第三个假设是，既然索斯洛帕罗夫少将被允许代表苏联最高统帅部参与投降谈判，那么他也可以在实际的投降仪式上代表苏联签署协议。虽然这些假设并无恶意，但事实证明是有严重缺陷的。

下午 6 时，邓尼茨派来的新使者——德国武装部队总参谋长阿尔弗雷德·约德尔将军到达盟军最高指挥部。

那天晚上，德国代表团和贝德尔·史密斯进行了 90 分钟的会议；接着，贝德尔·史密斯和艾森豪威尔又开会，随后便是与在兰斯的苏方代表索斯洛帕罗夫少将进行更进一步的磋商。艾森豪威尔依然坚持只接受全面投降。晚上 9 点，德国人请求宽限 48 小时以便他们做决定。艾森豪威尔没有同意。“你告诉他们，”他命令英国高级参谋官斯特朗将军，“从今晚午夜开始，48 小时后，无论他们是否签署协议，我都会封锁西线，到时候一个德国人也别想通过。”然后他便突然离开了房间。

艾森豪威尔将军在一份重要文件中总结了这种僵持的局面：

晚上，约德尔将军和弗雷德堡上将一起出现在我的总指挥部，他们希望继续与我的参谋长和他的助手进行谈判。很明显，从讨论的最开始德国人就在拖延时间，其目的是尽可能将最多的德国士兵和平民从苏联前线撤到我们的部队地域中来。

他们继续努力着，想要分批次投降，甚至表态，无论我的答案是什么，他们都会命令西线的所有德军停火，并且保证不向任何一支英国或美国部队开火。他们要求在星期二（8日）上午举行会议签署最终的投降协议，之后暂缓48小时，以便他们能够向所有边远部队进行必要的指示。而他们的实际目的不过是为了争取时间。

最后我不得不告诉他们，除非他们同意我的投降条款，否则我将终止所有谈判，并且封锁西线，用武力阻止德国士兵和平民进一步向西前行。当面对这一最后通牒时，他们立即起草一封电报给邓尼茨，请求其授权接受全面投降，但没有具体说明在签署协议之后是否会有48小时的休战。

显然，这个解决方案就把何时停战的主动权交到了德国人手中，因此我拒绝了，并声明战斗必须在今晚午夜48小时内在两条战线上停止，否则我先前的威胁就会成为现实。我重申，他们的目的是尽可能继续与苏军对抗，以便将最多数量的德国人撤离到我方队伍地域中来。

无论何种情况，不管出于何种目的，这条战线上的斗争都会立即停止，因为我的部队几乎毫无例外地都占据在我所要求的战线上。

艾森豪威尔思路清晰，令人信服，而且对要点了如指掌。他不打算和德国人废话，而德国人也清楚这一点。什未林·冯·克罗西克伯爵坦言：“我们可以把向蒙哥马利的投降称为休战，并侥幸成功了。可是这些伎俩在艾森豪威尔这里根本起不到什么作用。”

最后有一则建议，即为大同盟所有成员国保留一个欧洲胜利日：“如果安排如上所述，我建议由政府在星期二宣布，把星期三，即5月9日，定为欧洲胜利日…… 我们希望明天正式签字。”

然而，事情的进展被打断了。晚上9点，当贝利再次访问金狮酒店时，索斯洛帕罗夫将军仍然没有从莫斯科收到有关他授权请求的答复。

德国人意识到拖延战术并不管用，于是约德尔发电报给邓尼茨说：“艾森豪威尔将军坚持要我们今天签署投降协议……我认为我们别无选择——要么是我们被迫卷入混乱，要么就是签字。我请求您立即通过无线电确认，我是否有充分的授权签署投降协议。”

5月7日凌晨1时30分，一切准备就绪。17名记者获准来报道事件的进程。由贝德尔·史密斯将军主持议程——艾森豪威尔希望与德国代表团保持距离。据乔治·贝利回忆：“那天晚上，我是贝德尔·史密斯将军的执勤官。期待已久的信息从邓尼茨总部传来，同意授予约德尔签字权力。但我却颇为忧虑，因为我确信索斯洛帕罗夫将军仍然没收到莫斯科的消息，那么协议也将无法签署。同样确定的是，把他带到作战室来的任务将会落到我身上。但这一切并没有发生。令我惊讶的是，半小时之后，所有的签署国代表——包括索斯洛帕罗夫——都聚集在我面前。”

布彻上尉记得事情实际发生的全部经过：“肯尼思·斯特朗少将把要签署的文件放在贝德尔·史密斯将军面前……史密斯简短地和德国人说了几句（由斯特朗翻译）。这些就是缺少签名的投降文件了。他们准备好要签名了吗？约德尔轻轻点头表示同意。”

签署人是代表德国最高指挥部的约德尔将军，代表盟军远征军司令的贝德尔·史密斯将军和代表苏联最高统帅部的索斯洛帕罗夫少将。弗朗索瓦·瑟维准将也以见证人的名义签了名。

布彻继续说：“在签署结束时，约德尔将军以立正姿势站着，并用英语说：‘我想说句话。’然后他又转为德语，后来被翻译成如下：

‘有了这个签名，不论将来好坏，德国的人民和军队就交到胜利者手中了。在这场持续了五年多的战争中，他们的成就和磨难，也许比世界上其他任何一个民族都要多。此刻，我只希望胜利者们能够慷慨地对待他们。’”

“后来被翻译”这个短语很重要，乔治·贝利承认：

约德尔的讲话就这样被搁置了。没有人翻译他的话，甚至也没有人上前询问是否需要翻译。奥克西尼尔斯少将是约德尔的副官，战争前曾在威尔士当过教师，他没有这样做，斯特朗将军也没有，在德国的美国口译员乔治·莱因哈特也没有，我也没有。就我而言，他的讲话是极不合适的，尤其是当他提及德国军队的成就和苦难的时候。这些纳粹的工具，给数亿非德国人带来了难以磨灭的痛苦。

官方仪式结束之后，艾森豪威尔将军在他的办公室与这个德国人单独进行了一次短暂的交流：

“在必要的文件签署后…… 约德尔将军被带到我的房间。我通过翻译问他是否完全理解他所签署文件中的所有条款。他说可以。我告诉他：‘如果违反这些投降条款，那么你个人以及官方都负有责任。这就是我要说的。’他敬礼后便离开了房间。”

乔治·贝利回忆：

这是我唯一一次见到艾森豪威尔。也许是因为事件的戏剧性和重大意义，我似乎产生了一种视觉错觉。艾森豪威尔仿佛坐在一个壁龛里的桌子上，他的地板比房间的地板更高一级。他身形魁梧高大。当他回过头直面约德尔时，这种高大的印象更加深刻了。约德尔站在低一级的地板上，像一个正要接受处分的旷课学生一般。

艾森豪威尔为配合摄影师摆出造型，拿着签署文件的钢笔摆出“代表胜利的 V 字形”。然后，他向联合参谋长们以他固有的方式发了一条简洁明了的电报：“盟军的使命于 1945 年 5 月 7 日当地时间 0241 完成了。”盟军司令部的基层员工琼·伯纳德（Joan Bernard）说：“正是这种刻意表现出来的低调方式才使得这一公告如此有力。”然而，当天的这出戏才刚刚开始。

乔治·贝利想知道索斯洛帕罗夫是否有权签署协议。他推测：“早晨，他在历史的呼唤中醒来，发现自己仍然没有收到莫斯科的答复，但在这一重大时刻，他作出决定，将作为首席苏联代表前往盟国远征军最高司令部，并行使其代表权力签署文件。”索斯洛帕罗夫少将的处境几乎是绝境。因为如果他不去签字，那就等于允许德国跟英国、美国和法国言和，而让苏联继续置身战争当中。重要的是，他坚持插入这样一个条款，该条款声明如果任何盟国提出要求，那么作为后续，投降仪式也可以在其他地方再次举办。

5月7日早晨，投降在布雷斯劳完成，德国将军赫尔曼·尼霍夫被邀请至其苏联的同级在科洛尼亚别墅举行的宴会。“门被突然拉开了，”尼霍夫回忆说，“两侧分守着穿白色衣服的苏联红军士兵。房间里摆着一张装饰华丽的桌子——桌上的烛光映着无数冷盘、海鲜、肉馅饼和伏特加。胜利者想要庆祝这样的日子，而我不过是他们出于礼貌邀请的罢了。”

尼霍夫已经筋疲力尽了，在他面前展开的场景显得那么不真实。布雷斯劳的战斗曾异常惨烈，且他们绝不退让。但德国人却从苏联士兵的战斗中感觉到了真诚的尊重。即便在这场最疯狂的战争中，敌对双方的士兵在某些情况下依然可能产生共鸣。

“将军先生，请坐。”尼尔霍夫被安排在格鲁兹多夫斯基旁边坐下，他旁边是一名翻译。这位苏联指挥官提议大家一起举杯："战斗结束了，让我们共同为了布雷斯劳英勇的卫戍部队而干杯。"长期被灌输纳粹有关种族战争理念的尼霍夫此刻甚至在怀疑自己是不是在做梦。

如今在兰斯，一切都只是时机问题。投降的正式宣布时间将取决于几位大同盟首领的共识，也就是杜鲁门、丘吉尔和斯大林的意见。

但是那天早上，很显然有些事情不对头。凯·萨默斯比回忆道：

这是我在最高指挥部里度过的最糟糕的一天。我瞥了一眼那些正在等待（艾森豪威尔）将军阅览的信息，其中表明当天将没有一方到场。一切都是乱七八糟的。有一条消息指出，捷克斯洛伐克的德国人拒绝向与之敌对的苏军投降……还有一条消息说，德国电台宣布纳粹已经与西方盟军单方面达成和平协议，而未曾与苏联言和。后者不仅对该消息怨声载道，而且还劝告盟国远征军最高统帅部，他们已经不相信索斯洛帕罗夫有资格作为苏联代表出现在兰斯的仪式上。

下午3点左右，最后一拳重击袭来。比德尔（贝德尔·史密斯）像疯子一样闯进办公室，他咆哮着：美联社的艾德·肯尼迪（Ed Kennedy）已经在美国抢先报道了兰斯投降的事情。这则"独家新闻"已经在美国的美联社电报上引起很大波动，这让法国的一众记者万分生气，也令克里姆林宫、唐宁街10号和白宫的绅士们感到颇为恼火——尤其使兰斯的最高指挥官暴跳如雷。

5月7日当天都是这样度过的。甚至首相也掺和到这场混乱中来，他那天一共从伦敦打来8个电话……那天晚上我们都回家了，大家一致认为这是在盟国远征军最高统帅部经历过的最悲惨的一天。

苏军参谋长安东诺夫将军强调：

尽管与德国指挥官之间进行谈判的结果是其同意德军在东西两线无条件投降，但邓尼茨上将还是继续通过无线电广播发出公告，一方面呼吁德国部队继续与苏军抗衡，而另一方面却要求其在西线的部队放弃对西方盟军的抵抗。

邓尼茨在5月5日发布了这样的公告，而当天正是艾森豪威尔将军与弗雷德堡上将谈判全线投降的时候。这种行为引起了强烈的公众舆论，认为邓尼茨已经在西部休战，而在东部则要求继续战斗。

而我们的目标就是不给欧洲舆论任何机会宣称西方盟军和德国之间是单独休战。

你们当然明白，这样的休战会违背我们的盟友关系。

众所周知，我们曾在荷兰同意了类似这样的休战，目的是为了拯救荷兰人免遭洪水危害——德国人曾威胁这么做——以及饥荒。为了让荷兰人免遭饥饿威胁，那次我们破例这么做，实属迫不得已。

考虑到西线和南线现在的情况，德国军队别无选择，只能以囚犯的身份投降。无一例外，东线所有德军部队都应该如此。

接着，俄罗斯人便把话锋转向艾森豪威尔提供的投降文件的副本——也就是已经在兰斯被签订的协议。他们做出了一些修改。

第一处改动涉及在起草这份明确投降的时间和地点的兰斯文件时所不幸出现的纰漏，使用了“休战”一词。参与起草这份协议的约翰·康塞尔承认：“俄罗斯人对《与德国代表协议》中使用‘休战’一词反映激烈，觉得这进一步证实了他们的怀疑，认为我们正在准备以牺牲他们为代价来结束战争。”

苏联现在提出了一个折中的办法。他们打算将兰斯投降——这件事情他们并没有告诉过自己的公民——视为初步协议，而在柏林签署的协议则是最终协议。值得赞扬的是，艾森豪威尔此时挺身而出——为了尽可能减少损失——同意了苏联的提议。

他发出了以下措辞明确的回复：

我相信你们会明白，我们一直严格遵守在这一战线上不会单独休战的约定……我们一贯拒绝与任何人讨论单独休战，并且会按照我们理解的俄方意愿展开行动。

虽然在今天凌晨2时40分，在收到你们的信息之前，我们在这里已经签署了一份无条件军事投降协议，你们也有一份副本，但该文书规定，德国国防军最高统帅部必须在某个确定的时间和地点签署更为正式的投降协议。我很高兴明天能在朱可夫元帅指定的时间去柏林，我认为他将会是苏方的代表。

西方盟国和俄罗斯之间正在重建桥梁。但在这个重大的日子里，注定会发生更多的事情。此前的间隙意味着战场上的美军和英军明白了即将会停战，德国人认为他们与西方盟国之间已经实行停火，但并不愿意向俄罗斯人投降，而俄罗斯人——不知道即将停火，或是站在苏联最高统帅部的立场而不选择接受停火——还在进行战斗。

5 月 7 日上午 7 时 45 分，美国 803 反坦克装甲营——乔治·巴顿将军第 3 集团军的一部分——接到命令，在捷克斯洛伐克西部从沃拉里到利诺拉沿路调查德国据点。艾森豪威尔将军对该国的所有美军都给出了明确指示，除极少数侦察任务以外，禁止任何超越美军前线 6 英里外的行动。而该部队继续向前移动，并陷入了德军埋伏。第 11 装甲师隐藏在土路一侧的树林里，遇到了来自“铁拳”的密集火力。炮弹在领头的美军车辆周围爆炸，紧跟其后的士兵们驾驶的吉普车被击中。其中一人——查尔斯·哈夫拉特——当场死亡。

美军也以火力回应，但几分钟后，无线电报员收到停火已经生效的消息，他们即将返回沃拉里。哈夫拉特是在欧洲死亡的最后一个美国士兵。领导此次伏击的德国军官被俘后说，他之前对停火完全不知情，在交战30分钟以后才得知消息，但他仍然为此事表示抱歉。接着，双方便谨慎地举行了投降仪式。

但是，当德国人面对前进的苏军时，故事则完全是另外一番情节。他们不计代价地要逃离，这导致在马格德堡西北45 英里的坦格尔明德的易北河上的桥上出现了可怕的情景。河的西边由威廉·辛普森（William Simpson）将军率领的美国第 9 军守卫。而从东边靠近的则是沃尔特·温克将军率领的德国第 12 军，以及第 9 军残余部队和大量的平民。俄军则在疯狂的追逐当中。

温克将军已经于 4 月 23 日从易北河据点撤离，因为他收到紧急命令，要求其返回柏林拯救希特勒。温克已经到达了波茨坦。 然后，面对强大的苏联敌人，他放弃了所有打算进入帝国首都的计划，转而集中精力率领德国第 9 军抵御科涅夫元帅的乌克兰第 1 方面军的攻击，并将他们安全带入美国战线以内。第 9 军是东部战线编队，而第 12 军已经整合为一体——但两军都已决心不向苏军投降。近 10 万人的纳粹国防军部队和相同数量的平民正朝着美国战线逃离。

5 月 4 日，温克派遣他的一名军指挥官，巴伦·冯·埃德尔斯海姆（Baron von Edelsheim）将军，在他的军队到达前与其美国同级的辛普森将军进行谈判。谈判在施滕达尔的市政厅举行。辛普森比吕纳堡荒原的蒙哥马利元帅更慎重。他对无条件投降的条款不是口头承诺。他清楚人道主义问题，知道美国对苏联盟友的义务，也明白如何处理大量人口涌入的实际问题。辛普森说，他愿意接受受伤的和解除武装的士兵，但拒绝了埃德尔斯海姆有关帮助修理大桥以加速撤离的要求，并明确表示，他不会接受城市难民。

5 月 6 日，他们开始穿过易北河。德国优先考虑让第 9 军过河，而第 12 军还占据着坦格尔明德附近一个约 5 英里宽和 2 英里深的被部分损毁的桥头堡。在他们身后则是苏军——他们的大炮现在正朝着德国的据点开火。

5 月 7 日上午，桥头堡的四周已经开始坍塌。已经没有时间来让他们有组织地渡过易北河了——德国士兵和平民开始陷入大规模的恐慌。虽然平民们被禁止渡河，但他们依然无所顾忌地前行。兰斯的无条件投降协议签署后仅几小时，美国第 5 装甲师和第 102 师的分遣队看到了河对面展开的混乱局面。英国记者詹姆斯·威拉德（James Wellard）当时正与美国军队在一起：

我刚刚见证了西部战线上的最后一场战斗，地点在易北河的坦格尔明德，距离我大约 200 码。战斗的双方分别是毫无组织、情绪激动、大声尖叫着的德国人，以及势不可挡、冷酷无情的俄罗斯坦克和步兵。我从一架美国坦克顶部——这辆坦克一旦开火，其近距离平射射程就可以屠杀数百德国人——俯瞰这样震撼的场景，这比我在四年战争中所见过的场面都要震撼。

苏军的迫击炮弹在等待过桥到美军阵营的德国士兵和平民中爆炸，大批妇女和儿童死亡或受伤。德国国防军士兵把老妇人们推下船，试图自己乘船过河。光着膀子的军官们划着橡皮艇，船上是他们的队伍和 3 名妇女，还有行李和自行车。

一个女孩在水中大声求救，不久便沉溺了。男人们穿着背心在河里游泳，而爬上西岸之后，则被直接送到关押囚犯的笼子中，他们也还是穿着背心。

5月7日中午，苏军坦克攻破了德军据点后面的树林屏障。苏军现在距离河堤不到一千码。“我当时正站在被损毁的大桥的另一端，”威拉德继续说，“看着伞兵、将军、高级军官、护士和坦克兵们惊恐地争着过桥。德国士兵相互之间打成一片，目的是为了争夺木板、浴盆和其他碎片来游过河。”希特勒幻想中能够拯救在柏林的帝国命运的军队，也就这样走到了尽头。

下午2时30分，邓尼茨政府的外交部长什未林·冯·克罗西克，向弗伦斯堡的德国人民广播了有关投降的消息：

德国同胞们，今日，最高武装统帅部应海军上将邓尼茨的命令，向所有战斗部队宣告无条件投降……历经近6年的英勇斗争，在承受了几乎无法比拟的艰难后，德国最终不得不屈服于敌方压倒性的力量。继续战争只会徒增毫无意义的牺牲……我们现在必须坚定而诚实地正视我们的命运。

在冯·克罗西克说出这些话的时候，他也知道德军和党卫军部队仍在战斗，意图消灭在布拉格的叛乱分子，战争在东部阵线还在继续。

苏联领导层选择忽略这一公告。他们已经告诉西方盟国，在兰斯签署的只是初步协议，他们并没有将兰斯的消息传达给其人民或其士兵。布拉格之战——苏军在战争中的最后一次大型战役——才刚刚打响，并且将继续下去，直到德国中央集团军向他们投降或被彻底摧毁。斯大林清楚地知道这一点，并且知晓德军的主力部队仍然在库尔兰和但泽附近的赫拉半岛抵抗，他召集安东诺夫将军召开了另一个会议。他想知道是否还能够从兰斯协议中获利。

安东诺夫接到命令，向仍然与苏军奋战的德国部队发出呼吁。此次交流将通过无线电和投放宣传单进行，其中苏联将表明兰斯协议的有效性，并表示该协议已生效。他们将要求纳粹国防军立即准备投降，并于5月8日至9日交替的第一分钟正式放下武器。这是兰斯协议中指定的无条件投降时间，并将与在卡尔绍斯特举行的第二个签署仪式保持一致，该会议将在5月8日23:00进行。这项策略是为了拯救更多苏军士兵的生命，但效果并不明显。

在兰斯的盟国最高指挥部，投降依然是禁止传播的消息。但下午3点，美联社记者爱德·肯尼迪（Ed Kennedy）故意打破了这个协议。鉴于邓尼茨政府已经播出了这个消息，肯尼迪觉得进一步拖延消息没有任何军事上的意义。他给他在伦敦的机构打电话："我是爱德·肯尼迪。"他告诉他们："德国已经宣布无条件投降——这是官方消息。电讯地点写法国兰斯，然后就发出去。"纽约时间上午9时36分（伦敦和兰斯时间为下午3时36分），美国各地的电报机上都在散发这则消息："德国于今日法国时间凌晨2时41分向西方盟国和俄罗斯无条件投降。”

违反新闻禁播令对于美国战地记者而言是史无前例的，这也将产生非常严重的后果。那天下午 2 点 41 分，在听到德国广播后，爱德华・肯尼迪便因他们延迟播报而倍感焦躁，他要求与艾森豪威尔的公共关系官员——陆军准将弗兰克・艾伦（Frank Allen）见面。“封锁这样严重的新闻实在是太荒谬了。”肯尼迪后来写道。但是，艾伦向肯尼迪明确表示，这件事情他们也毫无办法，因为宣布的时间需要由斯大林、丘吉尔和杜鲁门共同决定，而且第二次投降协议的签署即将在柏林举行。

肯尼迪已经受够了。听到这个消息，他得出结论，禁播令不再关乎军事安全，而是由政治因素决定的。他觉得苏联没有权利封锁事关公众利益的消息。于是，他找到了一条后台电话线，并在线路崩溃前，给美联社口述了 300 字的信息，并要求其立即播出。

联合报社的博伊德・德沃尔夫・路易斯（Boyd DeWolf Lewis）也是盟军最高指挥部选出来的见证兰斯投降的 15 名记者之一。在从巴黎起飞的航班上，他们都郑重承诺，未经允许，将不会发布消息。投降协议签署后，战地记者们被告知只能在第二天（5 月 8 日）下午——为期 18 个小时的禁令后——才能离开。路易斯说：“我们都明白这样做的原因：这是为了让三巨头发布公告，最重要的是，让苏联能够确保德国人不只是对西方盟国投降，而且也会在东方战线上投降。”

5 月 7 日天一亮，记者们飞回巴黎，他们写在便携式打字机上的新闻，由军队的审查员负责审查。落地以后，路易斯第一个到达陆军通信中心，所以他能够在禁播令解除后第一个通过无线电报电路发布新闻。路易斯说：“这可不仅仅是为了‘政治审查’。肯尼迪打破了禁播令的另一个原因，是因为他只有这样做才能击败联合报，搞到独家新闻。”

肯尼迪声称，传播这则消息将会拯救生命。事实上，美国最后一名牺牲的士兵是在欧洲战死的，是在他违反禁播令七个小时之前。路易斯强调说：“我必须说，我从未在任何时候想过用不道德的迂回手段来处理这则消息。我也可以说我从来没有想过昧着良心，冒着战争和死亡的危险来取得独家新闻（如果违反禁令会影响投降的话）。”

《星条旗报》的查尔斯·基利（Charles Kiley）也参加了兰斯的受降仪式。他补充说：“作为一名记者，我理解肯尼迪的行为——但对此并不认同。尽管他对于‘政治审查’有诸多言论，他想要的只是独家新闻而已，这一目了然。”

肯尼迪是一名“电报记者”，为打败同行，他时常需要承受压力。所有战地记者都理解他所承受的压力。但是，在他决定违反禁播令时，并没有选择把他的编辑牵涉进来——他是通过电话发稿的，他们自然以为他这样做是被允许的，并且他们可以立即出版。然而，此前肯尼迪一直都十分尊重禁播令。曾经在与艾森豪威尔将军讨论后，他阻止了对于乔治·巴顿将军在西西里岛一家医院掌掴两个伤残士兵一事的报道。他没有食言，但是几周之后，肯尼迪看到另一个记者报道了这件事。

我们似乎没有理由去怀疑肯尼迪自己的证词，他说他认为在柏林的第二次投降仅仅是出于政治原因在“上演”，而这不再是封锁这则消息的正当理由。简言之，就是反俄情绪——当然也有对于独家新闻的渴望——促使他最终采取了这样的行动。肯尼迪曾经报道了意大利、法国和德国的战争，他对美国军队的贡献深感自豪，同时对苏联极其不信任。

但这对于一名战地记者而言，的确是一项重大决定——并且会导致巨大的国际并发症。另一名记者查尔斯·基利，本来也应参与在兰斯和卡尔绍斯特的投降仪式，却持更加同情苏联的观点。他认为，禁播令是有道理的，而且既然所有媒体都同意了，那么就理应言而有信。他知道是某些政治因素导致了宣告的延迟——但也对苏联表示理解，毕竟他们遭受了迄今为止战争中所有盟国中最高的伤亡率，大约有 2 700 万士兵和市民。“我们知道苏联最高统帅部没有在兰斯出现，”基利说，“而且如果德国人不在柏林投降，他们就不会接受这一停火协议。我们觉得他们这样做完全可以理解。”

大多数肯尼迪的记者同事对于他的行为都深感愤怒。“我对此怒不可遏、厌烦至极、深恶痛绝。”《纽约时报》记者德鲁·米德尔顿（Drew Middleton）写道。其报纸刊登了一篇谴责美联社的社评文章，对美联社最初鼓吹的历史性的“新闻独家报道”进行批判。“如果这是所谓‘独家报道’的话，”《纽约时报》挖苦道，“那也只是因为肯尼迪的同事们选择信守自己的承诺罢了。”

盟国远征军最高统帅部决定将这则消息泄露所带来的损

害降到最低，他们向美国新闻机构和无线电网络发送了一则措辞谨慎的信息：

“最高统帅部允许战地记者们于巴黎时间今日 16 点 45 分发布消息，表明盟国远征军最高统帅部没有发表任何有关德军在欧洲无条件全面投降的官方声明，且目前任何的相关报道都是未经授权的。”

阿利斯泰尔·库克（Alistair Cooke）在旧金山世界会议上这样报道：“一小时内，无线电网络都在传播一个令人感到动荡不安的谣言。在黎明时就处于警备状态的城市警察再次放松下来。午前（旧金山时间），美联社不幸过早宣布了欧洲胜利日。美国此前从未因‘操之过急’而受到此番公众羞辱。”

在盟军最高指挥部，英国记者大卫·沃克——和除了肯尼迪外的其他同行一起，严格遵守着审查制度——总结了自己当时沮丧的心情：

“这一定是史上最严重的来自媒体单方面的惨败，”沃克苦涩地说，“虽然有关和平的消息已经广播到世界各地，英国和美国报纸的文稿仍然在这里等待官方的许可。即使是战败了，德国人也完全可以嘲笑我们混乱的局面，对于我们这些报道过 1938 年和 1939 年战争的人来说，这无疑是奇耻大辱。”

沃克并没有真正了解全部情况，他觉得一旦这则消息散播出来，盟军最高司令部就应该承认它。“遗憾的是，盟国远征军最高统帅部并没有纳尔逊勋爵的勇气”，他继续说，“纳尔逊把望远镜放在了失明的那只眼睛上，他们唯一超过纳尔逊的无非就是比他更加茫然罢了。”

美联社随后进行了公开道歉，其社长罗伯特·麦克林（Robert McLean）表示，他们“对在未经盟军最高指挥部认可前，便报道了德国在欧洲全面投降的消息而深表遗憾”。美联社总经理肯特·库珀（Kent Cooper）补充道，肯尼迪应该跟他的编辑商量是否发布消息的决定。他违反了新闻的“基本原则”，没有遵守保证投降机密不被泄露的承诺。

无论如何，纽约的庆祝活动正在进行着：

“在时代广场上，成千上万的人不停地叫喊着，他们挤满街道，目所能及之处都是堵塞的交通。人群堵塞了所有到主路干道。媒体的摄影师们爬上高处，向窗外捕捉着在上午的阳光中人们狂热行进的场景。”

美国的无线电网络起初本来全都是报道胜利的特别节目，随后便停止了播报，恢复到了日常的播报计划中。中午，哥伦比亚广播公司的播音员开始播报普通民众的失望：

“这显然是事实。但这不是官方的。官方就是官方。官方会给出明确定义，哪一天我们应该称之为‘欧洲胜利日’。如果有什么超自然力量的目的是要纠结战争在欧洲确切的终结点，以便让我们省去这些歇斯底里的话，那没有什么比现实做得更好了。”

5 月 7 日当天大部分时间，英国都非常渴望新闻。那天上午，媒体必须保持不明朗的态度。《泰晤士报》预测说：“欧洲战争结束了。”《每日电讯报》则试着表达：“德国投降即将来临。”“可能是今天。”《每日邮报》大胆猜测。《每日快报》则将其头条设为 1939 年的“今年没有战争”，以此来确保其在“最后几小时”的安全性。

随着那天时间一点点流逝，人们愈发感到困惑和愤怒，抱怨消息的匮乏，有人说政府已经破坏了一个庆祝胜利的机会。一名来自《曼彻斯特卫报》的记者这样描述当时大家的疑惑：

当天，伦敦所有人都感觉到战争即将结束了。在皮卡迪利广场，在白厅和威斯敏斯特地区，成千上万的人聚集在一起，他们等待数小时，期盼着大好消息的到来。他们当中大多数是伦敦人，也有其他国籍的军人和妇女。

白金汉宫成为焦点。巨大的栏杆和皇家公园周围挤满了等待的人，他们在注视着宫殿内的一举一动。他们看到红地毯被放置在阳台上，国王和王后被期待着出现在那里。英国皇家旗帜也在宫殿的屋顶上飘扬，宫殿的窗户依然带有黑色的围篱，有些被封起来了。

当 6 点的整点新闻也没有任何公告时，皮卡迪利广场的人群安静地散开了，6 点半时，宫殿外的人群也开始分散，到了 7 点钟，只剩下不过寥寥数人。

在白厅，成千上万的公务员和其他人离开办公室，加入人群当中，他们一直耐心地等到晚上 7 点。接着，一些巡警走来，告诉人们丘吉尔先生那天晚上不会讲话。尽管心怀失望，人群还是在兴奋中渐渐散开了。

一名年轻的地方辅助服务队职员描述了她的办公室里兴奋难耐的气氛："战争结束了—— 这很明显—— 但丘吉尔什么时候宣布呢？每个人发表了他们的意见——'九点'——'明天前不会'——'午夜'。通常情况下，办公室到 5 点 55 分就没人了，但今晚所有人都没走，都在等着听 6 点的新闻——但依然没有等到消息。"

英国广播公司广播员约瑟夫·麦克劳德（Joseph Macleod）对丘吉尔进行了指责。他认为，首相"在广播大楼的声誉名不虚传，可以完全无视人民的安排，而在星期一（5 月 7 日）那天，他超越了自己，直到后 15 分钟才说他是否能在 6 点钟进行广播"。麦克劳德真是大错特错了。

因为，英国、美国和苏联之间的关系便取决于胜利宣布的时间。他们原先都希望联合宣告，并将 5 月 9 日定为胜利日。在艾森豪威尔同意在柏林的卡尔绍斯特举行第二次签字仪式后，斯大林要求保留这个日期。他在给杜鲁门和丘吉尔的信中强调，在他看来，德国人能够在胜利日正式宣布之前确保在东部战线上投降，这至关重要。他警告说，在东部战线上，"德军的抵抗并没有放松，从他们拦截的无线电情报看，有一支规模不小的部队公开宣称，他们将打算继续跟我们战斗。"斯大林最后表示，苏联最高统帅部希望暂时不发公告，直到兰斯协议"正式生效"时再发出，也即 5 月 8 日午夜后的第一分钟（即 5 月 9 日的第一分钟）。

在这里，苏联领导人希望双方都能各自加强对投降的安排，并以最有利于苏联人民的方式进行展现。斯大林知道，对于苏联的普通百姓而言，他们期盼中的战争的终结，不是在兰斯签署投降协议，而是在柏林，并且要在俄罗斯最伟大的战争领袖朱可夫元帅监督下完成。这位苏联领导人清楚，如果他能够在5月9日早上宣布投降，他就大可不必提及在兰斯的协议。

斯大林一贯执行严格的新闻审查和控制系统。在美联社发出新闻公告之后，公众就吵着想要知道发生了什么，英美两国根本就不可能将官方公告推迟到预定日期5月9日公布。

对西方盟国而言，在违反新闻禁播令之后，最好办法是推迟一天正式宣布投降。他们将于5月8日庆祝胜利，而苏联是在5月9日庆祝。尽管两个胜利日远没有一个胜利日效果理想，但他们可以联合发表一个宣言，在西方，用为期两天的假日来庆祝战争的结束。不过，这就需要杜鲁门和丘吉尔在5月7日克制住，不得宣布胜利，尽管德国实际上已经在兰斯投降，数十万德国士兵已在当天于西线放下了他们的武器。

艾森豪威尔知晓推迟事情的重要性，其目的是为了重新恢复与苏联的和谐局面，对此乔治·马歇尔将军也表示赞同。根据马歇尔的建议，杜鲁门总统表示，他也会在宣布之前等待一段时间，“除非斯大林批准提前发布消息”。丘吉尔面对这种情况却很快失去了耐心。他在给总统的电报中说，他认为将德国投降的秘密保留到第二天“毫无希望”。他请白宫通过公开的电话线给他打电话。他想与之开诚布公地交换意见。这位英国首相在媒体已经报道了兰斯签署协议消息的情况下感到万分焦虑，与此同时，他对俄罗斯领导人的同情也已消失殆尽。

在联盟国内部，特别是英国和苏联之间的裂缝逐步扩大。对丘吉尔来说，逮捕 16 名波兰人这件事令他依旧怀恨在心，对他而言这足以体现苏联非常不诚实。在随后的日子里，他越来越怀疑苏联在欧洲的野心，甚至 5 月 7 日这天他依然在为丹麦的情况而烦躁——或者，如蒙哥马利在他的日记中所说的“发牢骚”——他想派遣更多的部队去丹麦，以防苏军强行进入这个国家。斯大林和苏联领导层担心西方会与德国单独言和，这种恐惧在他们之中也再度抬头。

战争的结束关乎实际安排，但这些都被强大的象征意义掩盖了。丘吉尔想开始着手处理接下来的事情了——他想尽快宣布胜利。这样，不会再有英国或美国军人在欧洲死亡。斯大林则想延迟宣布，这样才能让其更多士兵完成与德国人之间的战斗。

如果像丘吉尔希望的那样，西方宣布 5 月 7 日为欧洲胜利日，那么斯大林可能一直拖延到 5 月 11 日甚至 12 日才会在俄罗斯宣布胜利日，那时东部战线所有主要战斗就都能结束了。那样的话，大同盟就会陷入分裂和混乱的局面——而且是以一种毁灭性的方式，没有办法共同庆祝击败纳粹德国的胜利日。记者和普通民众对延迟宣布消息所表现出的失望是可以理解的，但如果不这样做，又会是一场悲剧的发生。

当天傍晚，杜鲁门的个人参谋长——海军上将威廉·莱希与温斯顿·丘吉尔通话。杜鲁门现在同意，有必要与苏联共同在胜利日宣布的时间上进行协商。丘吉尔仍然想在5月7日宣布。莱希问他是否联系过斯大林。丘吉尔恼怒地回答说：

“一个小时前，德国外交部长就已经通过无线电发出声明，宣布无条件投降。我和杜鲁门总统非得要装作是世界上唯一不知道发生了什么事情的两个人，这样有什么意义呢？整件事情已经在英国和美国泄漏了…… 我认为有必要就在下午6点宣布。”在确认过丘吉尔没有联系过斯大林之后，莱希强调说只有在苏联领导人参与讨论并得出决议后，杜鲁门才会进行宣布。

丘吉尔失望地说道：“我对此很抱歉，但我们已经定好了要在6点钟宣布消息，国王9点钟就要讲话了。”

最后，丘吉尔做出了让步。

国王在日记中表明了他个人对延迟公告的失望，以及政府的失望：

“首相想要宣布，但是杜鲁门总统和斯大林元帅则想按照原先安排好的，于明天下午3点宣布。无条件投降的时间被定在了5月8日午夜。这对我来讲太扫兴了，我已经在镜头前录好了我的演讲——但今天晚上9点钟压根就没有播出！”

艾森豪威尔游说乔治·马歇尔将军，使其劝说杜鲁门给予苏联人一点利益。有那么几个小时，温斯顿·丘吉尔失去了对斯大林的耐心，但海军上将莱希的坚定立场、机智老练以及他本身不愿意与美国闹僵的本意最终令他回心转意。

下午7时40分，新闻部终于宣布：

据了解，依据三巨头的安排，首相将于明日，5月8日星期二下午3点通过广播进行正式宣告。

鉴于这一事实，明天，星期二，将被视为欧洲的胜利日，并将被视为休息日。第二天，5月9日，星期三，也将是一个休息日。国王陛下将于明天星期二晚上9时向大英帝国和英联邦人民广播这则消息。

丘吉尔对布尔什维主义的偏见是可以理解的。出于其政治家的风度，他同意将5月8日作为欧洲胜利日，并慷慨地随后宣布，假日的第二天，5月9日也是胜利日，为了纪念苏联为夺得共同胜利而作出的牺牲。

5月7日，陆军元帅蒙哥马利飞到维斯马会见其俄罗斯同级，康斯坦丁·罗科索夫斯基元帅。蒙哥马利这样描述他：“罗科索夫斯基是一个身材高大、长相英俊、穿衣得体的人。我知道他还是个单身汉，并且很受女士们的青睐。”英国第6空降师指挥官埃里克·波尔斯讲了一个在简朴的滴酒不沾的蒙哥马利和与之截然不同的苏联元帅之间的轶事：

我已经去过罗科索夫斯基的总部，并邀请他来我这里进行回访。我特意这样安排，这样的话蒙蒂也在。罗科索夫斯基说着一口流利的法语，他来到这里，见到蒙蒂，并递给他一杯酒。罗科索夫斯基也抽烟，他注意到蒙蒂很节制，所以他问："你什么都不喝吗？"蒙蒂抬头看着这个高大的骑兵说："我从不喝酒也从不抽烟。"

视察过仪仗队后，他们又在旁边的足球场观看了19门礼炮，随后，英苏双方便前往第6空降师总部——一座被征用的坐落在小镇安鲁大街上的豪宅——享用午餐。空中的气氛有一些紧张：英国人怀疑俄罗斯对丹麦的意图；俄罗斯人注意到英国部队已经跨越了他们的前进线但并未告知苏方。然而，斯大林格勒战役以后，双方的关系已大大缓和了。

帕维尔·巴托夫将军是苏联第65军的指挥官，是他陪同罗科索夫斯基来到维斯马，他还记得蒙哥马利看到其勋章时的情景。"他看到我有大英帝国勋章，"巴托夫说，"出于好奇，他通过翻译询问我是如何得到这枚勋章的。我解释说，这是我在斯大林格勒战役之后被授予的。"

在1943年11月的德黑兰会议上，温斯顿·丘吉尔曾赠予约瑟夫·斯大林一把"斯大林格勒之剑"，作为英国人民对于这场了不起的胜利钦佩的标志。还有不少在战争中表现出色的俄罗斯将军被授予了大英帝国勋章。巴托夫曾经跟罗科索夫斯基在顿河前线战斗，因而也获得了这样一枚勋章。

"蒙哥马利看了我一会儿，"巴托夫继续说，"然后柔和地说：'啊，那是我们胜利的开端！'他转向罗科索夫斯基，谈起英国对苏军战士和俄罗斯人民的英雄气概的敬佩，并说'我们很骄傲能有你们这样的盟友'。"

阿拉曼战役和斯大林格勒战役在某种程度上类似，尽管斯大林格勒战役的规模要大得多，但它们都是转折点——一个是北非转折点，另一个是东部战线转折点。两次战役均扭转了 1942 年 11 月纳粹德国国防军的势头（虽然斯大林格勒战争已经结束，只不过德军第 6 集团军是在 1943 年 2 月 2 日才全面投降）。罗科索夫斯基后来报告说："会议非常顺利。蒙哥马利元帅想要来苏联，并想访问斯大林格勒。"对俄罗斯的勇气由衷的敬意跨越了政治上的困难。

在战场上，英军和苏军在维斯马设置了路障，相互距离约 200 码。苏军时不时会出现醉酒问题。但是，尽管有语言障碍，来自双方的士兵还是能够建立起紧密关系。"见到苏联红军我感到很骄傲"，第 6 空降师的一等兵雷・波特（Ray Porter）说，"我们共用对方的战地厨房设施，还交换了武器，共享了香烟。这里成了一个快乐的场合。我们十分钦佩苏军在战争中的表现。"

5 月 7 日晚，关于在柏林郊区的卡尔绍斯特举行第二次协议签署的安排，经过兰斯和莫斯科之间紧张的商议后最终被敲定。已经确定仪式将在第二天举办，并且将有高层次的西方代表团出席。

英国公众对这种疯狂的外交知之甚少。然而，随着欧洲胜利日的接近，英国战时的苏联盟友这一角色引起了公众不同的反应。凯瑟琳・阿什伯纳姆（Catherine Ashburnham）夫人——苏克塞斯战役附近的阿什伯纳姆家族的最后一位继承人——在 5 月 7 日给朋友的信中写道："未来我将会非常忙碌，因为我发现我的仆人都打算庆祝欧洲胜利日，他们找出了我们为加冕礼而制作的旗帜和物品！ 我承认我并不喜欢这样。世界上还有那么多可怕的事情亟待解决，所以，在经历了上一次战争后，我没有办法像他们这样喜悦。”

凯瑟琳夫人拥有一座美丽的新帕拉迪昂风格的房子，附带一片开阔的草地。其家族——忠心的保皇派——建起了现在的房子，查理二世为了感谢他们在 17 世纪的内战中给予其父亲的支持而授予他们贵族头衔。此后，他们便始终不惜一切代价地反抗议会势力。从 1945 年 1 月 22 日她的一封信中，我们可以看出“两错相加仍是错”的意思。由于苏军正在向东欧行进，他们想从希特勒的军队手中夺取布达佩斯：

“布尔什维克进入匈牙利的时候，大多数人都很高兴，我却倍感沮丧，”凯瑟琳夫人说，“奥地利和匈牙利是基督教文明的两个中心，它们如今被一大群野蛮人入侵，犹如回到中世纪一般。”

然而，斯塔福德郡雷克村的罗纳德·霍顿（Ronald Horton）给母亲的信中却完全是另一番论调。“欧洲胜利日的庆祝活动就要在这里安静地进行了。”他说。他描述了苏联战俘的到来，他们从被解放的德国集中营被运送到这里，等待被运回国内。霍顿对俄罗斯人的同情，与阿什伯纳姆夫人对他们的怀疑一样深切。“他们的面容饱经风霜，”他继续说，“昨晚，他们当中有人伴着手风琴吟唱了一首歌。在经历过可怕的苦难以后，还能在他们的脸上看到快乐，这也是件值得高兴的事。”

霍顿在雷克村建立了一个英苏友谊协会，这可以说是一项为了响应其本身安静的英雄主义而建立的战时成果。“在德国人与之对抗前，这里很少有人想到过苏联，”他说，“也几乎没有人意识到俄罗斯人民遭受到的巨大损失。”霍顿勇敢地举办讲座、会议和书展，目的是为了更好地把这些信息传播给周围人。他此前在 1941 年 10 月 16 日写到了德国对莫斯科的袭击，当时苏联首都很可能会因希特勒在东部的闪电战而沦陷。当时他在给母亲的信中，用痛苦而又愤怒的语气写道：

我此时满脑子都是莫斯科的战斗，以及我方缺乏有效援助的事实。对我而言，这看起来就像是一种背叛。许多身居高位的人既不想要苏联胜利，也不想让纳粹德国胜利。他们只是想让这两支强大的军队流血而亡。如果是这样，战争将无限期拖延。这是在犯罪。人们想到俄罗斯人可能会做出的牺牲时，就会倍感愤怒，他们经受过那么多的苦难，而且正在建立起希望的新社会。但他们终究会胜利，而正在这里的我们也终将蒙羞。

这些都是极端的意见，大多数英国人并不了解这么多，他们身处二者之间——但这种极端性警示了在盟国之间存在的分歧。这种情况下，在卡尔绍斯特签署的第二次协议就表现出了极其可贵的妥协。

公告播出后，蒙塔古·伯顿（Montague Burton）爵士给远驻海外的儿子写了一封信。在第二次世界大战中，超过四分之一的英国军装都是由伯顿的剪裁公司制造的。现在，他开始展望未来：

德国无条件投降的消息很快会被宣布。噩梦即将结束了……最近这短短几天里，有太多的历史发生：事实上，我认为不会再有任何一段历史如此激动人心。三个重要人物——其中两人带来的伤痛要比历史上任何两人带来的伤痛都要多（希特勒和墨索里尼），而另一人在危难时刻为了文明的生存也许比历史上任何一个人付出的都要多（罗斯福）——在几周的时间里都退出了世界的舞台。

而此时占据伯顿内心的正是罗斯福的逝世。他继续说："我们生活在前所未有的时代。大多数人都在为罗斯福没能最终协助建构和平而感到悲伤：他的引领和智慧将永远被我们铭记。"

接着，伯顿猜测着苏联领导人的态度："斯大林有可能会允许将符拉迪沃斯托克作为轰炸神户、东京以及其他日本城镇的基地——如果这件事情发生了，那么远东的战争可能会在今年结束。"

斯大林与西方的持续合作并不是理所当然的。在苏联国内，有关兰斯的投降仪式依然没有任何报道。反而是《消息报》用了很长的篇幅报道了在布雷斯劳的投降。"德国顽固而持久的抵抗终于被打破，"报纸上写道，"那座要塞终于插上了白旗。自我们的战士首次包围布雷斯劳以来，已经过去82

天了……布雷斯劳曾经是一座美丽的城市，现在却已经是一片断壁残垣了……平民们从地窖和地下室中涌现出来。在经历了痛苦而血腥的战争后，和平与安宁终于到来了。”

苏联战地记者瓦西里·马里宁（Vasily Malinin）全程报道了此次保卫战，他在5月7日的日记中写道：

> 大街上出奇的平静。路口堆积了大量缴出的武器和弹药。德国士兵们列队走出城市。有些人低着头；有些人对着他们看到的每个苏联士兵微笑，像鹦鹉似的喋喋不休地喊着：希特勒失败了，布雷斯劳失败了，战争失败了。窗户上挂着无数的白旗。我们这才逐渐意识到——法西斯终于投降了。

在布雷斯劳，苏军已经占领了这么长时间以来一直与之对抗的要塞据点。“这也许听起来很奇怪，”苏联士兵亚历山大·费多托夫（Alexander Fedotov）在给母亲的信中说，“但在过去几个月里，我最最渴望的就是安静——没有枪声和炮弹声的安静。”其他人都在忙着“缴获战利品”，寻找手枪、望远镜和奖章。“我走到河边，盯着流水看了好几个小时。那天晚上，我这辈子第一次听到了夜莺在灌木丛里唱歌的声音”。

5月7日下午5时，美国第36步兵师的罗伯特·斯塔克（Robert Stack）准将在奥地利考夫斯坦附近的道路上赶上了一个车队。这是原纳粹帝国元帅赫尔曼·戈林的私人随从车队，那里面有他的妻子、女儿和妻子的姐妹，以及他的厨师、贴身男仆和管家，共有 75 人。那天早晨，戈林通过一名使者与该师美军取得了联系。斯塔克靠近他，并问他是否愿意无条件投降。这名希特勒曾经在长时间内都认定的继任者顺从地同意了。

在这非同寻常的一天当中，紧张的国际局势对于捷克斯洛伐克影响巨大。布拉格陷入这样一种局面：美军当时可以快速到达该城市，但却囿于命令不得前进，以免激怒俄罗斯人，而真正希望解放该城市的苏联红军还尚未赶到这里，另一方面，纳粹国防军和党卫军部队下定决心无视停火协定，全力剿灭起义力量，他们这样做是为了确保向西通道的畅通，但也可能仅仅是出于蔑视和仇恨而已。

在英国，布拉格起义的消息最初是以一种乐观的格调被传播着。沉浸在吕纳堡荒原的成功里，媒体首先想到的是德国人肯定已经投降了，是捷克人在控制着首都。现在，截然不同的故事出现了。《每日邮报》报道："最后的邪恶爆发了，纳粹党卫军部队在布拉格向着无辜的捷克百姓开枪扫射……国防军指挥官不接受他描述的所谓'休战协议'（是指在兰斯签署的投降协议），而是继续战斗，直到他确保杀出一条逃出该国的通道为止。"

5 月 6 日晚，英军从布拉格的党卫军那里截获了一份报告，并用"超越"系统进行解密。报告中说道："恐吓战术开始生效，我们很快就能控制住该城市。" 5 月 7 日，丘吉尔直接联系了艾森豪威尔。

"我希望你的计划不会妨碍你向布拉格进军，"这位英国首相说，“如果你有军队，且没能更快与苏军相遇的话。假如你有实力，而且这个国家已经空空如也，我觉得你一定不会作茧自缚的。”

然而，对艾森豪威尔将军来说，任何一种军事介入都将冒巨大的风险。

在捷克首都，叛军正坚守着他们在市中心最后的据点。德军意识到弗拉索夫军即将加入战斗，为了完成镇压，黎明时分他们便发起进攻。凌晨 5 点，德军的装甲车和步兵团开进了旧城广场，冲破最后的路障，并闯进旧城市政厅。纳粹国防军和叛军在楼梯间和回廊处交火，重伤者、妇女及儿童在地下室缩成一团。纳粹德国空军加入战斗，飞机在城市低空飞行，轰炸着叛军据点。一个有 30 辆坦克的队伍在纳粹党卫军位于法律大楼的总部外集合，预备发起致命一击。起义马上就要被扑灭了。

而这时，俄罗斯解放军第 1 师戏剧性地出现了。他们装备着大炮和反坦克武器——士兵们意识到城市处于危险之中，他们立刻对党卫军发起进攻。邦亚臣科将军的介入是经过巧妙设计的。他派 4 个团占领机场，以阻止德军飞机轰炸城市，也防止党卫军有更多的增援部队抵达。另两个团前去封锁了南北方向通往布拉格的道路。余下部队则与叛军在路障处共同为争夺市中心的控制权而战斗。

西吉斯蒙德 · 迪克兹巴里斯（Sigismund Diczbalis）是其中的一名士兵。“我们的战士们不顾一切地战斗，走街串巷，挨家挨户，”他说，“他们面对德军已经奋不顾身。”

“我记得弗拉索夫的一个排在早上 7 点左右到达我们的路障，”安东宁・斯蒂卡回忆道，“我们都非常惊讶，因为这‘增援部队’穿着德军制服，不过制服上有着截然不同的袖章。我们的长官再三跟我们保证，他们是来帮助我们的——事实也的确如此。他们径直越过我们的路障，并开始攻击附近的一处德军要塞。”

“我们当时担心德军装甲车会直接压过我们的据点，”哈拉克・博胡米尔（Harak Bohumil）补充道，“但那天一早，便有两个弗拉索夫团来增援。他们有两辆坦克、两架自行火炮和一挺机关枪。5 月 7 日，我们那天本来是要被打败的。但是，我们却成功阻止了德国坦克从南面入城，甚至还对德军发起了一轮反击。”

为争夺布拉格在鲁兹尼的机场之战尤为血腥惨烈。邦亚臣科的队伍与纳粹党卫军在机场跑道上交战，并用大炮朝德国飞机开火。夜幕降临时，机场已被俄罗斯解放军掌控。德军被赶出旧城广场，进一步巩固了起义者的路障。

“如果没有弗拉索夫军的增援，我们不可能拿下这座城市。”安东宁・斯蒂卡说。纳粹党卫军又让更多的部队投入这场战役中。但是在 5 月 7 日快要过完的时候——那天也是战斗最为艰苦的一天——叛军守住了自己的阵地。是邦亚臣科将军和他的士兵们拯救了布拉格。

09. 卡尔绍斯特

1945 年 5 月 8 日

苏军在此次战争的最后一次军事行动中，苏联元帅科涅夫率领乌克兰第 1 方面军穿过德国向南，朝着捷克斯洛伐克进发。5 月 8 日，卡尔 – 路德维格 · 霍赫（Karl–Ludwig Hoch）写道：

俄罗斯部队正向着德累斯顿区长驱直入，布尔什维克党的统治即将开始。美军正位于开姆尼斯附近的公路上——但是他们并不打算继续向东前进。有人见到了第一批苏军士兵。太阳从万里无云的天空升起，仿佛什么事情都没有发生。一家服装店前的花园里，店主躺在地上已然死去（他曾试图活下来）。我们把许多女孩藏在大房子内的三个塔房里，并用家具堵住了入口。

但是霍赫自己与苏军的见面却相当不同。“第一个找到我们偏僻住处的苏联人甚至有些友好地跟我讲话，”他回忆道，“他带着苏联安全部门的绿色帽子。他一直在问我：‘席勒在哪？’这令人难以置信——事实上，他是一名军队文化官员，正在寻找席勒在洛施维茨的家，这样他就能够保护他的手稿。我为他指了路。”

在波罗的海诸国，库尔兰的战斗还在继续：

“5 月 8 日，我们对前线据点进行了调整，”德国第 563 掷弹兵师的弗里德里希·考夫曼下士说，“我们在新的位置架起了重机枪，我们刚完成布置，苏军就开始了密集的炮火攻击，一波又一波的军队向我们袭来。”

然而，在战争快要结束时，看到其士兵们还在冒着完全没有必要的生命危险着实令人震惊。考夫曼客观地形容德军的反应：“我们开枪射炮，很快便找到了他们的位置。所有俄方士兵都死了。可没过多久，敌军又发动了一场进攻，又是一场正面作战，结果可想而知。”接下来，又发生了三次交战——苏军都被同样冷酷的方式击退。然后，一名苏联红军官员叫来考夫曼和他的军官，告诉他们投降谈判正在进行中。不一会，这条消息被证实，所有的炮火戛然而止。

“我们几乎不敢相信战争会结束，”考夫曼说，“6 个多月以来，我们一直在这个孤立的地方作战，而现在所有的一切都要结束了，真是难以置信。不过，苏军和德军士兵们现在纷纷爬出战壕，进入无人区，彼此打着招呼，交换香烟。在这场即兴的会合周围，还躺着最后一次苏军进攻时牺牲的人，但似乎这些丝毫没有影响到大家的心情。”

接着，一名苏联将军出现在考夫曼战地指挥所外。苏军在该区域的前线兵力远远超出德军，这些天苏军的一个师不断攻击着纳粹德国国防军。他们的抵抗相当顽强。但这里并没有和这位意外来访者军衔相当的人，所以考夫曼接待了他。“你们在这有多少部队？”他问。考夫曼告诉他，防卫者有一百来人。这位将军大吃一惊——他以为这里有几千人。

紧密的军事配合胜过强大的人数。这位苏联将军几乎不相信这一事实。“他走遍了每个单独的散兵坑，”考夫曼回忆道，“叫唤着，问里面一共有多少人。过了一会，他回来了，困惑地问道：‘你们人这么少，是怎么坚持的？’”

考夫曼和他的战友们虽然是为了极其腐化的意识形态而战斗，但至少他们可以自身军队的专业性而自豪。

5 月 8 日早晨，邦亚臣科将军的部队离开了布拉格。前一天，他们从纳粹党卫军手中拯救了这座城市，当地广播台称他们为英雄。但现在，在得知苏联红军正迅速靠近，布拉格亲共的全国委员有些恐慌，加之十分厌恶弗拉索夫军，便要求他们离开。

“仅仅几个小时，我们的欢欣鼓舞——参与了一场被捷克人民看重的具有重要历史意义的战斗——随即变得心灰意冷。”名为西吉斯蒙德·迪兹巴里斯的一个弗拉索夫军士兵如是说。

我们不再是解放者——我们被称为“投敌者”和“人民的敌人”。起初，我们的指挥官邦亚臣科将军对此根本不相信，他曾指挥我们在城市的街道上激战。但是一段时间过后，他意识到了他的士兵们身处的境地。他命令军队马上离开布拉格。

前一天，我们开始疏散在这场艰难的战斗中赢得的据点。我查看了之前我待过的房子，在口袋中装上香烟、一片面包和两包口粮。我们都不知道现在要去哪——也不知道等待我们的会是怎样的命运。

当迪兹巴里斯和其他士兵准备离开时，他注意到了在桌子旁边有一个金属小盒子。盒子的形状跟圣经一样，里面有一个小型圣母玛利亚雕像。俄罗斯解放军第1师已经与布尔什维克党断绝关系，但迪兹巴里斯一直都是个无神论者，对基督教完全不了解。他简单看了看盒子——意识到时间不多了——就向房门走去。

还没等我离开房间，我就有了一种无法言喻的感觉，就仿佛有某种力量在召唤我，让我违背自己的意愿，转身回到房间。回到房间后，我把那个小盒子放在了手中，再次端详了一番。就在那时，一颗流弹在墙后面爆炸了。房顶的石膏在我头顶崩塌，走廊的门被崩了进来。我在砖块和碎片上面爬着。过了好一会儿我才能站立，我整理了下思绪，仔细思考着。在我几分钟前站的地方——就是在我回去看那个小雕像之前的地方——有一个巨大的坑洞。

西吉斯蒙德·迪兹巴里斯拿起了小盒子装进衣服口袋。他尽可能地为自己寻求帮助。俄罗斯解放军目前处于绝望的境地。他们最后的希望是向西前进，试着抵达美军的阵营。

普通的捷克百姓对于命令让俄罗斯解放军离开的事情感到困惑和恐惧，这也是有原因的。当弗拉索夫军从布拉格撤离时，德军又对起义军发起了新一轮的猛烈进攻。

“上午 11 点左右，纳粹党卫军用武力攻击了我方区域，”安东宁·斯蒂卡回忆道，“我们缓缓地向城市广场撤回——时不时地开枪射击。那真是糟糕透了。我们周围所有的一切都在燃烧。耳边是接连不断的炮火和坦克射击的喧嚣声。看来我们是坚持不下去了。”

德军的坦克和炮火再一次攻入旧城广场，这次比以往任何一次都要猛烈。他们开始炮轰旧市政厅和广播大楼。很快，旧市政厅就燃起大火，部分建筑完全坍塌。广播大楼受到了超过 40 枚炮弹的袭击。城市的电力被切断，变压器停止了工作。主要用水管道遭受了直接攻击。高处烧成一片，低处则被淹成一片。

纳粹党卫军在国防军的支持下前进，开始围捕并射杀平民。女人和孩子被驱赶到德军装甲车前，当作人肉盾牌。越来越多军队冲破了路障，向城市中心集合。他们包围城市是为了屠杀。

当布拉格正为其生存而战斗时——在弗拉索夫军撤离后，他们严重缺乏坦克、装甲车辆和弹药——同盟军的两支捷克装甲部队极其想帮助他们的同胞。其中一个 4000 人的旅团正为了西方盟国而战斗着（作为蒙哥马利第 21 集团军群的一部分），他们在过去的 6 个月里，一直在围攻敦刻尔克。5 月 8 日，他们在那里接受了德军卫戍部队指挥官弗里修斯上将的投降。艾森豪威尔将军和陆军元帅蒙哥马利允许象征性地调出大约 150 人到巴顿将军的第 3 集团军，这样他们就可以参与到美国解放捷克斯洛伐克西部的行动中去。5 月 8 日，这支军队驻扎在皮尔森附近位于通往布拉格路上的凯西斯村，他们的遭遇也并不顺利。其指挥官阿洛伊斯·斯特克（Alois Sitek）中校通过无线电与捷克的叛军联系。

上午 11 点，斯特克联系了附近的美军第 2 师的指挥官罗伯森将军。斯特克告诉了他捷克首都的悲惨情况。他说："纳粹党卫军如今利用当地居民做坦克前面的人肉盾牌，以清除路障。形势非常严峻。除了我的士兵之外，我还集合了超过一千人的捷克游击队。我们有必需的交通工具，并且根据我们的情报，有一条路能顺利进入城市。我请求您立刻放行我的部队，并允许我们向布拉格前进。"

罗伯森对当时的情况感到同情。他说他完全理解斯特克帮助起义军的愿望，如果他没有收到直接驻扎的命令，他一定会前往布拉格。但是这位美国将军也很坦率。他被命令守住当下战线，除此之外，不能采取任何进攻行动。允许一队武装士兵穿过战线将违背他的使命，因而他不能同意。但是，他说他会根据当前布拉格的情况，尽量让这些命令被重新审视。

罗伯森给美国第 5 军去了电话。第 5 军给美国第 3 集团军总部打了电话。第 3 军集团总部又给位于兰斯的盟军最高司令部打了电话，要求与艾森豪威尔将军本人通话。艾森豪威尔告诉他们在原地按兵不动。

瓦茨拉夫·斯特拉卡（Vaclav Straka）是跟随斯特克军队的一名战地记者。“这令我们很痛苦，”他说，“我们同向皮尔森前进的美军部队在一起，我们听到了布拉格的第一次广播呼吁（5 月 5 号那天）：‘所有捷克人注意！所有捷克人注意！’我们队伍里的每一位士兵都想去帮助他们。斯特克告诉我们：‘我们先去皮尔森——接着再向布拉格前进。’我们现在请求美军放行。但所有请求都全然无用。”

5 月 8 日早上，布拉格广播用英语发出了最新的求助信号。这次仍由威廉姆·格雷格广播。美国士兵们距离很近，能够接收到广播信号：“所有盟军注意！我们需要紧急援助。请发动你们的飞机和坦克。德军正逼近市中心。看在上帝的份上，请帮助我们。不要让他们毁掉我们的城市。”背景中战争的声音清晰可闻。

“听到捷克人在布拉格的广播中求救的那一天是我这辈子过得最糟糕的几天之一，”美军第 2 步兵师的罗伯特·吉尔伯特（Robert Gilbert）中尉回忆道，“我们什么也做不了。”

当捷克和美国的部队在皮尔森附近失望无助地干等着时，另一支捷克斯洛伐克部队，即由路德维克·斯沃博达（Ludvik Svoboda）率领的第 1 装甲团正迅速前进。它曾被调到乌克兰第 1 方面军以协助进攻布拉格，分配给苏联第 38 军，并作为“快速部队”起到主导作用，这支装甲部队被要求绕开德军阵营——把他们留给后续部队——并继续前进。苏联红军和捷克装甲团也在监听布拉格广播台的求助信息，每一名士兵都意识到了情况的危急。他们尽可能地加速向捷克首都前进——拯救城市的时间已所剩无几。

下午 1 点，布拉格的军事参议会召开了一次紧急会议。旧市政厅的地下通道可作为逃跑路线——但是现在楼内有大批伤员和小孩。纳粹党卫军围捕手无寸铁的百姓并对他们开枪扫射的报告纷至沓来。这些防卫军已下定决心要殊死顽抗。

一小队装备着火箭炮的起义军被派到广场，尽量拖住德军坦克的前进。

“我们的铁拳火箭炮起到了至关重要的作用，”扬・斯瓦茨那（Jan Svacina）回忆道，“我们有的数量不多，但它们容易使用，在市内作战中非常有效。5 月 8 日那天，这些武器为我们争取到了宝贵的时间。我看到一个 19 岁的士兵在房子的角落后面站着，他任由一辆德国坦克径直经过他，接着迈一步出来，发射了一枚火箭炮，便摧毁了坦克。”

起义军拼命地坚持着。一些青少年正与德军战斗着。另一些则遭到德军的围捕和射杀。12 岁的雅罗斯拉夫・奥利弗利亚斯（Jaroslav Oliverius）说：

1945 年 5 月 8 日是我一生中最糟糕的生日。我们都在地下室里缩成一团。德军开始在街上行动，清扫他们占领的每栋房子。所有在房子里面的男人都将被开枪打死。接着，他们开始搜我们的房子。我们突然听到门开了，铁钉靴踏在楼梯上，还有令人胆寒的用德语下达的命令："所有人都出来（Alle männer aus）！"我们都被拖到大街上并站成一排。我们都以为自己要死了。

下午3点，旧城市政厅已经完全笼罩在火焰之中，房顶也已经塌了。大楼里和楼前的广场上的战斗还在继续。"我们的生命按照每时每秒计算。"安东宁·斯蒂卡说，"我们心中只有一个想法，那就是拖住德国人。"

起义军的据点如今已毫无希望了。但在下午4点15分，一个小奇迹发生了。3名德国官员举着白旗出现在旧城广场上的扬·胡斯纪念碑附近。布拉格的纳粹国防军指挥官图森特（Toussaint）将军收到了关于苏军先头部队正在迅速靠近的报告。苏军的炮火声从远处传来。德国军心动摇。图森特决定同起义军谈判。他提出了终止战争的条件，并希望能够安全撤离城市。

雅罗斯拉夫·奥利弗利亚斯的生日突然变得好了一些。"我们没有被枪杀，他们命令我们坐在坦克的前面。"德军已经知道了苏军正在逼近——对他们而言，逃离苏军的铁爪比继续花时间镇压起义更为重要。奥利弗利亚斯和其他人被用作人质，这样德军才有可能穿越捷克的路障，接着尽快撤离城市，向西朝着美军前进。

奥利弗利亚斯坐在坦克上举着白旗，被自己的好运惊呆了：一个小时前还拿着枪杀了他同胞的国防军士兵们，如今却非常雀跃地告诉他他们不用再战斗了，只要能躲开俄罗斯人就行了。

下午 6 点，图森特将军同起义军达成一致。所有的德军重型武器都要在市郊上交，轻型武器则要在图森特的部队抵达美军阵营前交给捷克国家军队。纳粹国防军手中的所有战俘都要送至捷克警方。图森特的部队被允许携带必要的食品和物品，且可以不受任何妨碍地离开布拉格。留在捷克首都的德国妇女及儿童都将得到国际红十字会的保护。卡图瓦瑟尔将军代表起义军签署了协议。纳粹国防军的先头纵队——包括 27 辆坦克、33 辆卡车和 3000 步兵——15 分钟后离开了市中心。一些党卫军死忠留了下来——但是危机已经过去了。尽管困难重重，布拉格还是挺过来了。

5 月 8 日早晨，罗伯特·斯塔克准将正与他的新囚犯——帝国元帅赫尔曼·戈林——在奥地利基茨比厄尔的美国第 36 步兵师师部见面。斯塔克告诉这位帝国元帅的副官，他要戈林在早上 9 点准时在房间里等他。副官看起来很震惊，他说赫尔曼·戈林通常睡得很晚——早上 11 点会更好。斯塔克知道戈林害怕被苏军、奥地利共产党甚至是纳粹党卫军抓去，所以并没有理会他的请求，只是又重复了一遍：“他明天早上不会起得太晚。我要他 9 点就到我房间。”戈林第二天准时到了。

斯塔克开始盘问这名帝国元帅关于“民族堡垒”的事情。美军情报处极为重视这一假想中的阿尔卑斯山要塞，甚至认为纳粹党顽固分子已建造了地下工厂、飞机库和军火库，并企图在那设定最后的防线。戈林看上去很惊讶。“没有，”

他说，“对于这个计划仅仅做了些讨论——但并没有真正实施过。”

斯塔克继续询问他最后一次见到希特勒的时间——还有之后发生的事情。戈林告诉这名空军准将，他最后一次见到元首是在他的生日那天，也就是 1945 年 4 月 20 日，当时那名德国领导人已经病得很重了。之后，他就离开了柏林，来到贝希特斯加登。希特勒并没有跟他一起。4 月 23 日，他得知希特勒在柏林被苏军包围，并且他的精神也有些崩溃了。戈林于是致电希特勒——请求其行使作为元首继任者的权力，代表帝国出面进行和平谈判。希特勒勃然大怒，指责他的背叛行为，将他开除，并要逮捕他。

戈林告诉斯塔克，他被一队纳粹党卫军看守，后来英国皇家空军轰炸了贝希特斯加登，他被转往萨尔斯堡。就在那时，一条命令传来，要枪杀戈林及其家人和手下的命令。就在党卫军指挥官确认这份命令是否真的来自希特勒时，两个纳粹德国空军将他营救出来。后来，戈林便与其随从向西北前行，试图与美军取得联系。

所有的一切都相当有戏剧性——有事实也有夸大——但是斯塔克还是察觉到了其中不真实的部分。戈林在德意志帝国的影响力在战争的最后一年衰落得相当厉害。而他现在是给自己构想出一个新的角色。他拿出了身上的一封给艾森豪威尔将军的信，信中写到他会帮助重建德国。斯塔克说：“他似乎根本没有意识到他可能会成为战犯。”

午后不久，戈林便被带上了飞往美军第 7 军在奥格斯堡总部的飞机，他将在那里被正式羁押。这名帝国元帅主要担忧的是，当他见到盟军总司令时该穿哪件制服。斯塔克的德语非常好，但他坚持通过翻译官与戈林对话。这名帝国元帅通过翻译官对斯塔克说的最后一句话是："问问斯塔克将军，如果我出现在艾森豪威尔将军面前，我应该佩戴手枪还是仪式短剑呢？"斯塔克非常清楚，戈林永远都不会见到盟军总司令，没等翻译官翻译，他就径直说道："Das ist mir ganz wurst"——德语俚语，相当于英语俚语"我才不管呢"。帝国元帅看起来相当震惊，几乎要从他的幻想中醒来了。

在英国，欧洲胜利日那天阳光灿烂。莫莉·潘特－道恩斯（Mollie Panter- Downes）在《纽约人》杂志文章中写道："当这一天终于到来时，所有人都会永远记得。这个节日有着自身的氛围，有着如同一个大型的村落盛会一样就这么发生了……钟声开始响起，一夜风雨后，伦敦迎来了一个完美的、炎热的、英式的夏日。"

午餐时间后，人群就开始在伦敦聚集。下午 1 点，白厅挤满了人。许多人都站在从唐宁街到工程部的人行道上。警方估计人数达到 5 万，而且这一数字还在增长。一辆公共汽车驶过白厅，车身上用粉笔写着"希特勒错过了这班车"。

哈罗德·尼克尔森（Harold Nicolson）当时就在现场：

整个特拉法加广场和白厅都挤满了人。有些人做了玫瑰花环、旗帜、丝带和纸帽子——一些身穿制服的卫兵也佩戴着这些东西。在欢闹但并不过分的人群中我挤出了一条路，来到英国下议院。最后几步走得很艰难，因为人群都挤到了栏杆上……我终于走到了宫殿的庭院，那时已经接近下午3点了，我决定待在那里，通过扩音器听温斯顿的广播。

大本钟响了三声，整个人群都安静了下来。喇叭中传出了发言人的声音——“下面有请首相温斯顿·丘吉尔阁下！”人群发出了一阵欢呼。接着丘吉尔开始讲话，短短的几分钟内，白厅中只能听见他一个人的声音：

昨天凌晨2点41分，德军最高指挥部和政府代表约德尔将军在总指挥部签署了所有德国在欧洲的海陆空军队向盟国远征军和苏联最高统帅部无条件投降的协议。今天，这份协议将在柏林确认生效……战争将在今天午夜过后一分钟正式结束（5月8日星期二），但是出于拯救更多生命的目的，所有前线昨天都已经停火……德国发动的战争结束了。

有人评论：“丘吉尔的公告非常简短但令人印象深刻。”当他说午夜开始战争将要结束时，人们大声地欢呼。丘吉尔也宣布了海峡群岛即将解放的消息——这赢得了更多的欢呼。但当他宣布“德国发动的战争结束了”的时候，人们高声呐喊并挥舞着旗帜。广播结束后播放了国歌，一位观众说：“男女老少带着热情唱着《天佑吾王》，国歌听起来像是一首战歌。”

一名志愿护士回忆起在帕丁顿格林医院听到丘吉尔演说时的情形：

当病房时钟的指针接近演说时间时，医护工作人员都自动离开了。病房从未如此安静——孩子们不再闹腾，没有一个人在哭。当首相的声音在空气中响起时，我看了一眼穿着医院制服的女人们。每个人都安静地站着，你透过她们眼睛，可以知道她们的思绪已经飘出了医院。

演说结束了。我感觉到有人在拉我的手，是个小女孩，我站在她床边。她小小的脸庞看着我。“广播里是什么意思？”她不安地问我。

“战争结束了。”我冲她微笑，试着让她安心。

“那是什么意思？”

一时间我怔住了，在脑海中搜索一些能让她明白的词：“嗯，意思是你可以在街上看到灯了，窗户也都会亮起来。”她看起来还是很迷茫，我突然灵光一现：“这意味着你再也不会听到防空警报了。”

“不会再听到警报声了？”她用完全震惊的语气重复着我的话。我可以从她的眼神里看出，我说的话她一个字也不相信。

4 月 30 日下午，希特勒在元首地堡召集了他的手下，简洁地命令他们离开。这场景以一种奇怪的方式再现了，5 月 8 日下午 3 点刚过，首相的副官们聚集在唐宁街为他欢呼。其中一位回忆道：

在他演说过后，我们所有人都冲下楼梯，进入花园，在他去下议院讲话的路上列队。我们一直在鼓掌，我好像看到了他眼睛里的泪光，他微笑着跟我们说："谢谢你们所有人，非常感谢。"外面，在皇家骑兵卫队阅兵场上……有好多人挤着在那里等着他。他们欢呼着呐喊着"亲爱的老温斯顿太棒了"，一些人挤到前面轻拍着汽车，在汽车的踏脚板上蹦跶，因此汽车几乎不可能向前移动……

下午3点23分，在下议院内哈罗德·尼克尔森注意到："主席椅子后面有些轻微的骚动，温斯顿略带腼腆，轻快地走了进来。所有议员同时起立，欢呼着，挥舞着他们的议事日程表。首相回应着，他没有鞠躬，而是带着害羞奇怪地扭了下头，露齿微笑着。接着他请求离开，他说：'本议会现在要去威斯敏斯特的圣玛加利教堂，为了我们能摆脱被德军控制的威胁而向万能的上帝表达我们的感谢。'"

丘吉尔广播后，外面的街道开始安静下来。战地记者约翰·霍德森（John Hodson）在明媚的阳光下穿过白厅和特拉法加广场，他发现了伦敦"欢乐而密集的人群，但他们都相对安静"。

"街道上全都是人，近距离看无法通行。但总体说来，人还是可以在其间走动。人们看上去都非常轻松，他们戴着红色、白色和蓝色的花环，像是某个杯赛的装扮——还有很多人戴着滑稽帽……女孩儿们爬到了大堆的石头上，把自己变成了活雕像：特拉法加广场上的石狮子上也有人坐着……"

作家约翰·莱曼（John Lehmann）穿过海德公园，对于这些“并不完全是满腔热情的庆祝”而感到惊讶。他觉得人们意识到了还需要打败日本，还要付出无人能预计的代价，与兴奋相比更多的是茫然。“这是一场清醒的欢乐”，另一位参与者如是说，“这与1918年11月的休战纪念日完全不同，那时所有人都陷入了狂欢。”

在海德公园演讲角，一些末日论者都在极力地发表他们的意见。其中一些是反政府和反丘吉尔的，其他人则预测战争的种子已然在波兰和巴尔干半岛发芽。但是这些人只是少数。下午还发生了真正令人兴奋的事情。下午4点刚过，皇室成员和丘吉尔出现在白金汉宫的阳台上，向大家挥手致意。“今天毫无疑问是丘吉尔之日，”莫莉·潘特-道恩斯说，“当人们看到他时，他们发出了来自内心深处的高声呐喊，近乎虔诚的吼叫。”

接着，有人说丘吉尔会发表第二次演讲，人们不一会就聚集在卫生部大楼前，呼喊着“我们想看温斯顿”。下午6点前，丘吉尔出现了，他拿着雪茄，摆出了“V”的手势，人群又爆发出了震耳欲聋的欢呼。

人们在高温中已经等了好几个小时，他们边等边唱着歌。当丘吉尔出现时，人群开始嘶哑地欢呼着。他终于让人群稍微安静下来，能听到他的声音，然后说：“这是你们的胜利。这是为了每片土地的自由而获得的胜利。在人类历史中，我们从未见过如此伟大的一天。每个人，不管男人还是女人，都拼尽了全力。每个人都做出了尝试。不论是常年的战争，还是危险，还是敌人的猛烈进攻，都没能削弱我们大英民族的决心。愿上帝保佑你们所有人。”

伊丽莎白·雷顿是丘吉尔私人秘书之一，那天也在阳台上。她记得：“简短的演讲结束之后，丘吉尔向外注视着沸腾的人群。接着，他不由自主地开始唱起《希望与光荣的土地》。人群爆发出赞许的呐喊——然后，人群也同他一起唱起了歌。”

那天，玛丽·布莱思（Mary Blythe）去了伦敦旅行，她感受到了那天晚上醉人的幸福感。然而，在如此欢快中还有一丝脆弱。莫莉·潘特－道恩斯观察道：

那一整天，对于绝大多数人来说，过去都隐藏在美丽、安全的当下，他们的感情非常脆弱，因此政府决定不再发出纪念“警报解除”的警报，担心那声音会勾起太多痛苦的回忆。出于同样的理由，鸣枪致意也取消了——仅仅用鸣钟、让泰晤士河上的船只鸣汽笛，还有飞机在城市上空来回飞行发出红色和绿色信号来庆祝，人们抬头看着，脸上写满笑容。

晚上 9 点，国王乔治六世进行了全国广播。对于收听的人而言，这是国王做过最好的一次演说了——他是抱着真诚和信仰讲话的：

今天我们感谢万能的上帝赐予我们伟大的救赎。此刻，在我们帝国最古老的首都，这座城市被战争攻击过，但没有一刻胆怯或害怕，我请大家跟我一起在伦敦感恩……让我们记住那些逝去的人，那些壮烈牺牲的男男女女……让我们带着自豪与感谢向那些为我们赢得了胜利的人致敬……让我们思考是什么支撑着我们度过了6年的磨难和危险……那么，让我们在这个胜利光荣而又悲伤的日子里整理思绪，重新踏上征程，团结一致，不辜负那些为了我们牺牲的人，为了他们和我们的子孙后代，共同创造他们曾经渴望的世界。

距离伦敦的人群遥远的苏格兰，以自己的方式庆祝这一天，所有的村镇都在街上举行聚会，燃起篝火，人群中传递着啤酒和三明治。威廉姆·帕顿（William Paton）仍记得苏格兰西洛锡安西部的斯托尼伯恩举行的庆典。

下午3点的时候，我通过无线电听了首相丘吉尔的讲话，他发表了我们期待已久并急切渴望的有关德军投降的演说。他宣布战争结束了，德国接受了无条件投降的协议。这是令不列颠每个城镇都极为欢喜的一天。斯托尼伯恩到处都是旗帜、歌声、舞蹈和游行。庆典在晚上9点的时候中断，这样我们才能够聆听国王演讲。那天晚上，每个街角都燃起了篝火，人们围在篝火旁，一直歌唱到凌晨。

琼·斯特兰奇写下了她在沃辛参加庆祝时的心情：

这一天终于到来了。早上7点我就起来了，听见妈妈打理旗帜的声音（不是被虫蛀了就是打过补丁）。但是我们并不是第一个在路边竖起旗帜的人……欧洲胜利日两天假期的第一天，天气很好。中午时分，有教堂礼拜，下午我们都聆听了令人振奋的欧洲胜利的广播。那天的亮点是首相在下午3点的简洁演说和晚上9点国王的演说。战争在午夜之后的一分钟正式结束，苏联的战争也希望能同时结束。明天是俄罗斯的欧洲胜利日。

街头的欢庆派对最能表达人们的心情。一位参与者回忆：

盘子空了没关系，很快就被装满。女士们戴着纸质的帽子和红白蓝相间的围裙。一台留声机被摆了出来，我们跟着它唱歌。椅子就放在墙附近，桌子已被清理过，盘子也被刷干净了——接着是孩子们的比赛。女人和孩子们开始跳舞，街道里都是音乐声。不一会，人们从其他街道走来，融入一起。晚上10点，酒吧都关门了，一场雪突然袭来。晚上10：30，我家对面点燃了篝火。希特勒曾经就是在火焰上的——当他葬身火海时，所有人都在欢呼。

艾琳·贝恩（Irene Bain）形容在米查姆街道上的活动：

街道的一群女人组成了组织派对的委员会。那天，她们在路中央架起了餐桌，铺上了桌布。人们从家里搬出了椅子一个个排开。为了这样特殊的场合，人们拿出了珍贵的食物。桌子上每隔一段距离都摆上了花瓶，花瓶中插满了自家花园的鲜花，不一会上就摆满了食物。我们所有的孩子们都和兄弟姐妹们一起冲向了桌子，婴儿们也都被带上了。我穿上了我最好的裙子和新买的木底凉鞋，对此我感到非常骄傲……在最那边，仅有的两个有汽车的人之一——一个出租车司机，坐在小桌子边，给路上的每个小孩发了6便士。

人们都很在意小孩子们。其中一些孩子经历了轰炸、V1和V2火箭弹的恐吓。有些孩子被疏散——然后回到了自己家里。他们是未来的希望。雪莉·切夫斯（Shirley Cheves）在战争时期的林肯郡度过了她的童年，她也穿着漂亮的裙子参加了庆典。"我穿着我的红色丝绒伞裙，系着蓝白色的穗带，"她骄傲地说，"我们还一起照了相。"一位蒂斯河畔索纳比的教师说："人们大费周章地要把喜悦传递给孩子们——红色、白色和蓝色的裙子（我看到三件用旗布做的漂亮裙子）。还有装饰过的三轮车、玩具汽车等。"

莫莉·潘特-道恩斯写道："这天的白天和夜晚都没有固定的计划——每个团体都跳着自己的舞蹈，唱着自己的歌，一切都顺着自己的意愿进行。欧洲胜利日那天最宽容的人就是警察了，他们就仅仅站在旁边，面带亲切的笑容。士兵们一手勾住电线杆，大笑的人们卸下广告牌，搭建晚上的篝火。"

那天晚上，整个伦敦都被探照灯点亮了。一名住在埃奇威尔路的上班族当天晚上在派对结束之后回到家，她在日记中写道：

我回到家之后，爬上了公寓的屋顶，在屋顶上我和我的丈夫经常能看到火焰在伦敦周围燃起。1944 年春天的“短暂空袭”时，我们见过爆炸，听过炸弹声、飞机声和枪声。我们曾见过炸掉房子之前在空中拖着火焰尾巴的飞弹。但现在，窗户中都是闪着光的旗帜和灯光。所有的一切看起来是那么的不真实。

当我抬头看向天空，天边出现了烟花，远处的红色篝火照亮了天空——如今是令人安心的和平的烟火了，不再是去年这个时候恐怖的火焰。午夜时分，烟火达到了高潮，在地平线上出现了更多的火光。这是个温暖的、星光熠熠的夜晚，但就在午夜之后，一道夏日闪电带来了更多光亮，令人惊异的是，那闪电就像是在空中画了个“V”字一般。

但是，欧洲并没有全部都归于和平。布拉格已为其生存而战，捷克其他地区的起义也开始了。这个国家到处都是起义军、撤退的德军，还有不断前进的苏军队伍。5 月 8 日，南非战俘戴夫·布洛肯沙（Dave Brokensha）当时就在捷克斯洛伐克的行军纵队中。布洛肯沙在托布鲁克被俘，并一直被关押在德累斯顿附近的战俘集中营。当苏军抵达时，营中的战俘都已被向南疏散，穿过了边境。超过 700 人的战俘队伍——位于美军和苏军之间的真空地带——遭到了苏军的俯冲轰炸机和战斗机三次错误的轰炸和机关枪扫射。布洛肯沙的手受了伤，但伤情并不严重。一小队人——布洛肯沙就在其中——成功地逃离了纵队，并穿过了散落着尸体和死马的荒凉地带。第二天，他们终于到达了安全的美军战线。

盟军最高指挥部如今信守承诺，在柏林举行了第二次投降仪式。西方同盟国代表下午抵达了卡尔绍斯特。空军上将特德将代表艾森豪威尔出席。就在代表团出发之前，艾森豪威尔为修复与苏联的关系而采取了更进一步的行动。他向美国和英国政府发出紧急建议，连同以下几段话：

关于发给两国政府的来自苏联最高统帅部的消息（即反对最初投降协议的那则），当中提到德军有可能在同意停火的时间之后还继续抵抗苏军，考虑到情况紧急，我建议两国政府向苏联最高统帅部发消息，并表达以下内容：

德国的无条件投降是同时向苏联和盟军进行的，在同意停战后任何继续进攻的行为，都是对苏联和西方盟国的冒犯。因此，一旦发现有成形的德军力量做出类似尝试，他们将不再具有士兵的资格。

你们大可放心，一旦这样的情况发生，艾森豪威尔将军会继续与苏军密切合作，消灭这样的队伍，并按苏联最高统帅部期待的那样亲自在战线上指挥作战。我们不能接受任何德国部队再继续抵抗苏军，我们自己的部队也不会袖手旁观。

我认为这样的保证是有益的——尤其是从当前的现实来看，英美两国今天肯定是要发出（欧洲胜利日）公告，而苏联则觉得应该推迟到明天，也就是 5 月 9 日。

这是艾森豪威尔最佳的状态——积极主动、思维清晰、意志坚定、慷慨宽容。毋庸置疑，这种保证缓解了西方盟国和苏联之间的紧张关系。

由于艾森豪威尔的预防措施，陆军元帅舍纳尔针对兰斯签署的协议作出了自己的回应：

中央集团军群的士兵们，关于帝国政府将向英美军和苏联投降的虚假谣言正在流传。这是魔鬼的谎言——这个谎言决不会减弱我们抵抗的决心，我们坚决不会与东部和解。我们要遵从邓尼茨的命令，与布尔什维克的战斗将继续，直到所有德国人都安全了为止。然而，在西方的战斗已经结束了。但是，无论如何也不能向布尔什维克党投降。

苏军是想利用投降的虚假谎言来削弱我们的抵抗。这完全是个诡计。请你们骄傲地站直，我们将继续兑现我们的诺言。不管是我们中的懦夫、背叛者，还是敌人的口号，都无法破坏我们的力量。

无法打败的中央集团军群会像英雄一样战斗！

这依然是纳粹分子的幻想，充满着同样危险的谎言。但这将是舍纳尔最后一次演讲。一支苏军特战队进入了捷克斯洛伐克，并一直在跟踪其总部的行动。陆军上校瓦西里·布斯拉耶夫（Vasily Buslaev）的快速装甲侦查队通过监听，已经锁定了舍纳尔及其部队在扎特克镇的位置。他们想要扰乱中央集团军的组织，如果可能的话，抓住舍纳尔本人。布斯拉耶夫的士兵们发动了突然袭击。他们抓捕了 9 名将军和众多官员，缴获了大量文件和装备，但并没有发现舍纳尔的踪迹。一个德国将军轻蔑地说：“他跟他说捷克语的副官溜走了，换上了便装，试着逃到美国人那里去了。他身上再也没有半点英雄的影子了。”

5月8日，杜鲁门总统庆祝了他61岁的生日。东岸时间早上9点，他在白宫的广播室宣布了美国胜利的消息。

“这是庄严而又光辉的时刻，”杜鲁门说，“我只希望富兰克林·D.罗斯福能够亲眼见证这一切。艾森豪威尔将军通知我，德军已经投降了……整个欧洲都飘扬着自由的旗帜。”

这位总统的语气接着变得阴郁起来：“然而，我们的欢乐被我们为了摆脱希特勒和他邪恶的军队而付出的惨痛代价压抑着……我们必须结束这场战争。我们的胜利只赢了一半。西方如今解放了，但是东方依然被日本帝国的暴政统治着。只有当最后一支日本部队无条件投降时，我们的战争才算结束。”

不过，华盛顿的人们是开心的。据澳大利亚军事代表团的基思·韦克菲尔德（Keith Wakefield）回忆：“华盛顿地区的草坪上、林肯和杰弗逊的纪念碑附近围满了雀跃的人群。”在纽约，时代广场上一整天都是庆祝的场面——自动收报机的纸条在人群中传阅。在路易斯安娜，安妮·拉尔夫（Anne Ralph）回想起火车上的场景：“当我们穿过小镇时，我们听到了钟声……我不知道发生了什么，直到火车停下来，有个人告诉我欧洲的战争结束了。在新奥尔良，人们在大街上跳起舞来。他们在喷泉里、喷泉外唱着、跳着、蹦着，就像是四旬斋前的最后一天——不管怎样，我们的一部分战争结束了，这让大家都难以置信地松了口气。”

在旧金山，一名叫约翰·F·肯尼迪的年轻记者在欧洲胜利日那天申请被急派到《纽约新闻报》。该报注意到，他曾是太平洋战争中一名海军中尉，曾因勇敢对抗日军而获得勋章，他是前任英国大使约瑟夫·肯尼迪的儿子。以“军人的角度”，约翰·肯尼迪认为旧金山能够泰然自若地面对欧洲胜利日。

“这个城市忽略了太平洋战争，对于这里的人来说，‘战争’一直都是一场对抗日本人的战争，”肯尼迪这样说，“拥挤在街上的军人非常冷静。太平洋战争是他们大多数人唯一听说过的战争——当你经历漫长的战斗后回到家中，而且过几天还要回到战场，你很难对所谓的‘战争结束’感到兴奋。对他们来说胜利还很遥远。”

但接着，肯尼迪强调了联合国会议。他认为，欧洲战争结束的消息对所有参加会议的代表来说都是一剂兴奋剂。他敏锐地提到了苏联：

苏联问题在会议上占据了主导。莫洛托夫的工作基本完成了。他让其他与会代表在对他和整个苏联政策的态度产生了分歧。一些人抱有极其怀疑的态度，而也有一群人对苏联抱有信心，相信他们尽管在方式上有点怪异和无法理解，但他们是真正希望和平。

这些人的争论归结为以下：首先，他们假设一个国家能够根据自身的最佳利益行动。那么在这件事情上，苏联此刻最为需要的就是和平。为了获得和平，它觉得它需要安全。

它需要的是，没有任何人能再次攻打它。苏联人比我们还要害怕德国再打回来。因此，他们需要确保自己的西部防御是安全的。苏联不允许周边国家的任何一个政府对它存有敌意。他们觉得他们挣来了确保安全的权利。他们不论如何都要得到它。

在盟军最高统帅部，德怀特·艾森豪威尔将军感到他已掌握了当前的情势。其他人可能缺乏他的耐心、谦卑和正直。艾森豪威尔向他的朋友和支持者美军总司令乔治·马歇尔将军吐露了他关于同盟国这次突然的危机的内心想法：

由我的副总司令率领的我军代表团，刚刚已经去往柏林与朱可夫元帅签署了正式的军事投降文件。苏方完全赞同这次会议，这次会议也缓解了我的担忧，我一直担心上一次会议（兰斯的投降仪式）的误解和麻烦会引发危机。

这份焦虑曾一度因为德军老练的宣传而加重，他们一直希望向我们投降而不是向苏联投降。所有的证据都表明，在东部的德军正在为他们在 1941 年和 1942 年对苏联的进攻付出代价，他们现在不管是个人还是集体，都非常害怕苏联的复仇。

如果这是真的，美联社之前打破了为见证谈判而签署的保密协议，而且还用巴黎以外的商业线路来报告此事，仅仅是为了给自己的公司抢独家新闻，那么，他应该为最不幸的后果而感到罪恶，这种后果包括可能会让更多美国人丧命。

我完全坦白，过去 4 天要比这场战争过去 11 个月里耗费了我和我的工作人员更多的心力。然而，如我提到过的，我可以肯定不久之后，由于对战争的担忧，苏联与我们现在已经完全达成共识，今天的会议我们一定会以诚相待。

但还有最后一个问题——（在兰斯签署的）原始协议要增加关于德军立即放弃武器和军队的附加条款。德军有理由声称，原始的文件是受国际法约束的。当陆军元帅凯特尔在柏林－滕佩尔霍夫机场拿到新的投降文本时，这项插入的内容被特别强调了出来，并在空白处做了标记："新增！"

凯特尔向朱可夫明确表示，他不会签订修改过的投降条约，除非做出进一步明确说明。他说：

基本的修改是插入一条对未在规定时间内停火或投降的部队进行惩罚的条款。我告诉翻译，我要求和朱可夫元帅的代表谈话，因为我没有办法无条件地签署修改过的条约。

我解释说我正考虑拒绝，因为我不能保证我们的停火命令会被及时接受。因此，军队的指挥官们可能会认为，因为这一影响而不能履行条约是合情合理的。我要求（另一则）条款被写入该协议，规定只有在投降命令下达到德军的 24 小时后才能生效；只有到那时，惩罚条款才会生效。

一小时之后，朱可夫的代表作出回复，说朱可夫元帅同意给他们 12 个小时。

最后一轮谈判的背后，是真实的恐惧——这是来自苏方的——他们担心德国依然不肯遵守无条件投降条款。从德军的角度来说，他们想尽可能地拖延时间——即便是到了战争的最后阶段，他们还是想让尽可能多的部队向西方盟军投降。当签署的时间越来越近时，这个问题又再一次被提出。凯特尔注意到朱可夫像他同意的那样将“12 小时”加入条款中。这又造成了拖延。

这次延期之后，所有人都在为晚上 10 : 30 的投降仪式做准备。仪式在平整而坚固的德国先前的工程建筑内进行，理由很简单，因为这栋楼的大部分都完好无损。会议房间要比兰斯的大得多，大约长 60 英尺，宽 40 英尺，有两层，在一侧还有个小阳台。西方盟军的代表团包括空军上将亚瑟・特德（Arthur Tedder）爵士（艾森豪威尔的副司令）、让・德・拉特尔・德・塔西尼（Jean de Lattre de Tassigny）将军（法国第 1 军指挥官）和卡尔・斯帕兹（Carl Spaatz）将军（美国第 8 航空队司令）。

艾森豪威尔的司机盖伊・萨默斯比回忆当天的场景：

那个巨大的房间充斥着弧光灯强烈的光线——当我们从昏暗的门廊走进房间时，灯光甚是刺眼。房间里有苏联的媒体，有近百人，房间内几乎每个可能的点都布有摄影机。话筒从天花板垂下，地板上都是电线，成为一张由电线和电缆构成的蜘蛛网。

房间尽头的一张长桌吸引了所有人的注意力。长桌旁还有其他三张桌子，分别是给媒体和其他人准备的。远远地在阳台上还有一张小桌子——显然，是为准备投降的德国人准备的。当矮小健壮面带严肃的朱可夫元帅走进房间时，房间突然安静了下来。所有人都站了起来。当我们重新坐下时，他下令仪式继续。

萨默斯比对于苏联外交事务副人民委员安德烈·维辛斯基的权威感到吃惊，他看上去掌控着整个会议进程。甚至朱可夫都听他的。在这个军事胜利的时刻，克里姆林宫再次显示了其对军队的权威。

接着给出了敌人进入房间的信号。当空桌子后方的门打开的时候，沉默抑制住了喧闹。房间里的每一双眼睛都盯着那名身着蓝灰色陆军元帅制服的高个子德国军官，他的胸前挂满勋章和奖牌，头抬得很高。他呆板地走向桌子，猛地举起他的银头指挥棒简单致意，然后坐了下来。

房间再一次喧哗起来：好像没有人注意到还有两个德国人在凯特尔身边坐了下来（海军上将格奥尔格·冯·弗雷德堡和纳粹德国空军上校汉斯－于尔根·施通普夫）。

但是德国对苏方插入条款的关切再一次被提出。美国《星条旗报》的战地记者查尔斯·吉力（Charles Kiley）回忆道："高大笔直的凯特尔，始终是傲慢的普鲁士人的典型。当他被从德军代表桌子叫到坐满了盟军官员的桌子上去签署协议时，他回到自己的座位上，针对投降协议中的一点开始争论。"又一次，他希望有更多的时间通知德国军队关于这项新的条款。而且，朱可夫答应的“12小时”仍没有写进正式的文件中。那时已经是晚上的10点58分了（中欧时间）。

又一轮争论在投降会议厅中进行。停战协议将正式在午夜过后的一分钟生效。当这个时间被敲定后，双方都僵持着。朱可夫元帅打破了僵局，他大喊道：“我以军人的身份向你们承诺！”

那时已经是午夜过后几分钟了。基利继续说道：“三名主要德国代表坐到了盟军桌子的对面。空军上将特德问他们：‘我问你们——你们是否已经看过这份无条件投降协议了？你们是否已经准备好签字了？’三个德国人都点了点头。”

朱可夫元帅和空军上将特德作为盟军代表签署了协议，斯帕兹和德·塔西尼将军作为见证人。

据基利回忆：“施通普夫签署文件的同时，文件依次传给朱可夫、特德、斯帕兹和德·拉托尔，起初凯特尔对围在房间里拍照的记者们感到厌烦，他叫来俄语翻译，再一次讨论移除‘停战’条款的可能性。”

德国不愿意向苏联投降体现在其尽可能拖延签约仪式这件事情上。最后，凯特尔做出了让步。盖伊·萨默斯比还记得那个时刻：“这名陆军元帅拿笔之前小心地脱下了一只灰色的手套。他抬起头轻蔑地看向喧闹的记者们，草草地签了名，似乎是迫切想摆脱一份肮脏的工作一般……”

然后朱可夫命令散会。“那几个纳粹党就像是收到阅兵命令一样立刻站了起来。凯特尔再一次举起了他的指挥棒简单致意。他们离开的出口和进来的入口一样具有戏剧性……

现在，甚至对于苏联人来说，欧洲胜利日也正式成立了。”

然而，陆军元帅凯特尔不情愿接受附加条款的行为再次引起了苏联的怀疑。5 月 9 日下午 1 点，在一个秘密的房间，苏联人审问着凯特尔关于德国对于军事投降条款的服从程度。

审问由伊万·谢洛夫上校（Ivan Serov）执行，他是白俄罗斯第 1 方面军的后勤部长。他在最开始就强调了苏军不会接受任何拖延投降的行为。

5月9日下午,凯特尔提出派出一名陆军总参谋部的官员，拿着标有德军在东部的全军部署和他们指挥官的地图。第二天，5 月 10 日，他相信联络官们便会就位，解决一切尚未解决的问题。

谢洛夫又转向了所谓的邓尼茨政府的问题上——说到该政府正作为合法的行政部门在运行，但是这种情况在弗伦斯堡并不存在。凯特尔顺势说，建立能与同盟国共处的替代的政府还需要一些时间。谢洛夫问，邓尼茨说自己是国家的元首是通过谁的授权。凯特尔说这是依据希特勒的遗嘱。谢洛夫对此并不相信。

凌晨一点半，胜利者们重新聚集在协议签署的地方，但这次会议室变成了宴会厅，阳台上是管弦乐队，这是为了庆祝他们的胜利。晚宴持续了 4 个小时。萨默斯比非常明智地选择以水代酒：

凌晨五点，甚至翻译也听不明白祝酒词了。大多数宴会的客人都喝醉了。一些苏联人还钻到了桌子底下。四种语言的歌曲轮番出现。每一次祝酒时，管弦乐队都拉弦，但随着伏特加的味道弥漫到阳台上，他们已经无法进行演奏了。宴会恰好在日出之前结束，正常宴会光个人敬酒就大概有29次，每次都有五到十分钟的翻译时间和间奏曲。我们都觉得，在参加过这次胜利日派对后，所有其他的派对都不用再参加了。

朱可夫将军也写到这个场景："签署仪式之后，我祝贺了在场的每个人。接着，大厅中爆发出了难以置信的喧闹。每个人都互相祝贺并握手。很多人的眼中都有了喜悦的泪水。我被我的战友们围住了。"

朱可夫元帅第一杯酒必须是致敬斯大林，他的第二杯酒敬给了艾森豪威尔将军。这名苏联指挥官称赞他是位伟大的将军，"而且是美国优秀的儿子"。宴会上，人们载歌载舞，朱可夫元帅补充道：

苏联的将军们一旦跳起舞来是无法战胜的。我都有些情不自禁地跳起了俄罗斯舞蹈，这让我想起了自己年轻的时候。在这个胜利的时刻，我们在各种庆祝的枪炮声中离开了宴会厅。这些声音在柏林市里和郊外的各处持续着。尽管这些弹药都冲向天空，碎片、子弹、弹壳还是落到了地上，在户外行走是极不安全的。但这与我们数年来渐渐习惯的战争的危险是多么的不同！

对于朱可夫这位苏联最有天分和冷酷的指挥官而言，这一刻是多么的轻松、快乐和自豪。“朱可夫将军百战百胜！”苏联红军士兵都这么说。胜利的道路起始于 1941 年的莫斯科和列宁格勒，并最终到达了柏林。朱可夫在卡尔绍斯特举行会议是正确的——对于苏联和对于世界来说都是如此。是苏联摧毁了德国战争机器的勇气，而他们也付出了牺牲 2700 万士兵和平民的惨痛代价。

朱可夫系上了世界军事友好关系的纽带。他在柏林庆祝战争的结束。英国第 11 装甲师的二等兵约翰·弗罗斯特（John Frost）在那天晚上从吕贝克给家里的信中写道：

今天是欧洲胜利日，战争也停止了——我们对此都非常感激。今天下午，我们都通过广播聆听了丘吉尔的演讲——这意味着一切都正式结束了。晚上 9 点，我们就能听到国王的演说了。从广播新闻中，我们都听说了伦敦和其他城市都举行了狂野的庆祝活动。我希望我也能看到国旗飘扬，听到钟声响起。

今天早上阅兵的时候，我们收到了三项特殊的议事日程。它们是来自军队指挥官们祝贺的消息，庆祝我们在德国取得的成就。其中一条来自邓普斯将军，是只给我们师的消息——他祝贺我们第 11 装甲师在最近夺得了吕贝克并向波罗的海诸国前进。

迈尔斯·邓普斯（Miles Dempsey）将军是英国第 2 军指挥官，他有充足的理由对第 11 装甲师感到满意，因为它非常有效地完成了最后一次战斗任务，阻止了德国第3装甲部队进入石勒苏益格-荷尔斯泰因，确保了苏军无法进入丹麦。“今天，成千上万的德军在这条路上走过，”弗洛斯继续写道，“他们看上去饱受战争折磨，非常疲惫。同样在路上的，自行逃避俄罗斯人的还有数百平民。那些有马车的人在车上堆满了物品；大多数人在徒步前进——其中还有妇女和儿童。欧洲胜利日在德国的景象截然不同。”

对于有些人而言，纳粹国防军的投降值得同情。红十字会的工作人员南希·威尔逊（Nancy Wilson）在吕纳堡沙恩霍斯特兵营的医院里工作。欧洲胜利日带来的安慰和庆贺被败军的形象缓冲了。她回忆：“全身泥污的受伤的德军剩余部队艰难地向我们的车队走来时，那景象糟糕极了。他们的武器都被解除了，并被告知要尽快回家。他们步履蹒跚、一瘸一拐的，有的还扎着绷带，被其战友扶持着，他们都受着伤，垂头丧气的。这个场景让我联想到1812年法国从莫斯科撤退时的那幅油画。”

可是，在意大利战区，战争以在波河流域的胜利结束，德军于5月2日在卡塞尔塔签署了德军第一个无条件投降协议，皇家后勤部队军士长哈利·杜特卡（Harry Dutka）在胜利日来到了威尼斯。他还记得：

那天一早，我们坐着卡车离开了，（并且）经过了被战争破坏的帕多瓦来到了威尼斯。我们似乎是第一批到达的军队——那里还有大量的贡多拉船只在等着客人。那天天气很冷，水面如镜面一样平静。很难相信这个并没有留下战争印记的美丽城市，在几个小时前才刚刚结束了战争。我们回到营中时，非常惊喜地听说了欧洲胜利日已经延长至5月9号了。

陆军元帅亚历山大是地中海的盟军最高指挥官，他向士兵们广播。“你们当中有些人会回家，”他说，“其他人将会去击败剩下的侵略者日本，他们已经感到恐惧，并知道等待他们的是什么。我们和我们的盟军会用在欧洲为我们带来胜利的同样团结的力量继续前进，向日本发动最后一次进攻。”

欧洲胜利日那天，英国第 21 集团军群电影制作服务部门的皮特·哈丁顿（Peter Haddington）无需新闻汇辑，在荷兰城市泽弗纳尔架起了他的屏幕、放大器和投影装备。感激的人民群众，大多数人已经五年都没有看过一场电影了，他们看着米老鼠和大力水手的卡通动画爆发出了一阵阵笑声。

哈丁顿其中的一项任务是给盟军士兵放映刚刚解放的集中营的片段。5 月 8 日，英国士兵诺埃尔·曼德（Noel Mander）当时驻守在皇家军队在罗马郊区的指挥部。“我们这天放假了，”他回忆说，“整个城市都弥漫着兴奋和欢呼，啤酒一杯杯地传到大家手上，乐队也演奏起来。”但是曼德早早退出了庆典。除了尚未结束的日本战争外，还有一些事情萦绕在他心头。几天前，他也在大银幕上观看了集中营的照片。

欢乐的热潮汹涌澎湃。在巴黎，美国空军下士威廉姆·德莱尔（William Dryer）在给他未婚妻的信中写道：“人们都疯了。他们都笑疯了，开心疯了，为任何事为所有事都感到疯狂。大街上上下下都是欢乐的人们，所有人都知道希特勒倒台了。”

费迪南德·皮卡德（Ferdinand Picard）那天也在巴黎：

我被淹没在沉浸于胜利喜悦的人群中。从圣拉扎尔火车站到共和国广场，我随着挤满林荫大道的人流走着。形形色色的人都混在这个人群中。有的女人怀里还抱着婴儿，她们有时高高举起孩子向盟军示意。白头发干瘦的男人们重拾了年轻时候的热情。少年们穿着鲜艳的衣服，带着丝带和锦缎，围在美国吉普车和卡车周围。他们尖叫着——尽情释放着快乐。

加拿大炮手詹姆斯·布雷迪（James Brady）在战争结束时正在德国的马克思镇，他却有着更加清醒的思考。他在5月8日的日记中写道：“终于，这奇妙的日子来临了——欧洲胜利了。但是，我们的小组却很安静，大家思绪万千：反而感到失落。我们并没有兴奋的感觉，有的只是一种平静的满足，我们的任务完成了，我们又能回家了。”

布雷迪还记得炮兵团的纪念仪式：

“我们在指挥官盖格农上校面前集合并接受检阅。接着，我们便前往附近的一个乡村教堂参加纪念仪式。上校开始念36名牺牲士兵的名字。我们的眼中含有泪水。他颤抖着，将名单递给了一位副官，副官冷静地把纸折了起来放进口袋。

他们是我们的战友。我们将永远记得他们。”

这场战争令超过 4.2 万名加拿大军人失去了生命：2.3 万名陆军，1.7 万名加拿大皇家空军士兵和 0.2 万名海军士兵。超过 5.4 万名士兵受伤——还有 9 千名战俘。从诺曼底登陆日到战争结束之日，西方盟军的总死亡人数为 18.6 万，受伤人数为 54.57 万，失踪人数为 10.96 万。

有些人对此感到麻木。加拿大第 5 装甲师的哈利·乔力（Harry Jolley）少校在给他妹妹的信中写道，他和他的战友们对纳粹投降很是失望：“我想象过这会是令人难忘的场景。但事实并非如此。我看到有些人聚集在我们信号车周围，我们走近去听广播，但没有一个人出声，也没有人把自己的帽子扔向空中或做出其他一些类似行为。我还记得我大声向一个朋友喊道：‘现在一切都结束了！’他根本就不知道我说了些什么。”

美国第 65 步兵师（隶属巴顿将军的第 3 集团军）的威廉姆·普勒斯顿（William Preston）中尉在给他哥哥的信中提到欧洲胜利日：

欧洲的战争结束了。我很难相信。因为我们在齐格弗里德防线上作战的场景仿佛就发生在昨天。

在欧洲胜利日这天，我坐在开着的窗户旁，看着成千上万的德国士兵经过，去往战俘营。

我不知道整个美国的反应如何。通过修理过的广播，我们听到电报纸条和报纸从纽约的高楼纷纷飘落。我们还听到伦敦街头市民们和英美士兵们举行庆祝活动的消息。

但是，前线部队并没有庆祝。大多数人都只是从被送往军队的公告中读到了这则消息，他们说着类似“我很高兴”的话然后就走开了。也许在他们心里这是个不同的消息，或者他们太过疲惫根本没有去想将要回家的事，或许是因为他们的朋友们并未对此有过多的庆祝或愉快的想法。但我可以肯定一件事——他们很高兴，终于不用再打仗了。

苏格兰高地步兵团（隶属第51高地师）的汤姆·雷诺夫（Tom Renouf）下士从诺曼底海滩一路打到了德国的不来梅港。他在穿越塞纳河时受了伤——在穿越莱茵河时获得了军队勇敢者奖章。“我们被告知战争结束了——起初我们根本无法消化这个消息，”雷诺夫说，“我们日复一日，努力地想要活下来。然后我开始意识到我是一个幸运儿——我能活下来是多么幸运。”

英国陆军总司令阿兰·布鲁克子爵这样评价第51高地师：“在战争期间，我有机会见到了大部分英国和加拿大的师团、许多美军师，还有一些法国和比利时师团。我可以向你保证，第51师毫无疑问是这其中的佼佼者，他们英勇威猛，战功显赫，独树一帜。”

在北非的西西里岛和欧洲西北部，第51师损失了3084人，另有12046人受伤，1457人在战斗中失踪。陆军元帅蒙哥马利评论道：“在我的麾下有这样的师团既是我的耻辱，也是我的荣耀。我将永远记得高地师，并向他们致以我最高的敬意。”

战争结束后，第 51 师遭受到来自北非的老对手德军第 15 装甲掷弹兵师的抵抗，该师在最后一刻都保持着团结和纪律。如今战争已经结束。雷诺夫下士继续道：

接着，其他的事情开始发生了。我所在的方向再也听不到子弹声和炮弹声了。我再也看不到对我们射击的敌军要塞了。我再也闻不到爆炸留下的弹药味。所有的一切都消失了。

相反的，我听到了鸟儿的声音，闻到了花香，看到了美景——见到了这个世界的美丽。这是不同啊——简直是从一个极端到了另一个极端。我有了一种重获新生的感觉。

我发誓，我以后会好好生活。我不会再浪费我的时间。我会尽可能地利用好摆在眼前的一切。

一名加拿大皇家海军的军官在胜利日那天进行护航执勤，他回忆起当他看到海上光亮时的惊讶：“60 来艘船排列在一起，并且全部开着照明灯，那场面真令人难忘。”他说：“在经历了五年半的黑暗后，这景象看上去还真有点令人害怕。”

笼罩在欧洲的黑暗散去了。

李·迪克曼（Lee Dickman）是南非工兵团第 11 陆地集团军的一员，5 月 8 日晚上他正在奥地利的克拉根福附近。他写道：

某个神灵在某个地方说：“让光明照耀这里吧！”于是

那里便有了光明。

探照灯左右来回挥舞着魔杖，闪着耀眼白光的降落伞照明弹缓慢地降落。信号弹在天空中闪烁。红色、绿色和橘色的照明弹在地平线上画着弧线。追踪器在黑夜中留下了红色项链般的轨迹。大家把一切可以爆炸的东西都抛向天空，他们发泄着欢乐、自由和希望。

我慢慢地走过这个昏暗的奥地利小城镇，金色的水滴洒在我的脚上，黑色的窗帘被拨到一边，百叶窗突然打开，街灯闪烁，然后光变得更亮。

我想起了在我身边死去的战友，想起炸弹落下时的恐惧，还有一个幻想破灭的德国士兵沉闷的投降。

我感谢那个匿名的神灵，因为他使我能够真切地帮助驱逐曾经笼罩欧洲如此之久的邪恶。

今天是欧洲胜利日。杀戮停止了。我可以回家了。

10. 莫斯科

1945 年 5 月 9 日

莫斯科《真理报》记者拉扎勒斯·布朗特曼（lazarus Brontman）听说了艾森豪威尔在兰斯已经签署停战协议，但不确定他们是否应该为此庆祝。这个消息被封锁了。 接着，5 月 8 日，有消息传来，朱可夫元帅要在卡尔绍斯特与陆军元帅凯特尔举行第二次签署仪式——一旦这些照片传来，他们便可就此发新闻；5 月 9 日将是苏联的“胜利日”。

最近几天令苏联人颇为忧心忡忡。“没有关于在兰斯的艾森豪威尔条约的报道，”格里戈里·克里莫夫（Grigory Klimov）说，“但我们听到了谣言，西方盟友和德国最高指挥部的代表都参与了秘密谈判。没有人知道具体发生了什么，但不安的情绪也日益加重。 这段时间充满了紧张的期盼。”现在，苏联终于可以好好地庆祝这次胜利了。

库尔兰，这个一直以来支撑着帝国防御力量的如防浪堤般的纳粹形象，也终于被击得粉碎。命运不可能突然扭转。

库尔兰要塞曾击退无数苏军的攻击，但全面投降现在已经生效。“让我们放下武器的命令使我惊讶至极，”第563掷弹兵师的君特·克林格（Günther Klinge）下士承认，“我仍然相信新的‘奇迹武器’将给我们带来最终的胜利。”德国人开始意识到他们不只是放下武器——他们在库尔兰留存的所有痕迹都将被抹去。

5月9日，德国第14装甲师的维尔弗里德·奥尔茨（Wilfried Ohrts）中士在日记中写道：

> 我们抵制了这么长时间，现在有结果了——战争结束了，我们被击败了。我们的家园被敌人蹂躏和占领。在库尔兰，我们被囚禁，未来也充满了苦难、艰辛和饥饿。当我们作为苏军俘虏开始行军时，我们经过了曾经的战场，看到我们的军事墓园被俄罗斯人亵渎。我们掩埋战友的土地已经被犁了，坟墓上的十字架也被砸碎。我突然意识到现实的残酷。在奥德河和尼斯河以东的所有土地上，也就是苏联如今占领的地方，德军坟墓将不再可能安然无恙。

德国部队的最后一次撤退已在拉脱维亚利巴瓦港完成。格哈德·安格尔（Gerhard Anger）中尉对其士兵的纪律性感到惊讶。只剩下几艘船了——数千人在码头周围等候。苏军对港口进行了愈发强烈的炮轰和空袭。“如果恐慌爆发，那将是灭顶之灾，”安格尔说，“船只会被大家蜂拥踩踏，然后将会沉没。”然而，这些士兵都静静地等待着。在港口停靠的轮船上，船长告诉安格尔，他可以带 50 个人。这名中尉在船上对他所有的士兵进行了安置。接着一名军官来到船上，问是否还能给另外 40 名受伤的德国士兵挤出位置。船长回答说，没有更多的地方了，而且超载会不安全。安格尔中尉说："我甚至不必下令——我所有的士兵们立刻离开了船只，为伤员腾出了空间。"

现在一切都结束了。"5 月 9 日上午是我们在库尔兰的第一个和平日，"苏联第 198 步枪师的谢尔盖·伊萨琴科（Sergei Isachenko）上尉说，"德军武器在约定的地点聚集——士兵们排着长队向指定的营地前进。队伍最前面，我们向空中鸣枪，以庆祝胜利。"苏军士兵们听说了德国在卡尔绍斯特的无条件投降。在库尔兰，投降协议在实际签署的 12 小时内被实施——尽管还有少数的纳粹国防军士兵和拉脱维亚部队拒绝接受投降，发誓要在森林里继续进行战斗。

5 月 9 日苏军中尉帕维尔·埃尔金森（Pavel Elkinson）正在匈牙利。他目睹了很多在东欧残酷的战争中所牺牲的生命。他的部队在那天早上听说了德国的投降。"这令人难以置信，"他在日记里写道，"那种寂静穿透了我的耳膜。没有一声枪响——太美妙了。"

苏联中尉尼古莱·伊诺泽姆采夫当时在德国波罗的海沿岸的什切青。他目睹了凌晨 2 点时发生的事情。长久的防空炮火之后，伴随而来的是火光和断续的枪声。枪声一阵阵有规律地爆发——这是胜利的信号。伊诺泽姆采夫对苏军的成就感到非常自豪。"我们向世界展示了我们的能力，"他在日记中写道，“以及我们可以承受住多少悲伤和痛苦。我们在钢铁般的决心和对祖国无私的热爱下赢得了胜利。现在我们必须重建我们的家园。”

伊诺泽姆采夫停顿了片刻，想到了他失去的战友。“牺牲多少生命才换来我们的胜利，”他思考着，“有多少聪明、能干、有天赋的人死了，才使得我们可能拥有一个快乐和安全的未来。我们决不能忘记他们的牺牲。”

但在其他地方，战争还在继续。阿列克谢·奈姆琴斯基（Alexei Nemchinsky）中士的第 207 扫雷营正同苏联第 21 军一起穿越厄尔士山区进入捷克斯洛伐克。这些部队是科涅夫元帅的乌克兰第 1 方面军的一部分，他们在 3 天的时间里已经前进了 60 英里。这些人在 5 月 9 日凌晨听说了德国投降的消息。他们在路边停下，向空中射击并发射照明弹来庆祝胜利。但随后他们继续前进，跟随着陆军元帅舍纳尔的集团军。尽管这支军队现在没有指挥官，但他们还是被警告说这部分人不接受停火，并且正向西朝着美国人撤退。

那天晚上，奈姆琴斯基的部队在与德军的冲突中遭受到人员伤亡。他们会在接下来的 3 天继续战斗。奈姆琴斯基说：“在胜利宣布之后，我们竟然还为一名牺牲的同志举行了葬礼，这令人尤为痛苦。”

瓦西里·扎伊采夫上尉率领的苏联第 4 坦克军也正经过厄尔士山区向布拉格前进。他们正尽全力行进。“我们不断听到无线电里起义军绝望的呼救。”扎伊采夫回忆道。

5 月 8 日，布拉格似乎正在沦陷。起义军的弹药快用完了——我们担心纳粹会在最后一次仇恨的战斗中彻底消灭这座城市。起义军不停地对我们喊话："俄罗斯的兄弟们——快来帮助布拉格！"

5 月 9 日清晨，我们在广播中听到德国武装部队无条件投降的消息。我们的全体战友互相拥抱。但那天晚上我们发现敌人的攻势并没有改变。他们明明知道协议签署的消息。他们停止了进攻行动——但他们不会向我们投降。每当我们在路上遇到他们，我们都不得不与之战斗。

苏军部队于 1944 年 7 月 23 日，在波兰的迈丹尼克解放了第一个集中营。5 月 9 日早晨，他们将在布拉格东北 39 英里的特莱西恩施塔特解放最后一个。

特莱西恩施塔特原本是个犹太人聚居区，接着变为一个驱逐营，直接向奥斯维辛集中营运送成列成列的囚犯。随着德国人忙于平息布拉格起义，特莱西恩施塔特的管理已被移交给国际红十字会。但那里的情况仍然不容乐观。5 月 8 日晚，据一名集中营囚犯埃里希·凯斯勒（Erich Kessler）回忆，纳粹党卫军部队经过该地区。"他们向集中营投掷手榴弹，"凯斯勒说，"接着，他们的机关枪便开火了。大家都四处逃窜去寻找掩护。"

第二天凌晨，凯斯勒被集中营围篱外的骚动吵醒。他听到了坦克的声音——还有欢呼的声音。是俄罗斯人来了。"我跑过医院的院子，"凯斯勒说，"在他们去布拉格的途中，他们的装甲车已经把围篱推倒了，一列坦克部队正稳步经过我们向布拉格开去。周围一片漆黑，但他们的头灯照亮了前方的道路。我们为他们欢呼，高唱‘国际歌’——每个人都在尽力唱着，德语、捷克语、波兰语、匈牙利语——都混在一起，但每一个版本都表达着感激的热情。”

其他苏军士兵从后面赶来。夏莲娜·莱因戈尔德（Halina Reingold）回忆道：“一个俄罗斯军官向我们大喊：‘战争结束了，你们自由了，你们会得到面包，你们再也不会挨饿了。’我们听懂了这番话——我们自由了——这是真的，大家似乎分成了三拨：有些人欢呼而彼此拥抱，有些人立即跑到食品仓库，还有些人开始围着德国人并殴打他们。”

被殴打的不只是纳粹党卫军的看守。本·赫尔福格尔特（Ben Helfgort）离开营地，来到附近的莱特梅里兹镇。特莱西恩施塔特在苏台德地区的边界上——而且苏台德的德国人正被捷克人赶出家园。他们成为捷克斯洛伐克不幸的替罪羊。暴力和报复的循环将继续上演，其他人也加入进来。赫尔福格尔特惊恐地发现一个德国妇女和她的两个孩子，在已被赶出家门的情况下，正在被集中营幸存的两名犹太妇女殴打。“我让她们停下。她们说：‘但是她是德国人。德国人打过我们——所以现在我们要打她了。’我把她们推开了。”

赫尔福格尔特并没有感受到解放时的喜悦——而是非常难受。夏莲娜·莱因戈尔德也同样对特莱西恩施塔特被解放的事实感到一种痛苦。“我不知道我生病的母亲怎么样了，也不知道我父亲的下落，”莱因戈尔德说，“一种出乎意料的、深深的悲伤笼罩着我。”

第一批苏军部队于5月9日上午6时左右抵达捷克首都，扎伊采夫上尉和他的战友们在上午10时左右到达布拉格。他们受到城市居民的热烈欢迎。捷克人命令苏台德的德国人拆除路障。在胜利中，宿怨需要解决。这样的场景中有些不详的事情发生。

5月8日晚，德国卫戍部队已经撤出布拉格——但是纳粹党卫军的顽固分子仍然死守在那里。然而，他们对城市的主要威胁已经不复存在。“我们知道我们的首都现在是安全的，”安东宁·斯蒂卡说，“5月9日早些时候，苏军的先头部队已经到达布拉格的郊区。上午10点左右，一列坦克纵队轰隆隆地从我们旁边驶过。我记得有个苏军士兵，坐在一辆坦克上，用机枪射击德国狙击手的位置。我被他的这一举动所触动，对他来说，这是一个简单的条件反射动作。”

雅罗斯拉夫·奥利韦留斯（Jaroslav Oliverius）回忆道：

5月9日早上，我们从布拉格电台听说了苏军部队正在靠近的消息。大家都松了口气——人们开始大叫、拥抱和哭泣。我们当中有一群人冲到一条主要通道上，开始采摘刚刚开花的丁香枝条。接着，一列苏军坦克和卡车纵队出现了。士兵们衣衫褴褛，被灰尘覆盖——他们显然已经行军好几天了——但是仍然对我们微笑。一辆坦克正好在我们这队人跟前停下。我们把丁香花给了司机——他捎了我们一程。一天前，我被德国坦克带到布拉格的郊区；现在我又被苏军坦克带回到了城市中心。

苏军士兵以解放者的身份进入布拉格，并受到了热烈的欢迎。对于居民来说，这是一个极其欢乐的时刻，但苏军部队仍然在与捷克首都东部和西部的德军战斗，科涅夫元帅命令城市的庆祝活动缩短，以便他的队伍可以继续前进，包围中央集团军的剩余势力。

在位于布拉格东南70英里的波希米亚山脉的德意志－布鲁德，大量德国师团正被苏军围困。德意志－布鲁德是中央集团军主要指挥部所在地。这些部队在5月9日凌晨放弃了这个城镇，开始往西移向美国阵营，迫切地希望避免向苏联投降。 但美国的位置太遥远了。捷克游击队用步枪和机关枪射击德军部队，减慢了他们的行军速度。

德国士兵约阿西姆·哈弗帕普（Joachim Halfpap）回忆道：

我们不断受到轰炸。我们的队伍一路上走走停停。在5月9日黎明后不久，我们的逃跑速度已放慢到步行。我们当时到了一个山谷里，周围都是树木稀疏的山丘。眼前的道路一路攀升，随着光线的增强，我看到它已经被苏军的坦克挡住了。

我身后的士兵们推推搡搡。他们不明白为什么我们停下来了。一种上升的恐慌感袭来——士兵们彼此推挤和碰撞着。但随着太阳升起，我们的停止的原因变得更加明晰。在我们周围的田野、山丘和林地中，苏联坦克和装甲车无处不在。

俄罗斯人开始沿着道路前进。他们的机关指着我们，步枪上固定着刺刀。他们用步枪向空中射击，向我们大声喊着举起手来。我从来没有见过比这更险恶的场景了。

苏军包围了相当数量的党卫军部队，包括第253和第304步兵师、第78和320掷弹兵师，以及第19和勃兰登堡装甲师的一部分。其他德国士兵仍在行军途中。

古斯塔夫·伦巴德（Gustav Lombard）的第31党卫军师在向布拉格北部行进，努力想到达位于皮尔森的美军阵营。在诺伊－帕卡，道路被捷克叛军分子拦截。他们告诉伦巴德，图森特将军已经签订投降协议，并补充说如果他们能放下武器，那么他们将获得通往美军驻地的安全通道。但这是一个陷阱。尽管与图森特的协议得到了遵守，但在起义事件后，捷克人与党卫军结下了仇怨。这些士兵上缴了他们的武器，继续沿着公路前进——却直接走进了埋伏当中。伦巴德和其他先头车辆设法加速，越过袭击者们逃跑了，而跟着他们的后续部队则难以招架，几乎全部被杀。

虽然纳粹国防军的指挥链已经崩溃，而且大部分德军现在都是为自己而战，但他们还是能够团结一致，渴望摆脱被苏军俘虏的命运。在捷克斯洛伐克的德军当中，几乎没有人愿意服从卡尔绍斯特的投降，即便陆军元帅凯特尔在与朱可夫元帅的谈判中争取到了12小时的停战准备时间。

这种反应部分是出于种族宣传和对斯拉夫人的恐惧，以及对苏军在德国领土上犯下暴行的了解，但还有更深层次的原因。希特勒曾经在与苏联签署了互不侵犯条约后，依然对其发动了掠夺性战争。在随后残酷的战争中，德国士兵成为元首宣扬的德国人相较斯拉夫人具有种族优越性这一信念的工具。他们是行凶者——不是受害者。正如艾森豪威尔将军对乔治·马歇尔将军所说的那样，德国对俄罗斯人的恐惧主要源于他们自己曾经犯下的罪行或是与苏联共同犯下的罪行。“他们正在被硬币的另一面偿还。”艾森豪威尔说。

仅在1941—1942年的冬天，就有超过200万的苏军战俘被饿死——大多数党卫军士兵都知道这一点。1944年，他们的前线军队参与了白俄罗斯的清剿游击队行动，这一行动尤为残暴，他们不分青红皂白地进行了大屠杀。这些士兵知道或者感觉到了他们集体的罪行——表现为集体的恐惧。用德国联络官威廉·霍森费尔德（Wilhelm Hosenfeld）上尉的话来说就是：“我们的手上沾染了太多鲜血，我们根本不足以从对方那里得到一丝同情。”

苏军在“复仇宣传”的浪潮下被推入德国。一些苏联士兵发现很难放弃这种观点；其他人则开始改变他们对德国人的态度。但如今，这种报复政策，至少在官方层面上，已经被否定了。相反，苏联人想要他们的德国俘虏工作——去重建苏联和乌克兰武装部队早前放弃的划割地。他们认为有这样的道德权利去要求德国人做这件事，以弥补他们曾经因入侵而给国家带来的所有毁坏——而且他们要坚决执行。如果德国士兵选择不遵从卡尔绍斯特的无条件投降，并试图逃避苏联部队，那么他们将会被追逐，而且要在枪口下被迫投降。

许多西方人并不知道全部的军事形势，他们对苏联决不妥协的态度感到困惑。在西方“欧洲胜利日”的第二天，英国正享受第二个公众假日。

伯明翰雅确斯纪连区的弗兰克·洛克伍德（Frank Lockwood）写道：“这是在大街上吃饭、晚上在大街上进行篝火晚会的第二天。”“庆祝活动继续进行，”布里斯托尔的玛丽·德里克（Mary Derrick）记录，“每个人都在四处走动——到处都有灯光，充满激动的气氛。我永远不会忘记这一天——这天满是彻彻底底的喜悦。没有故意破坏的行为——每个人都很高兴。”玛丽·德里克用一个简单但真诚的评论结束了她当天的日记：“战争是可怕的——我希望它再也不会发生。”

海峡群岛的投降让人们陷入一片欢腾。那里是英国唯一被德军占领的部分——现在纳粹的束缚已完全被解除了。

根西岛在 1940 年 6 月 30 日被占领，紧接着 7 月 1 日泽西岛被占领。奥尔德尼岛和萨克岛两天后也被占领。岛上的居民们被禁止与海外亲戚或朋友沟通，除了每个月能有经英国红十字会仔细审查的 25 字信息外，他们不能到岛外出行，不能开车或听收音机。1941 年 12 月 20 日，所有饲养信鸽的人都被判处死刑。一千多名出生在英国的岛民被驱逐到德国，另有数百人被送往欧洲各地的集中营。剩下的人被迫与占领军共同生活。他们忍受着宵禁、审查制度和许多其他限制——包括日益短缺的食物和衣服。

在 1944 年夏天，英国武装部队准备了一个被称为“135 部队”的单位，负责收复海峡群岛。5 月 9 日，这支部队的一个小分遣队，由其指挥官斯诺准将带领两艘驱逐舰——皇家海军舰艇“斗牛犬” 号和“比格犬”号——出发了。上午 7 时 15 分，在“比格犬”号的后甲板上，齐格弗里德·海涅（Siegfried Heine）将军代表整个海峡群岛的德国指挥部签署了投降文书。

不到一小时，一支英国先遣队到达了根西岛的圣彼得港。一名英国战地记者这样描述接下来的情景：

在船闸的坞门后面是沸腾着欢呼着的人群，其中还有妇女和儿童。教堂的钟声响起。人群推开了大门，瞬间便将这支英国小队淹没了。“我们等你们很久了。”一个女人说。两个女孩举着英国国旗，带领着这支小队穿过镇子，越来越多的人加入其中。在旧法庭大楼，士兵们站在楼梯的两边，在顶部站着根西岛的地方执行官。一声令下，旗绳被拉下，英国国旗便飘扬在洒满阳光的、柔和的微风中。人群中可以听到啜泣声，但紧接着，大家的声音汇成响亮的歌声：《天佑吾王》。

“啊，今天真是个大日子，”根西岛居民维奥莱特·凯里（Violet Carey）在日记中写道，“小镇被围了个水泄不通，银行正在将德国马克更换为良币，排队的人非常多。邮局堆压着大量信件，他们正在往上面盖邮戳……大约下午 1 点 30

分，我们听到了空中有英国皇家空军的引擎声。飞机！飞机！这又是一个令人欣喜的时刻。从那以后每十分钟便飞过一次。我真的觉得自己快要被这种激动的心情点爆了！”多萝西·希格斯（Dorothy Higgs）则简单写道：“我们还活着，很好，我们又是英国人了。”

莫莉·白海特（Molly Bihet）说：“我很难把我的所有感受都写下来。我从来没有梦想过能感受到如此的幸福和快乐。”德国政府的民政部长汉斯·冯·奥夫塞斯（Hans von Aufsess）记录了实际的权利交接：“我履行了最后一项公务，将岛屿正式归还给根西岛的立法议会。这在一句英语当中很快便生效了：‘战争已经结束——我们在这把该岛归还给你们。’所有立法议会的成员都在场。我们礼貌地看着对方，默默地鞠躬——就像许多中国哑剧演员那样。”

没过多久，第二支队伍前往泽西岛。随后又是一系列的庆祝仪式。据岛上的一位居民回忆道：

在咆哮着的欢呼声中，欢迎的人群终于来到了一辆等待的汽车前，它行走在摩肩接踵的兴奋人群中，速度慢得像爬行的蜗牛，车里的人被迫将手伸出车窗外与人们握手。不久，汽车被迫停下……最后车里的官员们被拽了出来，被鲜花洗礼着，并且被人群抬到了港务长办公室。

“每个人都停下了手头的事，跑出去迎接解放军，”伊莱恩·兰利（Elaine Langley）回忆说，“商店都没有人照看了——所有的工作人员都跑了出来，身后的店门大开着。”下午2点，泽西岛的指挥官瓦尔夫少将在作为解放总部的金苹果酒店签署了一份单独的投降协议。下午3时40分，纳粹党旗从酒店阳台上降下，标志着侵占的结束，取而代之的是英国国旗，随后，人群再次欢呼并唱响了国歌。

在西方，德国军队表现得非常顺从和配合。5月9日在克里特岛，少数英国士兵和军官接收了纳粹国防军4个师的投降。一支英国小队正准备飞往挪威——执行“末日行动”——去监督停火协定的执行情况，并对几万人的德国军队解除武装。尽管到处都是幸福和放松的氛围，但对于一些人而言，苏联人则表现得颇为冷酷和坚毅。他们不理解苏联为什么坚持认为，在德国人尚未在其指定的时间和地点向他们投降之前，和平是不会到来的。他们本来以为有在兰斯签署的投降协议就够了。然而，也有人持不同看法。

1945年5月，温斯顿·丘吉尔的妻子克莱门汀正在苏联，代表英国红十字会对俄罗斯基金会提供援助。她在1941年10月成立了这个组织，并在一年内筹集了将近200万英镑用以购买衣服和医疗用品。捐赠从大英帝国各个角落涌来——从英国社会的各个阶层涌现，上至国王和王后——他们在基金会创始的第一天便每人捐赠了1000英镑，下至普通工人——他们每周捐赠一个便士。数百个社群团体都举行了筹资活动。到1945年1月，价值400多万英镑的货物被运往苏联，大约有1.16万吨的医疗援助和衣物，2000吨粉药，无数灭菌器、注射器、X光设备和输血设备。然后，在被战争蹂躏的顿河畔罗斯托夫，两家医院被选作基金会的永久纪念馆。

克莱门汀·丘吉尔曾写道，该基金“为那些同情和敬仰、钦佩和感恩的情绪提供了一个发泄的渠道，这些情绪席卷了我们的人民，因为俄罗斯人为保卫自己的国家做出了崇高的斗争，他们的悲痛和苦难已经成长为强大的力量”。基金会捐赠者的信件中也表达了同样的情感，人们赞扬俄罗斯人和苏军是“英雄的”“勇敢的”“无畏的”“爱国的”和“值得奖赏的”。

然而丘吉尔夫人也见识到了苏联官僚机构的严苛而挑剔的一面。她的组织因未能达到定额而受到指责。在英国注射器厂的生产率“太低”，当她设法获得了约20公斤稀有药物时，却被告知这些对于他们实际所需要的量而言只不过是杯水车薪。

不过，随着战争即将结束，苏联宽容大度的精神也普遍盛行起来。丘吉尔夫人前往苏联进行为期6周的访问，去考察这些基金是如何被使用的。这不仅是来自苏联领导层的官方感谢，也是普通苏联人民对英国援助表示感谢的方式。

在1945年3月下旬，她开始了苏联之行，她与斯大林在克里姆林宫进行了会面。苏联领导人隆重地对她表示欢迎——其间有一个小插曲，克莱门汀·丘吉尔拿出了她丈夫送给斯大林的礼物，一支金钢笔。这是个贵族式的礼物，她传达了这样的信息，即英国首相希望苏联领导人“能用这支笔跟他抒写友好之言”。斯大林和蔼地笑着接过了这份礼物，回应：“我只习惯用铅笔写字。”

丘吉尔夫人到访了苏联各地。尽管饱受战火摧残，她还是为列宁格勒惊叹：“我认为这是我见过的最美丽的城市。”4月11日，她在这座曾被德国包围900天的城市给丈夫写了一封信，她动情地写道：“昨天我们参观了一个科学研究所。它旁边有家医院，那里我们看到许多孩子仍在接受治疗，他们尚未从封锁期的长期饥饿中恢复健康。”

列宁格勒的围困是在1944年1月27日解除的。那时，城市中已有上百万的平民因为饥饿和寒冷而死去。德国当时的策略就是故意饿死整个城市的居民。

克莱门汀·丘吉尔在4天后到达斯大林格勒时，被更加深刻地触动了。她写道：“我们的眼前是怎样可怕的毁灭性场面。我的第一反应是，这里多么像考文垂的中心或圣保罗大教堂周围的被毁坏的样子，只不过这里的浩劫和湮灭在无休止地蔓延。”

考文垂与斯大林格勒有着特殊的联系。它的居民，尤其是妇女，在战斗期间曾经鼓励过这座苏联城市，并与之建立起了深厚的友谊。这两个城市在1944年孪生——这世界绝无仅有。丘吉尔夫人继续道：

一座建筑物引起了我的注意，那是经过巧妙地修补和加固的建筑。我知道俄罗斯人曾在其地窖中（Univermag 百货公司）抓获了德国指挥官冯·保卢斯。在我看来，他们尽一切努力保存的这个拥有象征价值的废墟是很有意义的。它代表了在那场人类历史上最野蛮的斗争中，他们最终战胜了敌人。

斯大林格勒战役是战争的转折点——这将是俄罗斯人世世代代的回忆。

温斯顿·丘吉尔——也被斯大林格勒的英雄主义所触动——要求克莱门汀代表他个人向当地的苏联主席德米特里·皮加莱夫（Dmitry Pigalev）致意，并补充道，自己将会帮助他们重建城市。丘吉尔夫人看到这项工作正在进行中，于是告诉她丈夫："两个大工厂已经重建，且正在制造钢铁和拖拉机……他们正在用与德国人战斗的精神重建他们的城市。"

英国首相被克莱门汀对苏联不屈不挠、迎难而上的描述而备受鼓舞。他告诉她，回想惨绝人寰的集中营，再想到现在，他觉得世界未来的真正希望在于英苏人民之间的友谊。而丘吉尔夫人在这次的访问中一次又一次地感受到了这种友谊。

"昨晚我们拜访了当地的剧院，"她在一次访问后写道，"观众在热烈地鼓掌欢迎，并从走廊上洒出鲜花……不管我们走到哪，整个城市都在欢迎我们，我们对这一路上的热情感到万分惊讶，也万分感动……我想让你知道，这种巨大的温暖的感觉遍及各处。"

这次的访问获得了轰动性的成功。克莱门汀·丘吉尔拥有极高的信誉，5 月 5 日当她的丈夫两次通知她，英苏关系已降到一个新的低点，并要求她提早回家时，她拒绝了。

"你的这次旅行看来非常成功，"他写信给她，"我只希望事情能在你和普通的俄罗斯百姓之间解决。然而，问题还有许多其他方面，你看到的只是表面。”丘吉尔补充说，“大使已经获得我的授权，他有权力向你展示有关当前局势的电报”，并且向她叙述“有毒的政治和致命的国际竞争”。

温斯顿·丘吉尔要求他的妻子于5月7日，即“欧洲胜利日”之前赶回来。克莱门汀礼貌但坚定地回答说，她现在已经回到莫斯科，并且已经有了一个在莫斯科期间详细的活动计划，这样突然离开看起来可能很不礼貌。所以，她没有办法在5月11日之前离开。克莱门汀认为，意外地过早离开苏联首都只会让事情变得更糟。

值得称赞的是，丘吉尔接受了他的妻子按照原计划留在苏联访问的计划。5月8日和9日，这两个胜利日已成事实——一个是西方的，另一个是东方的——丘吉尔夫人在苏联的出现则成为一个巨大的外交优势。5月9日，丘吉尔回过头来探寻其可能性，建议克莱门汀代表他向苏联人民广播这样的信息：“祝贺斯大林元帅，祝贺苏联红军和苏联人民取得了辉煌的胜利。”

丘吉尔夫人自己也知道，5月7日签署的“兰斯协议”在苏联人看来有多么的不同。她说：“在胜利日，我记得我当时惊讶地发现，投降协议竟然是在兰斯先签署的，之后才是在柏林签署。这对俄罗斯人来说是无法理解的——这点我必须承认。”

外国记者亚历山大·维尔斯（Alexander Werth），担心胜利日的宣布不一致：“东西两边的‘欧洲胜利日’的一天之差令人产生了一种不愉快的印象。”他说，如果日期相同，那是非常理想的。但在那种情况下，让他们仅仅相隔一天已经是一个相当大的成就了。

5月8日，对莫斯科来说只是一个普通的工作日。晚上，丘吉尔夫人在和英国大使馆的一群记者谈话。“除非，”她告诉他们，“在战争期间，英苏之间建立起的深厚友谊继续下去、不断增强、不断深厚，否则在即将到来的世界里，我们子孙后代的生活几乎不会幸福。我希望，我的访问能够起到一点点帮助。”

同样在促成这一事业的还有另一位访问莫斯科的英国人，即坎特伯雷座堂大主教休利特·约翰逊，他也因极“左”思想而被国人称为“红色主教”。休利特·约翰逊尽管与丘吉尔夫人是分开进行访问的，但都是出于同样的理由。他也创立了自己的英苏医疗援助基金。他对布尔什维克事业有种原始的热情，并视斯大林为“一个和蔼可亲的人……并引领着他的人民走向民主的新道路”。休·伦吉讽刺道：“我在俄罗斯曾居住过三年，但我对苏联领导人的看法却并非如此。”事实上，5月9日丘吉尔夫人访问莫斯科，在政治上是一件有着象征意义的重要事件。英国大使馆的一位专员弗兰克·罗伯茨（Frank Roberts）给英国外交部打电话：“克莱门汀·丘吉尔在两个胜利日到来之际出现在莫斯科，为英国和苏联未来的关系做出了宝贵的贡献。”

苏联人民得知这场战争结束的消息是在5月9日的早上，他们最著名的广播员尤里·列维坦（Yuri Levitan）通过广播宣告了这一消息。这位广播员经常宣读当日的日程和其他国家声明。斯大林甚至还罕见地说过一个有关他的笑话——当被问及战争何时结束时，他回答说："别担心，列维坦会告诉我们的。"

记者拉扎勒斯·布朗特曼（Lazarus Brontman）询问《真理报》何时才能发表关于德军在卡尔绍斯特进行无条件投降的消息时，他被简单地告知："在列维坦的公告后。"5月9日上午1时10分，列维坦以稳健的声音播报："请注意，这是莫斯科。德国已经投降了。"俄罗斯如今知道了在柏林郊外签署的协议，莫斯科电台宣布，"为了纪念伟大爱国战争的胜利结束"，今天，也就是5月9日，将是一个"节日"，所有公共建筑物都将悬挂旗帜，公众也会放假。然后，为了以示庄重，他们在《国际歌》播放以后，又播放了英国、美国和法国的国歌，此前盟国在发表类似公告的时候并没有这么做过。

《真理报》的头版文章正式出现："德国投降的消息像一阵风席卷了莫斯科的夜晚。人们等这一刻已经有四年之久……举国欢庆开始了。街上聚集了越来越多的人。克里姆林宫墙附近也有一群人，他们互相拥抱、亲吻，今天没有陌生人。"瓦伦丁·贝列兹科夫（Valentin Berezhkov）曾在一些战时会议上做过翻译，他写道："很难描述在红场上和分散在全国各地的成千上万人分享喜悦。有因为终于打败了阴险狡猾的强大敌人的自豪，也有为逝去生命的悲伤，还有对长久和平和与战时盟友保持合作的希望——所有这一切交织出了一种尤为特殊的解脱和希望的感觉。"

那天早上，斯维特拉娜·斯大林打电话给在克里姆林宫的父亲。她是家里最小的孩子，也是苏联领导人唯一的女儿。她的父亲在她小时候很溺爱她，叫斯维特拉娜为他的“小麻雀”。在战争年代，他们分开了。斯大林不情愿地同意了17岁的斯维特拉娜嫁给莫斯科大学的学生格里戈里·莫罗佐夫（Grigory Morozov），但他选择永远不见她的丈夫。现在这对夫妇的第一个孩子即将降生。整理了一下情绪，斯维特拉娜努力地说话，但最终脱口而出的是：“父亲，祝贺胜利。”随之而来的是一阵沉默。“是的，胜利了。”斯大林冷淡地说。接着，他的声音柔和了下来：“谢谢。我也向你祝贺。你过得怎么样？”

“我感觉很好，”斯维特拉娜说，“和这个特殊日子里在莫斯科的每个人一样。我的丈夫和我邀请朋友们到家里来，家里满是宾客。我们喝香槟、跳舞和唱歌。外面的街道上也到处都是人。”

当尼基塔·赫鲁晓夫（Nikita Khrushchev）打电话给克里姆林宫，并奉上他的胜利祝贺时，他发现了这位苏联领导人的情绪并不是那么激动。“我很忙，”斯大林突然说，“我工作时请不要打扰我。”

那天早上自发的喜悦的气氛让经验丰富的外国记者感到颇为惊讶。“天气很寒冷，”休·伦吉回忆说，“但在阳光下，聚集的人群散发着光芒，头巾上的各种颜色也格外显眼。”《泰晤士报》的记者爬到一座建筑的顶部，从屋顶上观看庆祝的景象。他写道：

自清晨以来，几万人涌入莫斯科市中心。人群挤满了宽于白厅两倍或三倍的宽阔街道，从克里姆林宫的西墙下，经过大学，到达莫斯科河。他们沿着河岸排着队伍。他们挤满了红场。人群从圣巴西尔大教堂的两侧涌向莫斯科河大桥，接着涌向剧院广场，在那里已经设立了一个音乐台，以供人们在街上舞蹈。这是亲切、民主的人群，将军、士兵、人民委员和工人簇拥在一起。

"每个人都很有礼貌，"拉扎勒斯·布朗特曼回忆说，"没有咒骂或混战——有的只是一群快乐的人，每个人都在欢笑。"

军事记者亚历山大·乌斯季诺夫（Alexander Ustinov）跑到了街上。"人们都从家里跑出来，"乌斯季诺夫回忆，"他们彼此祝贺等待已久的胜利。红色的横幅出现了——一场自发的庆祝开始了。快乐的人们在手风琴的伴奏里纵情歌舞。"

"太阳照耀着欢腾的莫斯科，"格里戈里·克里莫夫说，"人们在街上拥抱和亲吻对方。他们邀请陌生人进入家中。此前的生活一直很艰难，但一切都结束了。我们坚持住了，并最终赢得了胜利。"克里莫夫描述了一些在人群中自发庆祝的情节：

当时我们正在向前走着，一群身着明快春装的女孩子向我们走来，她们快乐而兴奋，手里都拿着鲜花。就在我们面前，一群飞行员在轻快地聊天——他们显然是莫斯科空防队的成员。其中一人穿着便装，他的右边袖子里空荡荡的。

他的夹克的左边镶着军功章，口袋上方闪耀着两枚五角星：那是代表“苏联英雄”的五角星。

其中一个女孩把她的花塞到了受伤的男人的手中，他笨拙地将它们按在胸前。女孩拥抱着他——并不想放开。他们双方都没有说话，但这个姿势说明了一切：“谢谢你保卫我们的城市。”

我们看见一个戴着白色头巾的老妇人，看上去有些茫然，她似乎正在沸腾的人群中寻找某个人。她不习惯这座城市的喧嚣——她只是一个平凡的俄罗斯母亲。

当我们进入由于德军撤退而被疏散的村庄时，曾遇到过几百个这样的母亲。我们几乎没有跨过她们的小屋的门槛一步，但我们称呼她们为“母亲”。不用我们说一句话，她们就会把一大块面包放入我们的大衣口袋，而当我们转身离开时，她们会默默地画着十字为我们祈祷。

穿着破旧的前线制服的两名老兵正倚着墙壁。他们脸上的胡须很久没有剃了；他们把包挂在自己的肩膀上。可以看出，他们要么是直接从前线来的，要么就是正在去前线的路上。但他们并不慌张，因为今天他们没有理由担心军警的巡逻。

他们安静地沐浴在温暖的阳光里，为自己卷了支烟。此时此刻，对于士兵而言，有什么比背包里的面包、口袋里的烟草和耀眼的阳光更重要呢？

戴着头巾的老妇人犹豫地穿过人群，遇上了这两个士兵，她用激动的声音对他们说话，并试着拉了拉他们的袖子。那两个士兵对视着，点了点头。

为了这个阳光明媚的早晨，她牺牲了几个儿子？那些本该带给她安慰，在她年老时陪伴她的儿子已经离开了她。她的儿子柯亚在波尔塔瓦被杀，彼得在海战中死了。整个战争期间，她都保管着一瓶昂贵的伏特加酒，甚至用面包都换不走。她忍受着饥饿和寒冷，但那瓶伏特加是神圣的。现在她的心不用再受苦了。她走到街上寻找她的"儿子"，邀请她见到的第一批士兵来和她一同庆祝胜利。

随着下午推进，越来越多的人出现了。就人数而言，那毫无疑问是那周世界上最大规模的集会。《曼彻斯特卫报》的记者对此极为震撼："庆祝战争胜利的活动被普遍认为是自俄国革命以来这个国家历史上最伟大的时刻。莫斯科从来没有聚集过这么多人，在这场战争期间，苏联人民也从未如此欢快地表达对盟军援助由衷的感谢。"

这些评论是很重要的，因为苏联人经常在西方新闻界被指责，指责他们对盟军的援助没有感激之心，并且怀疑——并决心保持远离——西方的影响力。但在胜利日，情况却非常不同。"看起来像个外国人就足够了，"这位《曼彻斯特卫报》记者继续说，"我们被亲吻、拥抱，并被邀请去做客。在红场，所有的外国汽车都被拦下，车里的乘客被拖出、被拥抱，有的甚至被抛向空中。"

在这些被热情对待的外国人当中，也包括"红色主教"休利特·约翰逊。清晨完成胜利仪式后，他正准备离开英国使馆，约翰逊看到了“密集而热情的人群，在长期的战争结束后，他们终于得到了释放，他们封锁了我们的道路，吞噬了我们——为每一个英国人或美国人而欢呼。他们抓住了穿着制服的英国军官扬格将军，把他抛向空中，并且像对待婴儿一样温柔地接住他。接下来就要轮到我了”。

一群人聚集在一个大酒店外面，那里住着许多英国人和美国人，他们扑向任何一个要离开的人，请求他们发言。把英国人抬到肩膀高是一种流行的致敬方式。鲍勃·邓巴（Bob Dunbar）是《英国盟友》的莫斯科编辑，那是个俄语的周刊，他在刊物中向读者描述英国人的生活方式。在战争结束时，其重要性愈发突出。邓巴收到一个由前线苏联红军士兵带回的已经褪色的刊物，上面写着一则简短的信息：“请给我们多寄一些！”正是出于对英国文化的兴趣使然，邓巴把一个带有副标题版本的劳伦斯·奥利维尔（Laurence Olivier）伯爵的《亨利五世》（那是在温斯顿·丘吉尔的鼓励下，于一年前为迎合诺曼底登陆而发表的）带到了列宁格勒，以展示给那里的读者。

“红场的氛围棒极了，”邓巴回忆道，“俄罗斯人高唱着他们知道的所有英国歌曲。当他们唱起《蒂珀雷里》时，我们都被高举到空中。我们一起打败了法西斯主义——而在这一个非凡的时刻，似乎我们的人民之间建立起了持久的友谊。”

美国也同样受欢迎。一大群人围在美国大使馆门前，《纽约先驱报》记者不断听到诸如“美国万岁！”“杜鲁门万岁！”“罗斯福永垂不朽！”“美国人民万岁！”的呐喊。

罗伯特·塔克（Robert Tucker）是美国大使馆的一名工作人员，他回忆说：

我们的大使馆坐落在克里姆林宫广场对面。当战争结束的新闻传到莫斯科，投降仪式进行了，期待已久的胜利来临时，数百人，接着数千人，然后上万人聚集在我们的大使馆前。这是一座五层楼高的建筑，前面有一面美国国旗，似乎所有这些人都只是站在那里，抬头望着我们。这在斯大林执政的苏联是难以想象的——一场自发的集会。所有这些俄罗斯人聚集在一起呐喊，感谢你们与我们同在，感谢你们送来的军火、卡车、吉普车，还有食品罐头。感谢你们与我们共同奋战——在那些可怕的年月里，与我们作为盟友共同战斗。谢谢你，美国。这些话从来没有人说过，但是他们每个人，就在外面，与我们这样交流着。

塔克还记得乔治·凯南——在哈里曼大使缺席时作为临时代表——是如何派人送来苏联国旗，并将其与美国国旗并排悬挂起来。“人群中爆发出了赞同的欢呼。然后他走出大使馆，站在一扇窗户的阳台前面，大声说着流利的俄语。他向大家表示祝贺——所有俄罗斯人——祝贺我们的共同胜利。气氛一片欢腾。每当有人走出大楼时，就会被抬到人群的肩膀上，并被带到红场，那里是所有欢庆的中心。”

乔治·凯南在早些时候写道：“我们已经收到消息，在东普鲁士，针对德国平民的可怕暴行正在发生。多数不是前线部队所为，似乎是后来的部队所为。很多故事是苏军士兵们自己说的，而且他们也对战友的行为感到厌恶。然而它让我想起：‘这是我们为之奋斗的那种胜利吗？’”

现在凯南像所有其他人一样，被那天的气氛感染着。俄罗斯对纳粹德国的胜利尽管有瑕疵，但这毫无疑问，它仍然是一场胜利。

这样的欢庆让人有些意外，因为众所周知，从当日的议程来看，苏军士兵仍在与德国人战斗，而所有涉及美国和英国的行动已经停止了。5 月 9 日的军事公报表示，捷克斯洛伐克的苏军和纳粹国防军之间的战斗仍在继续——这将持续数天。而欢乐很快淹没了这则消息。

里戈里·克利莫夫回忆：

我见证了许多莫斯科游行和庆祝活动。我从他们那里得到的最强烈的印象是，人们宁愿真正享受自己的快乐，而不是被迫展示他们的欢喜。他们不过是在演木偶戏罢了，一个人没有办法摆脱虚伪的感觉。大多数参与者试图不去表明他们出现在那里的原因——由于缺席将被列在犯罪名单上，这种恐惧侵蚀着他们。

1945 年 5 月 9 日这天是完全不同的。没有被组织的游行，因为也毫无必要。莫斯科的街道随处挤满了人，他们在人行道上、马路上、窗户里、屋顶上。在市中心，街道如此拥挤，所有的交通都停滞了。所有的人只能步行。

飞机领航员尼可莱·克留奇可夫（Nikolai Kryuchkov）简单地描述道："发生在那一天的一切都难以言表。每个人，不论老少都兴高采烈。在人群中穿行很难，所有人都满怀热情地迎接和亲吻士兵。我们喝酒庆祝胜利——并缅怀所有牺牲的人们。我们祈祷我们永远不会再看到这样的牺牲。"

亚历山大·维尔斯补充说："那天晚上，红场上簇拥着两三百万心怀喜悦的人，一直从莫斯科河堤岸挤到高尔基大街，这种自发性的庆祝无论是质量还是深度，我都从未在莫斯科见过。人们都在欢呼雀跃，甚至都不用喝酒。"

5 月 9 日晚，克莱门汀·丘吉尔通过无线电把丈夫的信息转达"给斯大林元帅，给苏联红军和人民"：

我从英国向你们致以衷心的祝贺，祝贺你们在驱逐侵略者和纳粹暴君离开你们国土的战斗中赢得了如此辉煌的胜利。我坚信，英国和俄罗斯人民的友谊和互相理解决定了人类的未来。今天，在我们的岛国家园，我们想到的都是你们。我们发自心底祝福你们，希望你们能够幸福、健康，我们曾一起走过黑暗低谷，在付出了所有牺牲、经历所有苦难之后，我们也可以保持忠实的同志关系，结伴走在胜利和平的阳光下。

有人从丘吉尔的措辞中察觉到了一丝紧张。他想与苏联拉近关系，但同样对其有所忌惮。那天晚上，斯大林对自己的人民发表了庄严而谨慎的讲话：

同志们！男女爱国同胞们！战胜德国的伟大日子已经到来了。被苏联红军和我们盟国的军队征服的法西斯德国已经承认了它的失败……既然已经识破德国魁首们的诡计，他们把条约视为一堆废纸，那么我们也没有理由相信他们的话。然而，从今晨起，德军已依照投降议定书开始大批向我军投降。这样的事实再也不是一纸废言，而是正在切实发生的事情。德国武装部队真的投降了。而在捷克斯洛伐克，也确实有一支他们的部队还在试着逃避投降的命运。但我相信，苏联红军会使他们清醒过来的……斯拉夫人民为了生存与独立而进行的长久的战争，已以战胜德国侵略者和其暴政而告终……伟大的爱国战争以我们的全面胜利而结束……荣耀属于我们英勇的苏联红军。荣耀属于我们伟大的人民。永远的荣耀属于那些在战斗中牺牲的英雄……

这是对邓尼茨政府不信任的坦率表达。苏联未能从敌人那里获得完全的投降。当天下午 4 时，苏军总参谋长阿列克谢·安东诺夫将军向艾森豪威尔将军发出了一则消息：

德国中央集团军部队和南部的一些部队（在南斯拉夫的部队）并没有于军事投降所规定的 1945 年 5 月 8 日 23 时 1 分停止抵抗，他们并没有留在规定的地方，也没有放下武器——因此他们违反了这项协议。现在是 5 月 9 日的 16 点，这些部队仍然没有投降。

中部和南部军队在抵抗苏联红军的同时，正在向西移动，显然是为了投奔美国人。

关于这一点，请命令您的部队不要将这些部队作为战俘，并恳请您采取必要措施以阻止他们打破协议。

艾森豪威尔将军命令他的指挥官们封锁道路。在捷克斯洛伐克西部，乔治·巴顿将军在他的日记中写道："布雷德利将军打电话告诉我，让我们准备在去往东南或东北的所有道路上铺设路障。我们还要放好标志，表示根据投降条款，所有德国军事人员将保留在该点以内——也就是这条线以东。该消息被立即传递给了集团军指挥官们。"

苏联和西方之间又恢复了合作精神。这种精神在他们的关系中解决了一个潜在的嫌隙，即在波罗的海的丹麦岛屿博恩霍尔姆，位于哥本哈根以东 92 英里，但泽以西 155 英里。迪特里希·冯·邵肯的东普鲁士中央集团军继续把该岛作为其士兵的撤退点，即便这种行为违反了在吕纳堡荒原签署的投降协议（包括放弃所有丹麦财产），也违背了后来在兰斯和卡尔绍斯特签署的投降协议。

德国占领的丹麦已于5月4日向陆军元帅蒙哥马利投降，投降将在翌日上午 8 时生效。从这日开始，德国将不得在该国进行任何进一步的军事活动。但在博恩霍尔姆岛上，这些都被无视了。该岛有一个德国总督和一支象征性的小部队。该岛与哥本哈根进行了无线电联系，但是英国部队——由于过度伸展开来——并没有精力占领它，也没有派出哪怕是一支小型的监督队。

5 月 6 日，迪特里希·冯·邵肯将军的德国部队正在但泽西部的赫拉半岛驻扎，他们违反了无条件投降协议，并向博恩霍尔姆派出大量增援部队。他派去了由罗尔夫·乌斯曼（Rolf Wuthmann）将军率领的800人规模的装甲掷弹兵团，让他们对那里进行控制。乌斯曼被命令去“保卫博恩霍尔姆，这样该岛便可以作为集团军向西部撤离的通道”。

苏联人意识到德国人正在疏散他们的军队，便要求博恩霍尔姆向罗科索夫斯基将军的白俄罗斯第 2 方面军投降。5 月 8 日，苏联飞机飞过该岛，并散发传单警告，他们表示，如果这些军事活动继续执行，他们将强行占领该岛。乌斯曼回答说，他指挥手下向英国部队投降——这是经邓尼茨上将和凯特尔陆军元帅授意的故意拖延战术。

5 月 9 日早上，邓尼茨为冯·邵肯将军授予了钻石骑士十字勋章，以表彰他在使其士兵和平民从俄罗斯人手中撤离所作出的努力。伴随奖励的手写笔记里，敦促他尽可能继续这样做。

5 月 9 日上午，阿尔弗雷德·普洛斯托（Alfred Pröbstle）下士和他的队伍正在赫拉半岛上的码头等待船只将他们带去博恩霍尔姆。他回忆道：

从 5 月 8 日晚上开始，苏军的炮火就从潟湖的另一边渐进。我周围的每个人都说：“我们必须离开这里，我们必须去博恩霍尔姆。”指挥官告诉我们，他必须等待命令——但我们继续向他施压。午夜后不久，他告诉我们：“自救吧——以任何你们能做到的方式。”

凌晨4点左右，我们来到港口。约有2万人——士兵和平民——在那里等待着。我们刚刚到达那里，便爆发了新一轮的炮火攻击——炮弹落进港湾，激起了大片水花。

普洛斯托和他的士兵们设法在一艘巡逻艇上寻找栖身的空间。撤退还在继续。在卡尔绍斯特的投降协议签署12个小时之后——德国人仍然无视投降条款，将他们的部队从赫拉半岛转移——苏联人对此失去了耐心，通过海路派出一支军队来接管该岛。

下午2时30分，苏联鱼雷艇出现在博恩霍尔姆在伦纳的主要港口。不过，他们知道自己此番行动的政治敏感性，而且，在卡尔绍斯特协议签署之后，他们足够信任盟军最高司令部，且为了表示对美国不进入布拉格承诺的敬意，他们请求由盟国远征军最高统帅部发出制裁，而没有进行单方面行动。英国人——仍然对苏联的意图有所怀疑——询问艾森豪威尔是否可以在岛上安置一支美国军队。苏联人则请求他允许其占领博恩霍尔姆，因为该地区是在他们的军事影响范围内。艾森豪威尔将军批准了苏联红军的请求。

下午3时，盟军最高司令部收到德军最高指挥部的紧急电报，当时，德军指挥部仍在弗伦斯堡作为邓尼茨政府的一部分运行：

博恩霍尔姆卫戍部队的指挥官报告说，5艘苏联鱼雷艇已经到达伦纳港外。根据他们的指令，该岛新的苏联指挥官将于17点30分到达，并接受德国驻军的投降。

苏联占领军正在路上。但博恩霍尔姆是丹麦领土——在该岛投降显然已经涵盖在与蒙哥马利元帅签署的投降协议之内。我们要求盟军最高司令部立即澄清苏联对博恩霍尔姆主权的宣称是否合理。我们认为我们应该受到与蒙哥马利签署的协议的法律约束。

这是邓尼茨政府的最后的拖延战术——也是企图在挑拨同盟国之间关系的最后尝试。艾森豪威尔将军敏锐地洞察到了这一点，明确而坚定地回答："按照军事投降协议的约定，德国指挥官必须遵守盟国远征军或者苏军的命令。你依然受到与蒙哥马利签署的停火协议的约束，但由于上述原因，你们也必须遵守当地苏军指挥官的命令。"

英国继续关切着事态发展。奥姆·萨金特（Orme Sargent）爵士当天晚些时候警告丘吉尔："苏联人已经率先到达博恩霍尔姆。"但事实上，苏军的行为是谨慎而正确的。

苏联第18步兵师的参谋长伊万·尤斯曼（Ivan Yusman）上校报道了当天傍晚时分苏联对该岛的占领。该师在伦纳设立了指挥部，并开始对德国卫戍部队以及那些来自赫拉半岛散落在周围的部队解除武器。尤斯曼注意到，该师指挥官斯特列布科夫（Strebkov）上校收到了来自英国和丹麦政府代表的询问，他们希望苏军澄清对该岛的长期意图。这一信息被立刻转达给罗科索夫斯基元帅，他接着要求苏联最高指挥部在当晚发表确切声明。

苏联告知丹麦政府，明确了博恩霍尔姆是丹麦的一部分，只有当其处于苏联占领区之后才会被驻守。苏军不会干涉丹麦的行政事务，但会将这些事情报告给哥本哈根。丹麦人认为这是一个令人满意的问题解决方法。大同盟以恰当的方式处理了这个问题。苏军于次年完全退出了博恩霍尔姆。

英国人没有放松警惕也是正确的。真正的问题仍然存在。5月9日晚，陆军元帅蒙哥马利写信给艾森豪威尔："我今天驱车进入苏联占领区大约二十英里以内，这是一个死区——这里没有一个德国平民。现在面临着一些尴尬的问题——我认为，对东方建立坚固的防线是至关重要的。"

但是，在一起庆祝两个"欧洲胜利日"后，友好和信任已足以重新恢复，而且伴随着对于同盟共同取得成就的真正的自豪感。这也是欧洲战争结束理应被纪念的方式。

5月9日，杜鲁门总统向温斯顿·丘吉尔致以祝贺。丘吉尔对美国在战争中做出的贡献慷慨地表示感谢。为了回应英国首相对苏联领导人及其国家英雄主义的赞扬，斯大林说：

> 我向你们致以我的问候，勇敢的英国部队和整个英国人民——我衷心地祝贺你们赢得了对我们共同敌人的伟大胜利。这一历史性的胜利是通过苏联、英国和美国军队为解放欧洲共同奋斗而得来的。

我们各国之间在战争中建立起来的友好关系一定能够在战后获得进一步成功，并得到愉快的发展，我对此很有信心。

这个愿望不会实现了。“尴尬的问题”将主导战后国际形势。但是，假设这些情感不真诚也是错误的，无论有什么问题，善意还是存在的。

尽管对于一些苏军战士而言战争还会继续，但是重点也近在眼前了，只是还没有完全实现。5 月 9 日晚，莫斯科举行的官方庆祝活动的规模远远大于任何其他首都的庆祝规模。对于《纽约先驱报》的美国记者而言，这是一个极为壮观的场面。苏联空军飞机在城市上空飞行，释放出五颜六色的烟雾。上千把枪沿着河堤挨着排列，一共发出了 30 次齐鸣。天空被探照灯照亮。在人群上方 1000 英尺的高空，这些光亮在一面巨大的红色旗帜上闪耀，那面旗帜被系在隐没在黑夜中的气球上。接着放起了胜利的烟火。莫斯科完全沉浸在庆典当中。

格里戈里・克里莫夫说：

那天晚上，我们缓慢地走到红场。很快礼枪就鸣枪致意——广场提供了最好的视野。从来没有任何官方游行曾在克里姆林宫墙外吸引如此庞大的人群。那种情况下，除了让像洪流一样的人潮带着你移动外，什么也做不了。

在这片骚动的人群中，克里姆林宫静静地立在那里，没有生气，就像传说中陷入沉眠的城堡一般。越来越多的人涌入那片开阔的场地。是什么吸引了他们呢？

银色的冷杉沿着古老的墙壁矗立。塔顶的尖峰刺穿了黑色的天空，上面红宝石的星星闪闪发光。

在模糊的过去，另一个红场出现在我的记忆中。1941 年 11 月 7 日上午是沉重而又阴暗的。大雪覆盖了整个莫斯科。军队列队经过列宁墓，径直奔向前线。敌人已经在家门口了！

1941 年 11 月 7 日，斯大林决定在红场进行传统的阅兵，尽管当时德军已经距离首都不到30英里。那是蔑视的姿态——他相信莫斯科不会败给希特勒的纳粹国防军。如今，战争已经胜利了。

地面上开始颤动。克里姆林宫黑色剪影之上，天空被炮火染成了深红色。火流越蹿越高，定点静止片刻，然后便向下爆炸，火光四射，变成各种颜色的小星星。接着，空中被礼炮声划破。这是对光荣胜利的第一次致意。

一时间，你似乎可以睁开眼睛，敞开心扉，并永远记下这短暂的几秒钟。地面再次颤抖起来，绯红的火焰照亮了克里姆林宫的墙壁，也照亮了夜空，和人们的心灵。再一次，小星星犹如希望的信使一般喷发出来，然后渐渐地消失了。这次胜利被光亮包围着。在那些珍贵的瞬间，你可以看到它——并能在你的脸上感觉到它的呼吸。

11. 没有结束的战争

5月8日午夜，扬·塔波尔托斯基（Jan Tabortowski）少校和200名来自波兰的抵抗军前往位于华沙东北124英里的格拉耶沃监狱之前的据点。这项行动经过精心策划，地面侦察也获得了镇内线人的协助。他们用两天的时间聚集到了一个不远处的农场上。他们的目标是攻占格拉耶沃的监狱，释放关押在那里的波兰地下运动人员。其他部队则正在靠近镇上的民兵组织总部和内务人民委员会大楼。进攻之前，塔波尔托斯基简要地对他的士兵说："对我们而言，战斗还在继续。"

此次进攻的时间是可以指定的，刚好跨越了两个欧洲胜利日——并且它有意做一个简单的、象征性的陈述。对于波兰抵抗运动而言，战争并未结束。

1945年2月27日，波兰地下政府正式对雅尔塔协议作出回应，表示："我们希望表达我们反对雅尔塔会议决定的条款，这些规定是在没有我们参与或同意的情况下就签署了，是强加于我们的。波兰是第一个对纳粹开始武装抵抗的国家。它现在仍然是受害者，面临新的负担和不公正待遇。”

一个月后，苏联摆出了明显的安抚姿态，提出要与 16 名地下抵抗组织成员进行会谈。而当会谈实际发生时，他们突然逮捕了代表。斯蒂芬·科尔邦斯基（Stefan Korbonski）由于担心这是个陷阱而未参加会谈，他于 3 月底向在伦敦的波兰流亡政府汇报：“我们 16 个去参加‘会谈’的代表，没有一个能从内务人员委员部大楼返回。结论可想而知。”

新的波兰地下政府于一个月后成立。它的第一次行动就包括在 5 月 3 日向旧金山会议上诉“苏联心怀歹意地逮捕了我们的波兰地下政府的 16 名代表”。这次上诉迫使苏联正式承认这些人确实已被逮捕——这个迟到的承认使得西方盟国和苏联之间的关系陷入了危机。尽管危机暂时得到了解决，但 5 月 8 日斯蒂芬·科尔邦斯基通过电报联络波兰流亡政府：“华沙根本无视战争已经结束的事实。对于我们而言，一切并未有任何改变。”

波兰地下政府继续努力用外交方式解决。其他人现在选择与苏军战斗，内务人民委员会和卢布林政府的民兵组织。即他们组成了一个松散的联盟，即全国军事联盟，也被称为波兰抵抗军。5 月 6 日夜里，第一个无条件投降协议在兰斯签署，波兰抵抗军对此表示蔑视，并与位于波兰东南部科瑞洛瓦的内务人民委员部的苏联第 2 边境团展开激战。5 月 8 日午夜，当大同盟准备在卡尔绍斯特签署第二次投降协议时，塔波尔托斯基少校的士兵们准备对格拉耶沃发起攻击。

这次的突然攻击令对方措手不及。塔波尔托斯基和他的追随者们向惊讶的苏军驻军和波兰民兵开枪，杀死了其中一些人，并迫使余下的人躲了起来。抵抗军袭击了监狱大楼，释放了被关押在那里的波兰地下抵抗组织的成员，夺取了警察文件和无线电发射机。上午 4 时，一枚绿色的照明弹发出信号，表明该行动完全成功，所有抵抗势力撤出城市。

波兰抵抗军的斗争还在继续。5 月 9 日傍晚，比亚韦斯托克的另一所监狱遭到袭击。5 月 21 日，在华沙东郊的兰博尔托，一个大的内务人民委员部集中营被攻击，300 多名政治犯被释放。27 日，波兰抵抗军加入乌克兰叛军。乌克兰叛军当时正在为逃离苏联的统治而进行独立战争。他们袭击了赫鲁别舒夫，烧毁了监狱，杀光了驻扎在那里的所有内务人民委员会的成员。

对于许多波兰人来说，第二次世界大战的结束并未能对他们的事业予以公正的解决。爱德华·兹克泽潘尼克（Edward Szczepanik）是一名波兰军官，曾效劳于在意大利的乌拉迪斯劳·安德斯（Wladyslaw Anders）将军的波兰第 2 军与英国部队。这些士兵为身在伦敦的波兰流亡政府而战斗，与苏军为从德国手中“解放”波兰而建立起来的、得到苏联支持的卢布林政权毫无交集。“解放”一词仍然存在争议。其间，兹克泽潘尼克为西方大国在蒙特卡西诺和安科纳战斗，他所在的部队也是 1945 年 4 月进入博洛尼亚的第一批盟军部队。

他说：

胜利日到来了，但波兰人民也为此付出了沉重的代价，雅尔塔协议给我们留下的机会很少……我没有以任何方式庆祝1945年5月8日，有什么意义呢？波兰，还有我的人民，并未获得自由。它没有像许多西欧国家一样被解放——它被吞并了，只不过因为它地处俄罗斯和德国之间。雅尔塔协定没有任何保护我们的条款，迫使我们从一个殖民地变成另一个殖民地，在它们之间的转换没有丝毫喘息的余地。

兹克泽潘尼克对雅尔塔协订的评论中确有真实的部分——这是许多流亡的波兰人共同的观点。奥古斯汀·巴克扎克（Augustyn Buczek）是驻扎在伦敦附近的波兰空军中队的一员，他说："欧洲胜利日那天我们都很苦闷——我们根本没有庆祝。雅尔塔让我们孤立无援，如今我们国家的未来也都处于不确定之中。"驻扎在英国的另一名波兰空军塔德乌什·克斯特克(Tadeusz Krzystek)补充道："我们曾经把丘吉尔视为我们未来的保证人。雅尔塔之后，这种希望消失了。在胜利日那天，我内心满是悲伤和空虚。战争的结束并没有给我们带来什么。相反，我们担心它标志着争取波兰自由的斗争也走向了终点。"

温斯顿·丘吉尔选择相信，在雅尔塔就波兰问题达成了公平的协议，但苏联随后违反了此项协议。杜鲁门总统新上任时，在这个问题上坚决支持丘吉尔，但到了5月，他变得更加谨慎了。他的一些顾问提醒他，雅尔塔协定在波兰问题上措辞模糊——可能产生非常不同的解读。有人补充说，尽管苏联在进行国际外交时，其行为较为强硬和可疑，不过一旦其给出了坚定和明确的承诺，它通常能够信守诺言。东西方之间更广泛的信任问题依然是最重要的问题。

1945 年 5 月 8 日，安德斯将军给丘吉尔发去电报。这名波兰指挥官祝贺英国首相取得了对德国的胜利，并尖锐地指出，他希望实现 “正义能够得到伸张” 的和平。对于安德斯以及其他渴望民族自决的众多波兰人而言，这将是一场漫长的等待。

英国和法国代表波兰进行战争，波兰军人随后加入英国海军、空军和陆军，与之共同战斗和牺牲。他们为了自己国家的自由而奉献了生命。在蒙特卡西诺的鏖战中，波兰军队向山顶发起猛攻，展现出了难以置信的勇气。

驻意大利盟军司令、陆军元帅哈罗德·亚历山大（Harold Alexander）在战斗之后，对安德斯将军及其部队表示了由衷的敬意。他（代表英国君主乔治六世国王）给这名波兰将军授予了巴恩勋章，然后说：“这是对于波兰而言十分伟大和荣耀的一天，你们攻下了一个德国人认为坚不可摧的据点……我真诚而坦率地告诉你们——波兰第 2 军的所有人，如果我有权选择自己要指挥的部队，我会选择波兰人。我尊敬你们所有人。”

战争结束时，这种诚挚的敬意也戛然而止。在 5 月的第二个星期，波兰的不安像幽灵一般在大同盟中徘徊。欧洲胜利日之后，丘吉尔曾顽固地同阿兰·布鲁克子爵将军和蒙哥马利元帅谈及直面苏联的必要性，表示只有如此才能确保在波兰建立起一个民主政府。布鲁克在5月13日的战时内阁会议之后写道："温斯顿……给我的感觉是，他已经在渴望另一场战争了——即便这场战争是要与苏联对抗！"

这是颇具煽动性的。安德斯将军认为，苏联与西方大国之间开战是恢复独立波兰的唯一途径。虽然这是个远大而宏伟的抱负，但阿兰·布鲁克子爵将军如此描述这名波兰指挥官："他希望参与对德国的占领，甚至还疯狂地渴望能够一路与苏联战斗而回到波兰！波兰军队将呈现给我们的是一个令人相当绝望的问题。"

丘吉尔本人也曾短暂地陷入了这些"疯狂的希望"中。

他委任了"难以想象的行动"，那是一个由联合参谋长制订的绝密级战争计划，目的是为了探索通过对苏联使用军事力量以使波兰获得自由的途径。这位英国首相向他们发出指示，表示现在"'俄国熊'已经遍布欧洲"，他们应该考虑将苏军逼退回东方，并"向苏联推行美国和英帝国意志"的可能性，从而保证达成一个"公正的波兰协议"。

作为答复，参谋长们清晰地表明，这种做法几乎不可能在军事上执行，并将给政治带来极大的灾难。丘吉尔随即便放弃了这个幻想，并向他的军事顾问们保证："通过保留代码字'难以想象'，大家都会意识到这还只是个预防性的研究，我希望，其研究的内容仅仅是一个假想的意外事故。"阿兰·布鲁克子爵将军曾劝阻过他的政治领导不要实施他的某个大胆的计划。即便是假设，那也是最危险的一个，它是建立在对苏联欧洲意图的深深恐惧之上的。

丘吉尔在5月13日向杜鲁门总统吐露："我一直在为与苏联的友好关系而努力，但是，和你一样，我感到非常焦虑，这种焦虑源于他们对雅尔塔协议的误读，以及他们对待波兰的态度……"

哈罗德·麦克米伦是英国常驻地中海区域的公使，他进一步放大了丘吉尔的担忧。"我们已经看到了雅尔塔的协议对波兰暗含的可怕打击，即便其中已经有了些微小的让步，"麦克米伦说，"我们几乎没有期望俄罗斯人能执行协议，或者实践契约精神。我与驻意大利的波兰军队指挥官瓦迪斯瓦夫·安德斯的会谈更加使我确信，任何积极的愿望都不过是痴心妄想罢了。"

麦克米伦认为："俄罗斯政治家是不能被哄骗的，但是作为坚定的现实主义者，他们可以在坦率和事实的基础上与人相处。"然而，这种外交公式在实践中能否起作用还尚不可知，因为双方的"坦率和真实"可能会格格不入。南非的简·斯马茨（Jan Smuts）的父亲被任命为在旧金山会议的联合国大会主席，他对于苏联的国际角色采用了更为好战的态度：

俄罗斯几乎不打算合作，实际上，在目前情况下他们似乎更有可能做出与之相反的举动……它在波兰争端中的参与，及其已违背雅尔塔会议承诺的事实，还有其正积极挑起事端的现实都毋庸置疑。我们派观察员前往视察的请求被断然拒绝了。同样，我们派观察员去捷克斯洛伐克和维也纳（二者都是在俄罗斯辖区）的愿望也破灭了……这些难道是所谓的信任和友好吗？

斯马茨直言不讳地总结道："缓和的做法对于俄罗斯人从来不会见效。他们只懂得一件事——直截了当进行强硬的交谈，必要的时候以军事势力作为幕后支撑。"

斯马茨自己也承认，这些话在致力于保卫世界和平的会议期间写出来的确颇为奇怪。

然而，在满怀信心的言辞下，温斯顿·丘吉尔实际已经非常疲倦，并经常感到沮丧。他曾经告诉自己的私人秘书约翰·科尔维尔（John Colville），他将为争取波兰自由而奋斗，即便这意味着他们将要濒临与苏联开战的边缘。但在到达边缘的过程中，丘吉尔承认他有种被"俄罗斯无法估计的黑云"所淹没的感觉。

1940 年 5 月初——英国保卫挪威的行动逐渐崩溃——丘吉尔曾向科尔维尔透露，他相信 5 月对他而言将是不幸的一个月。1944 年 5 月伊始，来自苏联外交部长维亚切斯拉夫·莫洛托夫的一封突然而阴沉的电报声称，英国背着苏联在罗马尼亚进行密谋，导致英国首相"开始对于俄罗斯未来动向进行了悲观的预测，并表示'我一直不喜欢 5 月'"。

1945 年 5 月 1 日，随着希特勒死亡消息的传播，以及战争的结束即将来临，"黑云"也消散了。一星期后，欧洲胜利日对于温斯顿·丘吉尔而言是一场个人的胜利。但现在黑云似乎又回来了。"俄罗斯没有意愿在波兰问题上妥协。"

丘吉悲叹道。他怀疑自己是否有能力坚持下去。在这个问题上，他必须与斯大林直接谈判，这种前景给这位首相留下了一种“完全被其压制”的感觉。

战争期间，英国武装部队中有超过 20 万名波兰人与之共同战斗。这些男人和女人获得了来之不易的军事成就，应该得到更好的回报。然而，英美两国在波兰问题上获得更加强有力的谈判砝码的唯一办法，本应该是在一年前的西北欧开辟第二战场，并将其势力更加深入欧洲。不过对于西方盟国而言，这并非是个现实选择——当时的战争阶段，德国太强大了。即使最初的登陆成功了，他们接下来向内陆前进还将继续负担大量的人员伤亡——这会给民主国家带来难以承受的代价。在这种情况下，苏军承担起了反抗纳粹德国的重担——其成功也为苏联赢得了掌控波兰命运的权力。

“我已经为波兰做了所有我力所能及的事情。”罗斯福总统在雅尔塔会议结束时，向美国驻苏联大使埃夫里尔·哈里曼（Averell Harriman）承认道。查尔斯·博伦（Charles Bohlen）是美国国务院的苏联专家，也是罗斯福在雅尔的翻译，因此，他听到了美国总统和斯大林之间所说的每一句话。他表示：“斯大林有一手好牌，并且打得不错。最终我们不得不放弃自己的筹码。”

在信任和遵守协议方面，正如丘吉尔自己承认的，苏联对待希腊的方式就极为不同。斯大林和丘吉尔在东欧划分了势力范围——苏联领导人将监督希腊未来发展的主要角色让给了英国首相。当英国击溃了由希腊党派运动领导的共产主义起义，并受到了广泛的民众支持时，苏联没有干预。1945年2月12日，丘吉尔在向英国战争内阁的汇报中指出：“关于希腊，俄罗斯的态度非常令人满意……斯大林极其谨慎，尊重并接受我们的立场……苏联在这件事上的行为更加证实我的看法，就是当他们达成了某种协议后，还是希望能够遵守它的。”（着重强调）

波兰的僵局可能会有所不同：苏联有着这样一种对于犬儒现实政治的世界观，认为俄罗斯要遵守一些较小的协议，但如果危及国家利益，他们时刻准备要违反那些重要的协议。或者，苏联和西方盟国对于雅尔塔协议中针对波兰问题的实际含义也许有着截然不同的理解。

一名英国辅助地方服务队的女职员在5月17日的日记中写道：

> 今天距离胜利日已经一个多星期了，但行动已经开始了。我发现这个消息非常令人沮丧。英国和美国似乎与苏联在几乎每个有争议的点都意见相左，美国孤立主义的新闻界——以其通常无益的方式——对于这样的事态进行煽动……我们本应该看到的是和平的晴空，但眼前却似乎只有冲突和困惑，而且我们都感到疲惫不堪，几乎无力应对。

然而，在军事方面，有一种新发现的合作精神，而仅仅在几天前还对此存有怀疑和不信任。当苏军接近捷克首都时，艾森豪威尔将军没有先发制人，而是坚守在商定的停止线上。

随着苏联军队进入布拉格，纳粹党卫军将军卡尔·普克勒－巴格豪斯（Carl Pückler-Burghaus）带领最后的德国士兵撤出城市。普克勒－巴格豪斯和他的士兵希望能够逃脱被苏军俘虏的命运。捷克游击队迫使他离开通往皮尔森的近路，于是他转而向西南方向的皮塞克前进。他希望能到达美国的分界线，向美国人投降，但苏军正在快速追赶着。

几天前，苏联最高统帅部坚持认为，美军不应该越过停止线。但现在他们却请求其帮助。马利诺夫斯基元帅的乌克兰第2方面军被命令要超过普克勒－巴格豪斯，因此苏联请求美军跨越分界线来协助他们，以关闭敌军向西的逃生路线。艾森豪威尔将军同意了。德军在皮尔森东南40英里处的米宁－斯利维斯小镇被追上并被超越了。5月11日，美国第4装甲师（巴顿将军所率领的第3集团军的一部分）的部队封锁了普克勒－巴格豪斯的道路，表示他们将尊重无条件投降，并且要求其投降于苏联。然而这名党卫军将领拒绝了。随着苏联第25警卫步枪团的队伍从东部迅速接近，他的士兵们在米宁－斯利维斯和奇梅利采之间的一片林地占据了一个强化的据点，并做好了战斗到底的准备。

这是绝望的背水一战。普克勒－巴格豪斯部下有大约6000名士兵，大部分是来自德意志党卫军和瓦伦斯坦师，拥有丰富的作战经验。但他们在数量上与敌方相差悬殊，而且无处可逃。然而在5月11日晚，他们击退了苏军的第一次袭击。苏军对战胜很有信心，他们发射了一枚喀秋莎火箭弹，并派出了其步兵团上阵，但他们还是被击退了。

据苏军士兵阿列克谢·库奇科夫（Alexei Kuchikov）回忆："我们当时正进入一片云杉林，那里的能见度很差。德国人巧妙地利用了地形——他们利用从废弃的水磨坊延伸出来的灌溉渠，并将它改造成了一条战壕。我们被他们的顽强的抵抗震惊了。"

苏军和美军现已共同商定了一个进攻计划。苏联第 104 警卫步枪师的谢尔盖·塞里金（Sergei Seryogin）少将和美国第 4 装甲师中校威廉姆·艾利逊（William Allison）在奇梅利采的老磨房进行了会面。双方决定，在黎明之前，美军将从西面向普克勒 - 巴格豪斯将军的要塞发射炮弹，而苏军则会从东面也采取同样的行动。苏联步兵团将对德军要塞发起猛攻。

至此，同盟军的绝对火力开启了。5 月 12 日早些时候，苏联士兵摧毁了德军的第一道防线。"我们跳进他们的战壕，向其中投掷手榴弹，并用我们的机枪进行扫射，"阿列克谢·库奇科夫回忆道，"我们向遇到的每个人开枪，无论他们是在抵抗还是试图投降。敌军的队伍当中爆发出阵阵恐慌。"

短短数小时后，德国抗拒显然已经毫无希望。上午 9 时，普克勒 - 巴格豪斯在奇梅利采的老磨房楼上签署了无条件投降条款。其士兵们最终会向苏联人投降。这些条款由塞里金少将和艾利逊中校见证：此次的胜利来自于同盟的共同努力。这名党卫军将军意识到，他将在苏联以战争罪受到审判，因此在签署协议后不久他便选择了自杀。

位于捷克斯洛伐克西部的纳粹国防军和党卫军剩余部队

在当天夜里被围捕。“5 月 12 日晚上，在贝斯诺夫附近，我们包围了最后一支德军部队。”苏联炮兵彼得·麦肯（Petr Mikhin）回忆道，他当时正在第 52 步兵师当中战斗，“我们在 5 月 13 日才正式庆祝了胜利日。我们的胜利时刻是苦乐参半的——我们有几位战友在本该结束战争的无条件投降发生后，仍然被杀害了。”

不过，东方的战争还没有结束。

在南斯拉夫，德国在欧洲东南部的总司令亚历山大·勒尔（Alexander Löhr）上将也违反了无条件投降协定。勒尔麾下有大约 13000 名德国士兵，以及在对抗铁托的南斯拉夫共产党游击队的战争中，支持纳粹国防军的克罗地亚和切特尼克士兵。他试图与这些队伍一同逃往英国控制下的奥地利。

但事情却并没有如计划进行。5 月 9 日，勒尔将军在南斯拉夫北部的托波尔希卡被第 14 斯洛维尼亚师抓获，这是一支隶属于铁托游击队的编队。在与他的南斯拉夫对手谈判的过程中，勒尔提出可以交出他所有的武器和装备以换取进入奥地利的安全通行证。但他的提议却被彻底否决了。勒尔接着被说服，同意停火——但他的手下却拒绝遵守这些指令。于是，勒尔便设法逃走，他撤销了命令，并与英国公开接触。他的部队继续向北，朝奥地利挺进。

铁托的部队现在聚集到了一起，并切断了勒尔在靠近奥地利边境的波尔加纳的逃生路线。该地区的盟军指挥官亚历山大元帅与铁托南斯拉夫军共同驻守意大利的里雅斯特市。丘吉尔和杜鲁门希望南斯拉夫人离开的里雅斯特，并且也能从奥地利的卡林西亚州撤出。这已经变成了一个政治问题，苏联仍然还在寻求波兰问题的解决方法，同时也谨慎地支持着其南斯拉夫共产主义盟友。

战场上，英国意识到推行无条件投降协议至关重要。陆军元帅亚历山大以友好的姿态派出 20 辆英国坦克来增援在波尔加纳的南斯拉夫军。5 月 13 日和 14 日，经过两天的激烈战斗，德国和克罗地亚的部队战败，勒尔被抓获，投降条款被强制执行。

5 月 15 日，南斯拉夫的冲突停止，铁托向他的部队发送了一份公报，祝贺他们打败了德国国防军的残余势力。当天，据苏联情报局报告，针对德军的一切军事行动均已结束。在西方，对抗德国的斗争于5 月 7 日结束，对于该消息的宣布，以及胜利日的宣布都经历了几个小时不耐烦的等待。在东方，欧洲胜利日于5 月 9 日宣布，而战斗则在这之后又持续了一周。

密洛凡·德热拉斯（Milovan Djilas）曾在南斯拉夫与铁托的游击队共同战斗，他对此表达了不满："5 月 9 日，我们迎来了德国的无条件投降——也是胜利日——但我们却身处痛苦的孤独中。似乎这种快乐与我们并无干系。没有人邀请我们参加盛会，尽管——不论是作为一个政府还是一个民族——我们曾以承受最可怕的痛苦和损失为代价，为这场盛会做足了准备。"

然而，若要履行无条件投降条款，就需要在奥地利的英军将这些部队归还给铁托——德国的盟友克罗地亚的部队、在南斯拉夫与纳粹国防军共同战斗的南斯拉夫祖国军——他们在 5 月 9 日以后越过了边界。其中有些人曾参与过血腥的反游击队行动，但铁托曾经承诺，无论如何他们所有人都将接受军事法庭的审判。 这一承诺并未被遵守——暴力仍在继续。一些被解除武装并返回南斯拉夫军队的克罗地亚和切特尼克部队遭到了残酷的屠杀。在北非和意大利赢过硬仗的英国第 8 军部队，对于他们不得不实施欺骗或诉诸武力才能将这些不情愿的士兵送回南斯拉夫而感到震惊。

德国的盟国部队命运截然不同。拉脱维亚党卫军军团由两个师组成——第 15 师和 19 师。两个师都曾在东线战斗。但在 1945 年 4 月，德国国防军最高指挥部命令第 15 师协助保卫柏林——并由纳粹德国海军将其送往德国，而第 19 师依然驻守库尔兰。第 15 师的士兵们随后逃到了美军阵营， 第 19 师则在 5 月 9 日被苏联俘虏。

由来自乌克兰的部队组成的加利西亚党卫军师设法来到意大利北部的里米尼，安德斯将军率领的波兰第 2 军为他们提供了庇护。安德斯未能见证波兰获得自由，但他能够保护这些人不被驱逐到苏联，认为他们此前被招募的区域从历史的角度来看应该被视为更为广义的波兰的一部分，而不是苏联的一部分。这并不符合雅尔塔盟国之间达成的协议，协议中英国和美国承诺将把 1939 年苏联边疆以内的一切都归还给苏联——但英国接受了安德斯的计划，超过 7100 名乌克兰人被秘密遣送至英国境内。

最后的战斗——在荷兰的特塞尔岛上——直到 5 月 20 日才结束。特塞尔的驻军不仅包括纳粹国防军的常规军，还有来自苏联的格鲁吉亚士兵旅——他们是从战俘营里招募的，如今希望为纳粹国家而战斗。

格鲁吉亚人最初由德国人部署，以守卫补给站并执行警卫任务。但在1945年4月，随着加拿大部队向荷兰西北部的纳粹国防军要塞进军，德国最高指挥部命令这支部队——格鲁吉亚军团的第822营——转移到大陆地区，参与到与西方盟军的战斗中去。格鲁吉亚军对此十分抵触，他们的指挥官——不可思议地效仿了弗拉索夫军的大转向——没有服从这些命令，转而发起了对抗其德国主人的起义。

格鲁吉亚军团知道斯大林不会善待来自其共和国老家的通敌者——因而尤为担心自己的命运。1945年4月5日，第822营的士兵们意识到，如果他们继续与西方盟国进行积极战斗，那么他们必然会被以战俘身份交还给苏联——于是，他们转而攻击德国人，并占领了大部分岛屿。然而，他们还是无法攻取那里最大的两个机枪炮台，德国人反应迅速，增派了数千人的部队来到特塞尔岛。

纳粹国防军被这些曾为其麾下士兵的背叛行为激怒了。战斗异常猛烈，双方都不接收战俘。经过几个星期的血腥战斗，格鲁吉亚人被迫撤退到他们最后的一处堡垒——岛上的灯塔。他们顽强地反抗着——但德国人带来了工程部队，在灯塔的地基处炸开出洞穴，强行进入。大约有50名格鲁吉亚人被捕，他们被迫为自己挖掘坟墓，然后便被处决。

然而，剩下的格鲁吉亚人——由荷兰地下组织支持——躲了起来，德国人四处搜寻他们，零星的战斗还在继续。双方都不承认在兰斯和卡尔绍斯特签署的停火协议。加拿大的一个侦察队报告说，5 月 17 日特塞尔仍然有冲突发生。加拿大主力部队于 3 天后到达该岛——即 5 月 20 日——直到这时，战斗才最终停止。

加拿大人对格鲁吉亚人不顾一切的抵抗印象深刻，并试图代表他们与苏联交涉。加拿大第 1 军指挥官查尔斯·福克斯(Charles Foulkes)中将写了一封信，称赞格鲁吉亚人是“勇敢的盟友”，他们的持续抵抗导致超过 4000 名德国军人被调至岛上，若不是这样，这批德军就会阻碍加拿大军队的前进。在福克斯的参谋洛德·特威兹穆尔（Lord Tweedsmuir）中校与苏军联络官举行会谈后，这 226 名格鲁吉亚幸存者被移交给了在威廉港的苏方，并且每个格鲁吉亚人都获得了英勇奖章。

劝说苏联放弃追踪其通敌的国民的想法是极难实现的，但无论是出于加拿大的干预，还是因为嗅到了一丝宣传的机会，格鲁吉亚人还是近乎奇迹般地逃离了行刑队。大多数人被关押在营地里，在苏军中承担一些额外的服务工作，随后便被准许回家了——从严格意义上说，他们的战时身份并没有被提及。《真理报》发表了一篇文章，将这些人描绘成英雄。而关于他们与德国通敌之事则闭口不谈。

一些格鲁吉亚战士甚至在描述他们功绩的电影《被钉在十字架上的岛屿》中出演了一些小角色。只不过这些功绩如今是被故意修改过了。他们不再是格鲁吉亚军团的一部分，而是被塑造成了关押在特塞尔岛集中营的战俘。电影中，他们策划了一场英勇的突围，接着对岛上的所有德国人开战。这成为特塞尔战斗的苏联“官方”版本——格鲁吉亚人的英雄主义成为一首献给苏联领导人的电影赞歌，作为对苏联领导人的赞美。即便是以苏联的标准来看，这也是一次令人震惊的对历史的重述。格鲁吉亚 822 营的士兵们赢得了最幸运的缓刑。

不过，尽管在布拉格起义中进行了卓越的战斗，对于弗拉索夫军而言，希望依然渺茫。

5 月 7 日，由于东西方关系紧张，苏联元帅伊万·科涅夫组建了一支特别行动部队，该部队成员从苏联第 25 坦克军团招募，并向其发出秘密指令。科涅夫预计，当他的士兵接近布拉格，弗拉索夫军也将向西撤退，并设法向美国人投降。如果这样，那么这支苏联特别行动队就会被命令穿越美军阵线，且不论后果如何，他们都将抓捕安德烈·弗拉索夫和谢尔盖·邦亚臣科将军。苏联坚决要将这些人带到苏联的军事法庭上，并将他们作为叛徒进行审判，不管这将对大同盟造成什么样的影响。

西方人很难理解苏联人对弗拉索夫将军以及他所代表一切的深深仇恨。在英国，最著名的叛徒要数威廉·乔伊斯（William Joyce）——绰号“哈哈伯爵”——他因自己的无线电广播而声名狼藉，他总是以“德国在呼唤！”作为开头，并嘲弄和讽刺丘吉尔及其对战争的努力。尽管英国公众对此感到沮丧，但实际上也并没有禁止收听他的讲话——到了战争结束的时候，乔伊斯的评论已成为笑柄。他最后一次广播是于 1945 年 4 月 30 日的汉堡发出，他颂扬了英勇无畏的柏林保卫战，并发出警告要警惕布尔什维克主义的威胁——但这些都是通过酩酊大醉的乔伊斯传达出来的。威廉·乔伊斯于 5 月 28 日在弗伦斯堡附近被捕，他企图逃往丹麦，但并未成功。他将以叛国的罪名接受审判——而英国的那一小群曾歌颂纳粹德国的法西斯主义支持者，如今已成为被嘲讽的对象。

然而，弗拉索夫却象征着不同的东西。他曾试着将自己描绘成一个爱国者，为苏联提供另一种意识形态。苏联很少有人对此表示认同；相反，他敦促苏联人同他们的同胞作战被认为是可恶而可恨的。那些聚集在他旗帜下的人也极度反感。

5 月 11 日，苏联红军获得了有关弗拉索夫行踪的情报。他当时在距离皮尔森东南方向 30 英里的小镇勒纳尔，与邦亚臣科将军和俄罗斯解放军第 1 师一道，正在和美国第 90 步兵师（隶属巴顿将军率领的美国第 3 集团军）的先遣部队进行谈判。苏联第 25 坦克军指挥官弗明尼克（Fominykh）少将命令一个快速响应小队——由伊凡·雅库舍夫（Ivan Yakushev）上尉带领的机械化营（附属于第 162 坦克旅）——不惜一切代价抓捕弗拉索夫和邦亚臣科。

苏联中尉格里戈里·苏霍鲁科夫（Grigory Sukhorukov）是雅库舍夫上尉的副手。他回忆道：

5 月 9 日，我们攻入布拉格。我们的坦克上堆满了花环，年轻的捷克女孩坐在上面。10日，我们的士兵被邀请作为贵宾参加了当地的一场婚礼。11日，我们收到了新的军事任务。投降可能会在柏林签署，战争结束可能会在莫斯科宣布，但我们现在还要继续战斗。我们被命令全速前往内波穆克（皮尔森东南24英里）的周边区域，以抓捕弗拉索夫军。

5月11日晚，亚库舍夫的机械化部队全速离开布拉格。弗拉索夫和邦亚臣科将军与当地美国指挥官多纳休上尉的谈判陷入僵局。会谈在勒纳尔优雅的17世纪城堡周围，但却并不热忱。多纳休明确表示，他没有办法接受俄罗斯解放军第1师的投降。他补充说，勒纳尔将被列入指定的苏联区，他的部队很快就要撤离该镇，并把它交给苏联红军。在奥地利，美国人已经把米哈伊尔·曼德罗夫（Mikhail Meandrov）将军和俄罗斯解放军第2师的余部归还给了苏联人，所以他们的前景并不明朗。这位美国指挥官直言不讳地说：他收到了严厉的指令，无论在何种情况下，弗拉索夫军都不得越过商定的分界线。

弗拉索夫和邦亚臣科收到这个令人沮丧的消息时，亚库舍夫上尉的苏联机械化营正快速靠近。格里戈里·苏霍鲁科夫（Grigory Sukhorukov）中尉此前因侦察任务被派出，直接进入驻扎在附近的美军部队当中。他和指挥官打了个招呼，作了自我介绍——并询问他的美国同级是否有关于弗拉索夫军的消息。美国人打开地图，向苏霍鲁科夫指出了附近所有美国、德国和弗拉索夫部队的确切位置。科涅夫元帅做出的部署都包含着对美国意图的担忧，可事实上，他的西方盟友真是帮了大忙。

“我对情报的精确度感到惊讶，”苏霍鲁科夫说，“而且我非常感激。”苏联部队正在向他们的猎物靠近。他继续说：“我们的士兵受邀留下来吃饭——但我还是礼貌地拒绝了。”他临走时轻描淡写地对美国人说：“我们有点赶时间。”

5 月 12 日早上，多纳休上尉召唤弗拉索夫和邦亚臣科参加了最后一次会议。他告诉他们，苏联第 25 坦克军团正从东部靠近，当天晚些时候勒纳尔将被移交给俄罗斯人。弗拉索夫军到时就得自我防卫了。

邦亚臣科将军驱车来到他在泽兹拜尔的指挥部，那里位于勒纳尔以北约 1 英里。一周前，他起草了一份鼓舞人心的发言，号召他的士兵们营救被围困的布拉格。他对士兵的最后一个命令并非以军令的枪声作为终结，而是一声绝望的哽咽。“这个师立刻解散，”邦亚臣科说，“分开变成小团体，要注意避免走主路或者去人员密集的地方。想办法去德国南部。去那里找我。”

超过 15000 人的弗拉索夫军完全无人领导。一些人开始烧毁文件，并掩埋他们的武器。还有些人穿着平民提供的便衣。数千人无精打采地躺在地上。他们太累了，没有办法继续前进了。战争已经让他们麻木了。

亚库舍夫上尉率领的苏联士兵们如今正小心翼翼地进入勒纳尔周围的林地。弗明尼克少将的第 25 坦克军的主体部队正随后紧跟上来。他们会对付弗拉索夫军的大部队。而亚库舍夫则集中于一个目标——找到并逮捕他们的指挥官。

接着事情便有了突破性进展。苏联机械化营队发现了一群弗拉索夫军的士兵。他们被指挥官这样断然抛弃后，幻想彻底破灭，希望能够自保——于是便成为告密者。他们告诉苏联红军部队，弗拉索夫和邦亚臣科将军即将在四辆车的护送下离开勒纳尔。情况已刻不容缓。“亚库舍夫带了一辆装甲车——我从他身边跳上了车，还有其他的几个官员和那个弗拉索夫的背叛者。” 苏霍鲁科夫中尉回忆说。“他们从哪条路走的？”他朝告密者大叫。“在得知他们往南方朝着霍拉茨多维克的方向而去时，我们的司机狠狠地踩下了油门。”

下午2时，弗拉索夫和邦亚臣科离开了勒纳尔。邦亚臣科换上了平民的衣服。 弗拉索夫心思更加缜密，他下令在他的车上搭建一个假的地板，然后躲在地板下面。在小镇以外两英里的地方，他们的车队在公路铁路道口慢了下来。接着，一辆军车疾驰而过，并突然转向，阻挡了前方的道路。苏联士兵从车上跳了下来，枪口对准了他们。告密者指出了弗拉索夫将军的车。

亚库舍夫上尉将俄罗斯解放军的指挥官们在美苏分界线之间的无人区逼入绝境。苏军士兵们痛恨这些指挥官，他们情绪激动。但是当亚库舍夫拉开弗拉索夫将军的车门时，他发现有两个被吓坏了的女人在后排座位上。“这是在开玩笑吗？”他愤怒地吼道。但接着亚库舍夫注意到铺着红毯的车底格外高。他撕开毯子，发现了蜷缩在下面的弗拉索夫将军。他把弗拉索夫拖出去，对战友们喊道：“我们逮住这混蛋了！”

坐在后面汽车上的邦亚臣科将军选择以更直接的方式投降。这两个人被带到位于内波穆克的苏联第 25 坦克军总部接受初步审讯。当被问及身份证明时，弗拉索夫在他的衣服里摸索出一份破旧而详尽的文件，以证明他是苏联第 2 突击集团军的一名将军。他立正站好，并这样介绍了自己。这是 1942 年的夏天，弗拉索夫向德国人投降时的指令。这三年发生了太多的事情。曾经，弗拉索夫也许想象过他创造的这支反布尔什维克军队会是一场噩梦。如果是这样，他很快就要被惊醒了。

弗明尼克少将轻蔑地看着他的对手。“向你余下的部队下达投降命令，”他说，“否则，我们会把你们这帮强盗围起来然后就地射杀。”弗拉索夫发出了必要的命令。3 天后，他和邦亚臣科被转移到莫斯科的卢比扬卡监狱，一起被关押的还有曾经跟随他们的许多高级军官，米哈伊尔·米安德罗夫（Mikhail Meandrov）将军和其他弗拉索夫部队指挥官。他们都在第二年被审判，并于 1946 年 8 月 1 日因叛国罪被处以绞刑。

俄罗斯解放军成千上万的普通士兵则构成了一幅凄凉的景象。他们大多数将由军事法庭审判，要么被处死刑要么被判多年强制劳役。西吉斯蒙德·迪克兹巴里斯（Sigismund Diczbalis）是为数不多的幸运者之一，他设法从俘虏营那里逃了出来，并跨越到美国区。他并没有被强制遣返。大多数弗拉索夫军并没有那么幸运。看着那些聚集的囚犯，苏霍鲁科夫中尉最初对他们几乎没有任何同情。“他们是国家的背叛者，”他想，“他们这样都是活该。”但随着时间的推移，他的想法也产生了改变。

一些拥有技术专长的囚犯被暂时分配给苏联第 25 坦克团，然后才被送到特别军营中。几周后，苏霍鲁科夫得知一名弗拉索夫军的前中尉目前正以技工的身份为他们服务。他曾毕业于技术学校，然后便加入了苏联红军，他在 1941 年秋天被德国人抓获。接着他在战俘营度过了 3 年地狱般的生活。在那里，成千上万的囚犯死于殴打或饥饿。然后，一名弗拉索夫将军的代表出现了。

在经历了长时间的身心折磨后，这名弗拉索夫军官的哄骗和劝诱带给了他们希望：他几乎接触不到任何来自外界的消息，并被告知德军和苏军会在一场漫长的战斗中消耗殆尽——这给俄罗斯解放军为苏联人民刻画一个新的未来提供了机会。1944 年秋天，这样的希望十分渺茫——但 3 年的战俘营生活令他根本无法清醒地思考问题。他能够摆脱集中营而重获自由，并能够获得足够的食物。这就行了。他的决定尽管有投机的成分，但正如他对苏霍鲁科夫所说：“在这个世界上，我不会再相信还有什么真正的未来。我已经听天由命了。”

而命运并不仁慈。这个弗拉索夫兵很快便要被送到某个营房，等待他的将是长期的强制劳役。苏霍鲁科夫尽管痛恨弗拉索夫军——但也不禁对他产生了同情。

希特勒死后的欧洲历史是独特的——士兵和平民们正在一片荒芜中穿行。苏联红军中尉鲍里斯·科姆斯基（Boris

Komsky）和他的士兵们正从柏林走向祖国。当他们经过波兰时，科姆斯基被饱受战争摧残的华沙震惊了，他在日记里写道：

房子挨着房子，街道挨着街道，宽阔的中央路上的砖块已经被清除。只有人行道才让这个巨大的公墓与城市有了些许相似之处，才让人想起了它曾经的美丽。没有一栋建筑是完好的——完全是一幅令人错愕的景象。庞贝古城的废墟也不敌这片巨大的被夷平的土地。

一些残缺的遗迹保留了美丽建筑的痕迹。这些废墟下死了多少人？这些巨大的金字塔砖块下又掩埋了多少尸体？树木站立着，它们被炮火烧焦，被碎片割裂——它们见证着华沙的消亡。战争之前有250万人居住在这里，如今幸存下来的仅5万人。

这是多么令人寒心的数字——这是1944年8月对华沙起义残酷镇压的结果。科姆斯基即将见到大屠杀的无情证据。他回忆说：

在波兰的库特诺，我们休息了一天。我们的团在城外的田野上安置下来。天气很温暖，在室外也很不错。官员们被允许外出，寻找他们能够驻留的私人公寓。我和朋友们找到了一些地方住宿——我们可以睡在那里，白天回来和我们的士兵一起工作。一天晚上，当我回到住处的时候，一个人朝我走来。他看着我说："中尉长官，您是犹太人吗？"我回答："是的，我是个犹太人。"他指着站在阳台上的两个年轻女人，并向我透露说她们是这个城市里仅剩的犹太人了。而以前，这里的一半人口都是犹太人。

尽管只看了科姆斯基几秒钟，她们便对他产生了一种亲切感。出于某种本能，她们知道他也是犹太人。

科姆斯基和她们见了面——她们住在一个公寓的二楼——她们安排了一桌的食物与他分享。只剩下两个犹太人了，而这座城市里曾经生活着成千上万的犹太人。在这样可怕的情况下，这场盛宴就像是一场为幸存而举行的庆祝。

科姆斯基的经历颇为独特，但他能够代表很多其他人——包括士兵和平民——他们也在努力弄清战争结束之后的意义。

不过，在恐惧和失去中，也存在着希望。希特勒纳粹国家的遗产正被抛弃。 在欧洲胜利日两周后，位于弗伦斯堡的邓尼茨政府成员终于被逮捕。外交部副部长奥姆·萨金特（Orme Sargent）爵士早些时候向温斯顿·丘吉尔提出了这一行动方案——但首相对此表示反对，他担心这种行动会引起"严重的宪法问题"。

5月14日，丘吉尔写信给奥姆·萨金特：

我既不认识也不关心邓尼茨……对我来说，最重要的问题是他是否有权力让德国人立即投降，而且不会再造成进一步伤亡。我们不能去到每一个德国贫民窟，也不可能跟每个德国人争论，这是他的责任，否则我们就毙了他。

你想拥有操纵这个被征服的民族的权力，还是把手伸进一个不安的蚂蚁堆里呢?

不过，实际上并没有涉及什么宪法问题——该政权从来没有得到同盟国的正式承认，而且希特勒遗嘱中的指示对于其胜利的对手而言也几乎没有约束力。不论丘吉尔有怎样的考虑，除去所谓的邓尼茨政府这件事也拖延得太久了。盟军最高统帅部政治顾问、美国外交官罗伯特·墨菲（Robert Murphy）对邓尼茨政府的描述却截然不同："他们是一群在海军上将邓尼茨领导下的形形色色的个体，自称是'帝国的代理政府'。邓尼茨对德国的行为没有任何忏悔，反而认为希特勒的成就在于在帝国内维持了优秀的纪律——就好像希特勒仍然站在他的身边一样。"

盟军最高统帅部联络官理查德·威尔伯福斯（Richard Wilberforce）上校尖刻地如是描述弗伦斯堡政府："他们试图将自己塑造成同盟国不可或缺的部分——但这种主张没有任何坚实的依据。"威尔伯福斯访问了弗伦斯堡，并借此机会探访了位于米尔维克的海军学院。"我走过一条长长的走廊，"他回忆起来，"房间都有着特别的用途——都是各个部门的办公室。我打开一扇门，发现它其实是一个自行车储藏室。另一个房间里有一张床，一个女人在床上睡着了。"

邓尼茨政府每天早上 10 时都会举行"内阁会议"。它设立了"信息服务"，在海军学院的一个演讲室放置了一台旧收音机。它还任命了一名粮食部长——尽管他唯一的职责就是拿起威士忌活跃会议气氛。邓尼茨有一辆梅赛德斯，用以接他从家到500码以外的学院。有拍摄的官方照片，名为“工作中的新政府”。

苏联如今已经对局势失去了耐心。5月20日，《真理报》将邓尼茨政府描述为“帮派”，并讥讽地写道：“关于以邓尼茨为中心的法西斯帮派身份的讨论还在继续。在同盟国圈内，有些人显然认为有必要利用邓尼茨和其纳粹伙伴的‘服务’。”

第二天，盟军最高统帅部和苏联最高统帅部联合决定，彻底抛弃邓尼茨政府。5月23日，英国坦克和士兵们出现在弗伦斯堡的街道上，邓尼茨政府成员被护送着上了“帕特里亚”号军舰。在美国少将洛厄尔·鲁克斯（Lowell Rooks）、英国陆军准将爱德华·福尔德（Edward Foord）和苏联少将尼古拉·特鲁索夫（Nikolai Trusov）面前，这个所谓的政府被正式解散了。海军上将冯·弗雷德堡在不久后自杀，而邓尼茨、约德尔、斯佩尔和其他人则被囚禁起来。

当天，英国士兵在德国北部的布雷梅尔弗尔德桥上抓住了一个披头散发的逃犯。他剃掉了小胡子，笨拙地用眼罩作为伪装。这个人被拘留了，他的真实身份也逐渐明晰。他就是海因里希·希姆莱。他在一次体检时通过吞下了藏在牙齿里的氰化物胶囊而自尽。他曾是希特勒第三帝国最有权势的人之一、纳粹党卫军头目、大屠杀的缔造者，但在过去几天里，他都只能在当地的火车站露宿。

在希特勒统治的黄昏时期，希姆莱试图在大同盟中制造分裂，他向西方提出言和条件，对东方却并未如此，但此举并未成功，他的提议被摒弃了。不过，在5月23日整个弗伦斯堡政权成员被捕获后，奥尔姆·萨金特爵士写道："我们在邓尼茨这件事上搞砸了……最初我们同邓尼茨政府周旋，这只会引起莫斯科的怀疑。"

邓尼茨政权的确在战争的最后几天险些在西方盟国和苏联之间造成裂痕，但从现在起分裂的影响终于消除了。

在胜利日后的几周内，杜鲁门总统的注意力转向太平洋。美国军队现在正处于冲绳岛的血腥战斗中，他想确保苏联加入对抗日本的战争——同时确保旧金山会议遇到的困难能够得以解决。因此，他做好了更接近苏联的准备。

温斯顿·丘吉尔钦佩苏联人民的勇气，但也看到了苏联体制内固有的残酷。他对东欧的政治前途深感忧虑。"铁幕正降临到他们面前。而我们并不清楚它背后隐藏着什么。"英国首相在给杜鲁门总统的电报中提醒道。丘吉尔执迷于"铁幕"一词，但他本该对该词的起源予以更多的考虑。他对波兰的命运深感不安——但也沉迷于自己对布尔什维克主义的偏见。

斯大林自己也持有根深蒂固的偏见。5月24日在授予苏军荣耀的招待会上，这位苏联领导人向苏联人民举杯致敬，同时他也简短地承认了在战争伊始他和自己的政府所犯下的错误。一个月后，莫斯科红场举行了一场壮丽的胜利大游行——被缴获的纳粹旗帜和横幅都被抛在了列宁陵墓脚下。

这位苏联领导人不信任西方——但无论如何，也真诚地希望来之不易的合作精神能够比战争更为持久。苏联对西方对战后欧洲的意图有着自己的怀疑。白俄罗斯第2方面军情报局局长向苏联最高统帅部报告：

有关英国和苏联之间即将发生冲突的谣言传播开来。这在德国战俘营已人尽皆知，在吕贝克周围被招进安德斯军队的几千名波兰人中亦是如此。在诺伊施塔特——许多纳粹国防军部队在那里投降——一些德国军官甚至没有被关押起来。一位英国上尉表示，盟军很快就会利用德国人来对抗俄罗斯了。

欧洲胜利日之后，苏军总参情报部（GRU）的主要情报指挥部截获了丘吉尔对陆军元帅蒙哥马利的指示，要求其收集并储备好缴获的德国武器，以便应对重新装备的国防军部队向西方盟国投降的可能。这些情报被直接传给了斯大林。据一名GRU的高级官员米哈伊尔·米尔斯坦（Mikhail Milstein）将军表示，该报告在克里姆林宫内引起了深深的疑虑。

不过，这种疑虑是有可能得到消解的。

5月底，在杜鲁门总统的敦促下，美国人哈利·霍普金斯（Harry Hopkins）对莫斯科进行了特别访问。霍普金斯是一个了不起的人物。他是罗斯福新政的建筑师，也是个杰出的行政官员，从20世纪30年代后期——在经历了胃癌手术后——他不断遭受病痛困扰。但他在群体中仍然是一个魅力超凡的人物，在战争期间，尽管对自己的身体消耗巨大，但他还是作为一个外交官在孜孜不倦地工作。在战争的几年间，他在富兰克林·J·罗斯福政府中没有任何官方职位，但他对这位已故总统的影响是巨大的。他也赢得了温斯顿·丘吉尔的尊敬。这位英国首相谈起他们第一次见面时说道：

我就这样遇到了哈利·霍普金斯，他是个杰出的人，他曾经将要在整个战争运动中的某个时刻起到决定性作用。他的精神意志完全超出了那个虚弱颓败的躯体。他是一个摇摇欲坠的灯塔，从那里照亮了巨大船队驶入港口的道路。他有着一种讽刺的幽默感。我喜欢有他陪伴，特别是在事情发展不太顺利的时候……霍普金斯总是能一下子切中要害。

哈利·霍普金斯讲究实效，这受到了严厉的美国海军作战部长欧内斯特·金（Ernest King）上将的赞扬："霍普金斯做了很多事情来支持总统（罗斯福）往正确的方向前进。"金说："我极少能见到像他这样头脑如此清晰的人。"美国陆军参谋长乔治·马歇尔将军甚至写信给霍普金斯的未婚妻（露西·梅西，曾为《时尚芭莎》的编辑，1942 年她成为他第三任妻子），以表达他的担忧。"坦率地说，我对哈利的幸福极为关心，因此在你们即将到来的婚姻里，"马歇尔坦言，"由于他对我们的国家利益非常重要，且他又是我认识的对个人健康最不在意的人之一。我希望您能够尽可能敦促他进行必要的休息。"

马歇尔的担心是有根据的。一次，霍普金斯从苏联访问回来，就不得不去输血，并被强制进行了 18 小时的恢复期。他的消化道状况是如此糟糕，几乎吸收不了任何营养成分——而且他似乎是靠威士忌和香烟生存的。即便如此，他还在继续工作。英国陆军参谋长阿兰·布鲁克子爵就他颇为高效的作风写道：

我见到了霍普金斯，并期望能去他的办公室。相反，我们去了他的卧室。我们坐在他的床边，看着他的剃须刷和牙膏，同时他让我了解到总统的一些内心的想法。我提到的这个会议，对于他这样一个没有任何官职，并且对（罗斯福）总统影响最深的怪人而言，是极为典型的。他在战争中扮演了一个伟大而模糊的角色。若不是他悲惨的健康状况，他所获得的声誉要比伟大高得多。

整个战争期间，霍普金斯一直是联系苏联的最为重要的美国人。他经常与苏联贸易委员阿纳斯塔斯·米高扬（Anastas Mikoyan）会面，共同商议《租借法案》的实施。他经常向斯大林和其他苏联高级官员解释罗斯福的计划，以寻求苏联对美国木料的支持，同样，他也反过来向罗斯福解释斯大林的目标和需要。他是《租借法案》最重要的决策者，他优先将支援提供给苏联，因为他们正在承受战争的主要冲击。在涉及两国关系的所有美国人中，霍普金斯是苏联人最信任的代表。

罗斯福死后，霍普金斯试图退休，因为他的健康状况不佳，但在 1945 年 5 月底，杜鲁门总统说服他最后一次访问莫斯科。杜鲁门想在波兰问题上达成某种解决方案。如果有人能做到这一点，那就只可能是霍普金斯。这位美国总统直接写信给斯大林："我相信您也知道，我们所面对的问题极为复杂但也极为重要，我个人很难处理好我们彼此之间信息的交流。"杜鲁门建议派霍普金斯前往苏联，当面与苏联领导人讨论有关事项。"我接受你的建议。"斯大林热情地回答。霍普金斯在谈判桌上受到美国总统的全权委托，杜鲁门补充说："他可以用外交语言，也可以用球棒——只要是他认为正确的就可以。"

霍普金斯喜欢外交语言，但他与约瑟夫·斯大林的交流是坦诚的，而这位苏联领导对他也十分坦率。他们的讨论直截了当，但也颇为诚恳和富有建设性。美国驻莫斯科大使埃弗里尔·哈里曼（Averell Harriman）当时是霍普金斯的陪同，他发现事情的进展要比他预期的更为积极。许多误会都得以消除。

刚开始，他们进行了一次推心置腹的交谈。霍普金斯谈到了西方媒体对波兰问题的认识。斯大林被他的话激怒了，并表示他不会将自己的关切隐藏于"所谓的大众舆论"背后。苏联领导人很少注意到苏联国内的舆论，最初他认为这不过是美国的一种谈判策略罢了。但是当霍普金斯明显地退缩时，他重新考虑了他的立场。在接下来的探讨中，斯大林补充说他之前并不是有意嘲弄霍普金斯的观察结果。

布尔什维克国家是在国际社会的孤立中发展起来的，并对国际社会时刻保持着警惕。不过它愿意学习——如果它觉得自己的看法不合理，也会做好修正的准备。哈利·霍普金斯与苏联人的谈判十分有效，因为他尽可能地抛开意识形态差异而专注于问题本身。

5月26日至28日举行的三天会议结束后，双方在波兰问题上终于达成了共识。西方盟国将承认卢布林政府。作为回报，新的波兰政府将向非共产主义者提供四个内阁席位。尽管这与自由和公正的选举还存在遥远的距离，但在当时的情况下，这也许是可能实现的最好结果。霍普金斯——这个“总是能一下子切中要害”的人——让这一切成为可能。

在与斯大林的私人会谈中，霍普金斯也提到了16名被捕波兰人的问题。苏联领导人坚持认为，他们必须接受审判。霍普金斯则明确表示这种做法将会在西方大众舆论中引发强烈的负面影响。再次，双方达成了共识。这群波兰人中大多数将从轻审判——苏联人后来也遵守了这项承诺。

英国和美国现在与波兰流亡政府切断了联系。对于许多波兰人来说，这是一个最令人不快的解决方案。即便是有了非共产党人的内阁席位，但这个“亲苏”的政府很大程度上是强加于这个国家的。不论如何，在1945年7月17日至8月2日三巨头会面的波茨坦会议上，有关波兰未来的安排依然获得了通过。

波茨坦位于柏林的西南方向仅26英里。会议刚开始的时候，美国总统杜鲁门和英国首相温斯顿·丘吉尔趁机到访了被战争毁坏的德国首都。杜鲁门率先抵达被摧毁的帝国总理府。他查看了希特勒政权的位置，评论了破坏的规模和城市居民的困境，但仍坐在其军用吉普车上，而且很快便离开了。丘吉尔的反应却截然不同。他从车上下来，在一队英国和苏联士兵的护送下，走进去对希特勒的地堡探索了一番。丘吉尔希望与希特勒在柏林的最后位置建立联系——他在地堡旁的院子里结束了他的探访，在那里，希特勒和伊娃·布劳恩的尸体被抬出来并烧成了灰烬。

斯大林选择不去访问柏林。苏联领导人对这个城市似乎没什么兴趣，尽管他的士兵们曾在那里为了攻下地堡而进行了艰苦卓绝的战斗，而且他强劲的敌人也是在那里走向了终结。斯大林总是避开人情的方面，但他的漠不关心也许只是表面的伪装。1941 年夏天，希特勒对苏联的突然袭击使苏联濒临毁灭的边缘，短短几天令这位苏联领导人陷入绝望。尽管后来他逐渐恢复了——但那个黑暗的时刻他也许并不愿意再次想起。而被摧毁的德国首都很可能会唤起他痛苦的回忆。

现在，残酷的战争终于迎来了胜利。哈利·霍普金斯比其他任何西方人都更清楚该如何与苏联相处。然而，当霍普金斯从莫斯科回来后，他却表示了“对与苏联建立起长期合作的严重怀疑”。他意识到，这两个国家对未来的展望十分不同，并预测“美国对自由的信仰可能会导致两国之间产生难以逾越的分歧”。

世界仍在向前发展。美国人已经测试了原子弹，很快它们便会被投放到日本的广岛和长崎。在波茨坦，杜鲁门总统向斯大林间接地承认了原子弹的存在及其使用计划。在某次会间的休息空档，他告诉苏联领导人美国发现了“一种拥有超乎寻常破坏力的武器”，但并未公开更多的细节。美国选择不与苏联分享这项新技术。

这是一个标志性的转折点。西方盟国如今拥有了巨大的军事优势，尽管苏联人依然会通过他们在美国的间谍系统获取大部分的信息。私底下，苏联外长莫洛托夫告诉斯大林：“美国人一直在进行有关原子弹的工作，却并没有告知我们。”“我们本该是盟友。”苏联领导人回应说。东西方之间的不信任与日俱增。英国、美国和苏联之间将不再有任何会议。冷战时代即将来临。

然而，在 1945 年 5 月，英国、美国和苏联还是共同维系了他们战时的联盟关系。哈利·霍普金斯在莫斯科取得了令人瞩目的成功，但大同盟得以维系也得益于德怀特·艾森豪威尔将军公平公正以及坚持不懈的努力。霍普金斯和艾森豪威尔有着类似的品质——表达清晰，直言不讳，并乐于兑现承诺。他们愿意信任苏联人，而这种信任也获得了回报。1945 年 5 月 26 日，当霍普金斯开始与约瑟夫·斯大林进行讨论时，苏联领导人告诉他正是艾森豪威尔月初在捷克斯洛伐克的行动恢复了苏联对西方盟国的信任。

尼基塔·赫鲁晓夫扩充了这一点，他回忆说：“我记得斯大林在多个场合都谈到了艾森豪威尔的性格。他提到了他对盟友的侠义态度——说他是一个相当正派的人。”

斯大林十分尊重艾森豪威尔将军，但对陆军元帅蒙哥马利的评价却不高。这 1945 年 5 月初发生的事件的反映。苏联领导人认为“尽管艾森豪威尔和蒙哥马利是资本主义制度的代表，但他们在遵守合作关系、条约协定以及尊重承诺方面有所不同”，并将蒙哥马利与德国人在吕纳堡荒原签署的协议归因于这位英国陆军元帅的虚荣心——以及他对其最高指挥官的强烈不满。“是艾森豪威尔创造了击溃德军的条件，”苏联领导人说，“蒙哥马利只是想独吞胜利的果实罢了。”

艾森豪威尔将军于 1945 年 8 月访问莫斯科时，斯大林邀请这位美国人与他一同在列宁陵墓前的主席台观看了在红场举行的阅兵——这是对西方人前所未有的认可——并授予了他象征苏联最高军事荣誉的“胜利勋章”。

5 月 9 日，温斯顿 · 丘吉尔给杜鲁门总统的电报中，也对艾森豪威尔将军表达了慷慨的赞扬。“在他身上，我们看到了一个把盟军的团结置于所有民族主义思想之上的人，”丘吉尔说，“在他的指挥部，团结和战略是唯一的统治精神……不同种族之间的同盟原则从未被置于如此高度来实践和维持。”

丘吉尔尊重艾森豪威尔本身的正义感和正直的品格——这些品质使这位盟军司令在战争的最后阶段还能够修补东方和西方之间的裂痕。艾森豪威尔自己也表示，在这段时间里，“我和我团队的努力相较于过去 11 个月在战争当中的付出，似乎有过之而无不及”。

5 月底，艾森豪威尔将军对伦敦进行了短暂的临时访问。他前往威尔士王子剧院观摩了一场阅兵式，据凯 · 萨默斯比回忆，“观众全体起立，呼喊声简直要将屋顶掀翻……他们欢呼着，吹着口哨，跺着脚和鼓着掌”。为了响应“演讲”的呼声，这位盟军最高指挥官以他擅长的自然方式回答道：“这感觉很好。”艾森豪威尔说：“我又回到了一个我几乎可以说他们母语的国家。”

丘吉尔的英国联合政府于7月26日结束，当时大选结果宣布了工党压倒性的胜利。工作、家庭、健康和教育问题已成为人们在未来最关心的问题。大多数人都清楚，即使到了和平时期也不会立即结束战争时期的艰苦——国际形势仍然不明朗。皇家海军上校安德鲁·耶茨（Andrew Yates）写道：“一连串的胜利庆祝并没有带来类似1918年的彻底放松——我们依然还能与俄罗斯达成战后共识。”

1918年11月11日，在第一次世界大战结束时，便有一种欣喜幸福之感——那是种短暂的信念，认为是战争本身被击溃了，且很快就会为凯旋的英国士兵们创造“适合英雄”的生活条件。但在短暂的繁荣之后，经济下滑，国内爆发大规模失业危机。如今，大家的情绪就更为现实了。商店里仍然鲜有肉食出售——在5月8日当晚曾令人眼花缭乱的许多电影院和剧院的灯光，现在也因要节省燃料而被关闭。重建和恢复的过程将是漫长而艰苦的。

然而，据更广泛的调查显示，大同盟所取得的成就可谓举世瞩目。欧洲法西斯主义的威胁被彻底摧毁。一场毁灭性的战争走向了终结。各国也召开了多次会议探讨建立维护世界和平的新机构——联合国。

如果说阿道夫·希特勒自杀后的 10 天里，在同盟国内部出现了并未公之于众的巨大危机，那么这个危机最终也被成功地遏制住了。在希特勒死后的日子里，善意战胜了怀疑——这一成就值得在 8 日和 9 日的两个欧洲胜利纪念日上庆祝。希特勒之后，一场恶疾就此从我们的历史上消除了。

欧洲胜利日之后，美国第 87 师的罗伯特·弗兰克（Robert Frank）中尉和其他几个官员，花了几天时间与苏联人一起跨越德国马林贝格的分界线。他们经历了一段难忘的时光。弗兰克从未忘记一支苏联乐队努力演奏的《星条旗之歌》，还有一轮接着一轮的欢庆和舞蹈，以及美国大兵们教苏军士兵跳嘻哈舞的场景。弗兰克坦率地表示，在这一切的背后，“我们并不相信他们——他们也不相信我们”。

希特勒死后的十天预示着战后的欧洲取得的是并不完美的胜利。对于一些人而言，痛苦和不公正还在继续。其他人也在努力地找寻其经历的意义。战争给数百万人带来了巨大的灾难——许多幸存者的伤痕甚至永远都无法抚平。

然而，5 月的鲜花依然绽放在欧洲的阳光下。布拉格被淡紫色的丁香花所覆盖——这座城市在经历了多年的纳粹统治后，终于重获自由。“我们为我们的起义以及为驱逐德国人离开我们首都而做出的努力而感到骄傲，”安东宁·斯蒂卡说，“这是对我们所遭受的一切耻辱和痛苦的回报。”在所有的这些政治不确定因素和战争结束后留下的一片荒芜中，许多人会赞同他的看法。战胜纳粹的威胁着实是一场值得赢取的胜利。

参考书目

Abramson, Ruby. *Spanning the Century: The Life of W. Averell Harriman,1896–1986* (New York, 1992)

Abyzov, Vladimir. *The Final Assault* (Moscow, 1985)

Alliluyeva, Svetlana. *Twenty Letters to a Friend* (New York, 1967)

Ambrose, Stephen. *Eisenhower and Berlin*, 1945 (New York, 1967)

——. *The Supreme Commander* (New York, 1970)

Andreyev, Catherine. *Vlasov and the Russian Liberation Movement* (Cambridge, 1987)

Arthur, Max. *Forgotten Voices of the Second*

World War (London, 2004)

Ast, Theresa. *Confronting the Holocaust: American Soldiers Enter Concentration Camps* (Atlanta, 2013)

Ausky, Stanislav. *Vojska Generala Vlasova V Cechach* (Toronto, 1980)

Bagramian, Ivan. *We Went on to Victory* (Moscow, 1977)

Barnard, Clifford. *Two Weeks in May 1945: Sandbostel Concentration Camp and the Friends Ambulance Unit* (London, 1999)

Batov, Pavel. *In Campaigns and Battles* (Moscow, 1974)

Beevor, Antony. Berlin: *The Downfall 1945* (London, 2002)

Beevor, Antony and Luba Vinogradova. *Writer at War: Vasily Grossman with the Red Army, 1941–1945* (London, 2005)

Bellamy, Chris. *Absolute War: Soviet Russia in the Second World War*(London, 2007)

Bessel, Richard. *Germany 1945: From War to Peace* (London, 2009)

Best, Nicholas. *Five Days that Shocked the World: Eyewitness Accounts of Europe at the End of*

World War Two (Oxford, 2012)

Bidermann, Gottlob. *In Deadly Combat: A German Soldier's Memoir of theEastern Front* (Lawrence, Kansas, 2000)

Bihet, Molly. *A Child's War* (Stroud, 1985)

Birse, Arthur. *Memoirs of an Interpreter* (London, 1967)

Blumenson, Martin (ed.). *The Patton Papers, 1940–1945* (New York,1996)

Boegel, Gary. *Boys of the Clouds: An Oral History of the First Canadian Parachute Battalion, 1942—1945* (Victoria, British Columbia, 2005)

Bogolov, Vladimir. *My Life* (Moscow, 1996)

Bohlen, Charles. *Witness to History, 1929–1969* (New York, 1973)

Botting, Douglas. *In the Ruins of the Reich* (York, 2012)

Bradley, Omar. *A Soldier's Story* (New York, 1999)

Brontman, Lazarus. *Diaries 1932–1947* (Moscow, 2004)

Bryn, Günter de. *Zwischenbilanz: Ein Jugend in Berlin* (Frankfurt,1994)

Buckley, John. *Monty's Men: The British Army*

and the Liberation of Europe(London, 2013)

Bunting, Madeleine. *The Model Occupation: The Channel Islands under German Rule* (London, 1995)

Buruma, Ian. *Year Zero: A History of 1945* (London, 2013)

Buske, Norbert. *Das Kriegsende in Demmin 1945: Berichte, Erinnerungen, Dokumente* (Schwerin, 1995)

Butcher, Harry. *My Three Years with Eisenhower* (New York, 1946)

Buttar, Prit. *Between Giants: The Battle for the Baltics in World War II*(Oxford, 2013)

Cabell, Craig and Allan Richards. *VE Day: A Day to Remember* (Barnsley,2005)

Caddick-Adams, Peter. *Monty and Rommel: Parallel Lives* (London, 2011)

Carver, Tom. *Where the Hell Have You Been? Monty, Italy and One Man's Incredible Escape* (London, 2009)

Chandler, Alfred (ed.). *The Papers of Dwight D. Eisenhower* (Baltimore,Maryland, 1970)

Channon, Henry and Robert James. *"Chips": The Diaries of Sir Henry* Channon (London, 1967)

Chuikov, Vasily. *The End of the Third Reich*

(London, 1967)

Churchill, Winston. *The Second World War, Volume VI, Triumph and Tragedy* (London, 1954)

Clayton, Anthony and Alan Russell (eds.). Dresden: A City Reborn (London, 2001)

Clemens, Petra (ed.). *Das Kriegsende in Demmin 1945: Umgang mit Einem Schwierigen Thema* (Demmin, 2013)

Cochran, Julia Kennedy (ed.). *Ed Kennedy's War: VE-Day, Censorship and the Associated Press* (Baton Rouge, Louisiana, 2012)

Colville, John. *The Fringes of Power: Downing Street Diaries 1939–1955*(London, 1985)

Counsell, John. *Counsell's Opinion* (London, 1963)

Crosswell, Daniel. *Beetle: The Life of General Walter Bedell Smith* (Lexington, Kentucky, 2010)

Dallas, Gregor. *1945: The War that Never Ended* (London, 2005)

Danchev, Alex and Dan Todman (eds.). *Field Marshal Lord Alanbrooke: War Diaries, 1939–1945* (London, 2001)

Darlow, Stephen. *Victory Fighters – The Veterans' Story: Winning the Battle for Supremacy of the Skies over Western Europe, 1941–1945* (London, 2005)

De Guingand, Freddie. *Operation Victory* (London, 1947)

Deane, John. *The Strange Alliance: The Story of American Efforts at Wartime Co-operation with Russia* (London, 1947)

Delaforce, Patrick. *Invasion of the Third Reich: War and Peace* (Stroud, 2011)

D'Este, Carlo. *Patton: A Genius for War* (New York, 1995)

Diczbalis, Sigismund. *The Russian Patriot* (Stroud, 2008)

Djilas, Milovan. *Wartime: With Tito and the Partisans* (London, 1977)

Dobbs, Michael. *Six Months in 1945: From World War to Cold War* (London, 2012)

Dönitz, Karl. *Memoirs: Ten Years and Twenty Days* (London, 1990)

Dopheide, Renate. *Kiel May 1945: Britische Truppen Besetzen die Kriegsmarinestadt* (Kiel, 2007)

Duffy, Christopher. *Red Storm on the Reich: The Soviet March on Germany, 1945* (New York, 1991)

Eisenhower, Dwight. *Crusade in Europe* (London,

1948)

Evans, Alice (ed.). *Guernsey under Occupation: The Second World War Diaries of Violet Carey* (Chichester, 2009)

Evans, Richard. *The Third Reich at War* (London, 2008)

Fest, Joachim. *Inside Hitler's Bunker: The Last Days of the Third Reich* (London, 2004)

Folly, Martin. *Churchill, Whitehall and the Soviet Union, 1940–1945* (Basingstoke, 2000)

Fritz, Stephen. *Endkampf: Soldiers, Civilians and the Death of the Third Reich* (Lexington, Kentucky, 2011)

Geckeler, Christa (ed.). *Erinnerungen der Kieler Kriegsgeneration* (Husum,2003)

Gelfand, Vladimir. *Deutschland Tagebuch 1945–1946* (Berlin, 2008)

Gellermann, Günther. *Die Armee Wenck: Hitlers Letzte Hoffnung* (Bonn,2007)

Gilbert, Adrian. *POW: Allied Prisoners in Europe, 1939–1945* (London, 2006)

Gilbert, Martin. *The Day the War Ended* (London, 1995)

Glantz, David and Jonathan House. *When Titans*

Clashed (Lawrence,Kansas, 1995)

Gleiss, Horst. *Breslauer Apokalypse 1945* (Wedel, 1988)

Gorlitz, Walter (ed.). *The Memoirs of Field Marshal Keitel* (New York,2000)

Greenwood, John (ed.). *From Normandy to Victory: The War Diary of General Courtney J. Hodges and the US First Army* (Lexington, Kentucky,2008)

Grier, Howard. *Hitler, Dönitz and the Baltic Sea: The Third Reich's Last Hope, 1944–1945* (Annapolis, Maryland, 2007)

Hamilton, Nigel. *Monty: The Making of a General, 1887–1942* (London,1981)

——. *Monty: The Master of the Battlefield, 1942–1944* (London, 1984)

——. *Monty: The Field Marshal, 1944–1976* (London, 1986)

Hamilton, Stephan. *Bloody Streets: The Soviet Assault on Berlin, April 1945* (Solihull, 2008)

——. *The Oder Front 1945: Generaloberst Gotthard Heinrici, Heeresgruppe Weichsel and Germany's Final Defence in the East, 20 March–4 May 1945* (Solihull, 2011)

Harding, Stephen. *The Last Battle* (Boston, Massachusetts, 2013)

Hargrave, Michael. *Bergen-Belsen 1945: A Medical Student's Journal* (London, 2013)

Hargreaves, Richard. *Hitler's Final Fortress: Breslau 1945* (Barnsley, 2011)

Hart, Stephen. *Colossal Cracks: Montgomery's 21st Army Group in Northwest Europe, 1944–1945* (Mechanicsburg, Pennsylvania, 2007)

Hastings, Max. *Armageddon: The Battle for Germany, 1944–1945* (London,2004)

——. *Finest Years: Churchill as Warlord, 1940–1945* (London, 2009)

Hills, Stuart. *By Tank into Normandy* (London, 2002)

Hitchcock, William. *Liberation: The Bitter Road to Freedom, Europe 1944–1945* (London, 2009)

Hodson, John. *The Sea and the Land* (London, 1951)

Hoffmann, Joachim. *Die Geschichte der Wlassow-Armee* (Freiburg, 1984)

Horn, Bernd and Michel Wyczynski. *Paras Versus the Reich: Canada's Paratroopers at War, 1942–1945* (Oxford, 2003)

Horne, Alistair. *The Lonely Leader: Monty 1944–1945* (London, 1995)

Hornemann, Jacob (ed.). *Bornholm Mellem Ost Og West* (Ronne, 2006)

Horrocks, *Brian. A Full Life* (London, 1960)

Hulme, Kathryn. *The Wild Place* (London, 1953)

Inozemtsev, Nikolai. *Frontline Diary* (Moscow, 2005)

Isachenko, Sergei. *Somewhere in Courland* (Moscow, 1977)

Jakl, Tomas. *May 1945 in the Czech Lands* (Prague, 2004)

Johnson, Hewlett. *Searching for Light* (London, 1968)

Jones, Michael. *Total War: From Stalingrad to Berlin* (London, 2011)

Jordan, Jonathan. *Brothers, Rivals, Victors: Eisenhower, Patton, Bradley and the Partnership that Drove the Allied Conquest in Europe* (New York, 2011)

Jordan, Ulrike (ed.). *Conditions of Surrender: Britons and Germans Witness the End of the War* (London, 1997)

Junge, Traudl. *Bis zur Letzten Stunde* (Berlin,

2002)

Kaltenegger, Roland. *Schörner: Feldmarschall der Letzten Stunde* (Munich, 1994)

Kempka, Erich. *I Was Hitler's Chauffeur* (Barnsley, 2010)

Kempowski, Walter. *Das Echolot: Abgesang '45* (Munich, 2005)

Kennan, George. *Memoirs 1925–1950* (Boston, Massachusetts, 1950)

Kershaw, Ian. *Hitler 1936–1945: Nemesis* (London, 2011)

——. *The End: Hitler's Germany 1944–1945* (London, 2011)

Kesselring, Albert. *Memoirs* (London, 1974)

Krushchev, Nikita. *Memoirs: Commissar (1918–1945)* (Philadelphia, Pennsylvania, 2005)

Kirby, Norman. *1100 Miles with Monty: Security and Intelligence at TAC HQ* (Stroud, 2003)

Klimov, Grigory. *The Terror Machine* (New York, 1953)

Knappe, Siegfried. *Soldat* (London, 1993)

Koskodan, Kenneth. *No Greater Ally: The Untold Story of Poland's Forces in World War II* (Oxford, 2011)

Krasilschchik, Semyon and Mark Scott (eds.). *Yanks Meet Reds: Recollections of US and Soviet Vets from the Linkup in World War Two* (Santa Barbara,California, 1988)

Le Tissier, Tony. *Race for the Reichstag: The 1945 Battle for Berlin* (London,1999)

——. *Marshal Zhukov at the Oder* (Stroud, 2008)

Leahy, William. *I Was There* (Toronto, 1950)

Lehmann, Armin with Tim Carroll. *In Hitler's Bunker* (Edinburgh, 2003)

Lelyushenko, Dmitry. *Notes of a Commander: Moscow - Stalingrad - Berlin - Prague* (Moscow, 1987)

Lewis, Boyd. *Not Always a Spectator: A Newsman's Story* (Vienna, Virginia,1981)

Linge, Heinz. *With Hitler to the End* (Barnsley, 2013)

Longerich, Peter. *Heinrich Himmler* (Oxford, 2012)

Longmate, Norman. *When We Won the War: The Story of Victory in Europe, 1945* (London, 1977)

Lüdde-Neurath, Walter. *Unconditional Surrender: A Memoir of the Last Days of the Third Reich and the Dönitz Administration* (London, 2010)

MacDonald, Charles. *The US Army in World War Two: The Last Offensive* (Honolulu, Hawaii, 2005)

Macleod, Joseph. *A Job at the BBC* (London, 1946)

Macmillan, Harold. *Tides of Fortune, 1945–1955* (London, 1969)

Mastny, Vojtech. *Russia's Road to the Cold War: Diplomacy, Warfare and the Politics of Communism, 1941–1945* (New York, 1979)

Melvin, Mungo. *Manstein: Hitler's Greatest General* (London, 2010)

Mende, Erich. *Das Verdammte Gewissen* (Munich, 1986)

Meyer, Thomas and Gustav Seils. *1945: Kampflose Ubergabe der Hansestadt Greifswald* (Greifswald, 1995)

Mikhin, Petr. *Guns against the Reich* (Barnsley, 2010)

Miller, Russell and Renate. *VE Day: The People's Story* (Stroud, 2007)

Minott, Rodney. *The Fortress that Never Was: The Myth of Hitler's Bavarian Stronghold* (New York, 1964)

Moniushko, Evgenny. *From Leningrad to*

Hungary: Notes of a Red Army Soldier (Oxford, 2005)

Montgomery, Bernard. *The Memoirs of Field Marshal Montgomery of Alamein* (London, 1958)

Moorehead, Alan. *Eclipse* (London, 1945)

Moorhouse, Roger. *Berlin at War* (London, 2010)

Mrozek, Steven. *82nd Airborne Division* (Nashville, Tennessee, 2000)

Nadeau, Remi. *Stalin, Churchill and Roosevelt Divide Europe* (New York, 1990)

Naimark, Norman. *The Russians in Germany: A History of the Soviet Zone of Occupation, 1945–1949* (London, 1995)

Nemchinsky, Alexei. *Warning – Mines!* (Moscow, 1973)

Nicolson, Nigel (ed.). *The Harold Nicolson Diaries: 1907–1964* (London,2005)

Nolan, Kathleen (ed.). *The Von Aufsess Occupation Diary* (Worcester,1985)

O'Donnell, James. *The Bunker: The History of the Reich Chancellery Group* (New York, 1978)

Offner, Arnold and Theodore Wilson (eds.). *Victory in Europe 1945: From World War to Cold War* (Lawrence, Kansas, 2000)

Onderwater, Hans. *Operation Manna/Chowhound* (Hinckley, 1991)

Overy, Richard. *Why the Allies Won* (London, 2006)

——. *The Bombing War: Europe 1939–1945* (London, 2013)

Padfield, Peter, Dönitz: *The Last Führer* (London, 1984)

Panov, Mikhail. *In the Direction of the Main Strike: A History of the First Don Guards Tank Corps in Battle* (Moscow, 1995)

Pencz, Rudolf. *For the Homeland! The History of the 31st Waffen-SS Volunteer Grenadier Division* (Solihull, 2002)

Pogue, Forrest. *The Supreme Command* (Washington, 1954)

——. *George C. Marshall: Organizer of Victory* (New York, 1973)

Rees, Laurence. *World War Two: Behind Closed Doors – Stalin, the Nazis and the West* (London, 2008)

Reewijk, Dick van. *Sondermeldung Texel: Opstand der Georgiers* (Texel, 2002)

Reynolds, David. *In Command of History:*

Churchill Fighting and Writing the Second World War (London, 2004)

Roberts, Andrew. *Masters and Commanders: The Military Geniuses Who Led the West to Victory in World War Two* (London, 2008)

——. *The Storm of War: A New History of World War Two* (London, 2010)

Roberts, Geoffrey. *Stalin's Wars: From World War to Cold War, 1939–1953* (New Haven, Connecticut, 2008)

——. *Stalin's General: The Life of Georgy Zhukov* (London, 2012)

Rokossovsky, Konstantin. *A Soldier's Duty* (Moscow, 1988)

Roll, David. *The Hopkins Touch: Harry Hopkins and the Forging of the Alliance to Defeat Hitler* (Oxford, 2013)

Rollings, Charles. *Prisoner of War: Voices from Captivity during the Second World War* (London, 2007)

Russian Archives of the Great Patriotic War, Volume XV, *The Battle for Berlin – Documents and Materials* (Moscow, 1995)

Ryan, Cornelius. *The Last Battle* (New York,

1966)

Rzhevskaya, Elena. *Berlin, May 1945: Notes of a Military Translator* (Moscow, 1986)

Sagan, Günter. *Kriegsende 1945* (Petersberg, 2008)

Schäufler, Hans. *Panzer Warfare on the Eastern Front* (Mechanicsburg, Pennsylvania, 2012)

Scherstjanoi, Elke. *Rotarmisten Schrieben aus Deutschland: Briefe von der Front 1945* (Munich, 2004)

——. *Wege in die Kriegsgefangenschaft: Erinnerungen und Erfahrungen Deutscher Soldaten* (Berlin, 2011)

Schwanenflügel, Dorothea von. *Laughter Wasn't Rationed* (Medford, Oregon, 2000)

Service, Robert. *Stalin: A Biography* (London, 2010)

Shephard, Ben. *After Daybreak: The Liberation of Bergen-Belsen 1945* (London, 2005)

——. *The Long Road Home: The Aftermath of the Second World War* (London, 2010)

Shtemenko, Sergei. *Memoirs* (Moscow, 1989)

Schultz-Naumann, Joachim. *Mecklenburg 1945* (Munich, 1989)

Sluga, Glenda. *The Problem of Trieste and the Italo-Yugoslav Border* (Albany,New York, 2001)

Smith, Walter Bedell. *Eisenhower's Six Great Decisions* (New York, 1966)

Smuts, Jan. *Jan Christian Smuts* (London, 1949)

Snyder, Timothy. *Bloodlands: Europe between Hitler and Stalin* (New York,2010)

Soames, Mary (ed.). *Speaking for Themselves: The Personal Letters of Winston and Clementine Churchill* (London, 1999)

Spalding, Elizabeth. *The First Cold Warrior: Harry Truman, Containment and the Remaking of Liberal Internationalism* (Lexington, Kentucky, 2006)

Speer, Albert. *Inside the Third Reich* (London, 1970)

Stafford, David. *Endgame 1945: Victory, Retribution, Liberation* (London,2007)

Steinert, Marlis. *Capitulation 1945: The Story of the Dönitz Regime* (London,1969)

Stettinius, Edward. *Roosevelt and the Russians: The Yalta Conference* (New York, 1949)

Stimson, Henry. *On Active Service in Peace and War* (New York, 1948)

Summersby, Kay. *Eisenhower Was My Boss* (New

York, 1948)

Sweeney, Michael. *Secrets of Victory: The Office of Censorship and the American Press and Radio in World War Two* (Chapel Hill, North Carolina, 2001)

Trevor-Roper, *Hugh. The Last Days of Hitler* (London, 1962)

—— (ed.). *Final Entries 1945: The Diaries of Joseph Goebbels* (Barnsley,2008)

Tomasevich, Jozo. *War and Revolution in Yugoslavia, 1941–1945* (Redwood City, California, 2002)

Vercoe, Tony. *Survival at Stalag IVB: Soldiers and Airmen Remember Germany's Largest POW Camp of World War Two* (Jefferson, North Carolina, 2006)

Vishnevsky, Vsevolod. *Diaries of the War Years* (Moscow, 1974)

Walker, Jonathan. *Poland Alone: Britain, SOE and the Collapse of the Polish Resistance, 1944* (Stroud, 2008)

Weigley, Russell. *Eisenhower's Lieutenants: The Campaigns of France and Germany 1944–1945* (Bloomington, Indiana, 1981)

Werth, Alexander. *Russia at War, 1941–1945*

(New York, 1964)

West, Nigel (ed.). *The Guy Liddell Diaries, Volume II, 1942–1945* (Abingdon,2005)

White, Osmar. *Conqueror's Road: An Eyewitness Report of Germany 1945* (Cambridge, 2003)

Whiting, Charles. *The Last Battle: Montgomery's Campaign April–May 1945* (Marlborough, 1989)

Williamson, David. *The Polish Underground, 1939–1947* (Barnsley, 2012)

Wilmot, Chester. *The Struggle for Europe* (London, 1952)

Wyand, Paul. *Useless if Delayed* (London, 1959)

Yeremenko, Andrei. *A Time of Retribution, 1943–1945* (Moscow, 1985)

Zaitsev, Vasily. *Memoirs* (Sverdlovsk, 1989)

Zhukov, Georgy. *Reminiscences and Reflections* (Moscow, 2002)

Zubok, Vladislav. *A Failed Empire: The Soviet Union in the Cold War* (Chapel Hill, North Carolina, 2009)

Zuehlke, Mark. *On to Victory: The Canadian Liberation of the Netherlands, March 23–May 5, 1945* (Vancouver, 2011)

图书在版编目（CIP）数据

希特勒死后：欧洲战场的最后十天 / （英）迈克尔·琼斯（Michael Jones）著；秦恺译. —长沙：湖南人民出版社，2018. 11
ISBN 978-7-5561-2059-8

I. ①希… II. ①迈… ②秦… III. ①第二次世界大战—研究—1945 IV. ①K152

中国版本图书馆CIP数据核字（2018）第224702号

XITELE SIHOU OUZHOU ZHANCHANG DE ZUIHOU SHITIAN

希特勒死后：欧洲战场的最后十天

著　　者　［英］迈克尔·琼斯
译　　者　秦　恺
出版统筹　张宇霖
产品经理　田　野
责任编辑　姚晶晶
封面设计　泽信·品牌策划设计
内版设计　罗四夕

出版发行　湖南人民出版社有限责任公司［http://www.hnppp.com］
地　　址　长沙市营盘东路3号，410005
　　　　　0731-83683357

印　　刷　深圳市彩美印刷有限公司
版　　次　2018年11月第1版
　　　　　2018年11月第1次印刷
开　　本　880 mm × 1230 mm　　1/32
印　　张　14.25
字　　数　289千字
书　　号　ISBN 978-7-5561-2059-8
定　　价　68.80元

营销电话：0731-82683348（如发现印装质量问题请与出版社调换）